Heinrich Hartmann

Der Marktflecken Bibra

Eine Darstellung seiner politischen und kirchlichen Entwicklung

Heinrich Hartmann

Der Marktflecken Bibra
Eine Darstellung seiner politischen und kirchlichen Entwicklung

ISBN/EAN: 9783743666672

Hergestellt in Europa, USA, Kanada, Australien, Japan

Cover: Foto ©Andreas Hilbeck / pixelio.de

Weitere Bücher finden Sie auf **www.hansebooks.com**

Der Marktflecken

Bibra

Eine Darstellung seiner politischen und kirchlichen Entwickelung.

Festschrift

zur 400jährigen Jubelfeier der Grundsteinlegung der Kirche,

den 17. Juli 1892,

verfaßt

von

Heinrich Hartmann
Pfarrer.

Mit einem Bilde in Lichtdruck und einem lithographierten Ortsplan.

Schriften des Vereins für Meiningische Geschichte und Landeskunde.
13. Heft.
Meiningen 1892.
L. v. Eyes Buchhandlung.

Vorwort.

Bei meinem Amtsantritte in Bibra habe ich es schmerzlich empfunden, daß außer der von meinem Vorgänger 1840 begonnenen Ortschronik und dem Wenigen, was Brückner in seiner Landeskunde über den Ort bringt, nichts vorhanden war, woraus ein wie ich völlig fremd in das hiesige Pfarramt Eintretender sich leicht über die mannigfachen Verhältnisse des Ortes, der Kirche und der Pfarrei zu unterrichten vermochte, umsomehr als das Pfarrarchiv nur wenig über die ersten Jahrzehnte dieses Jahrhunderts zurückreichendes Aktenmaterial enthält. In dieser Empfindung machte ich mich, sobald die in die ersten Jahre meiner Amtszeit fallenden Vikarieen in der Nachbarschaft ihr Ende fanden, darüber, zunächst die Kirchkasserechnungen zu excerpieren. Dann wurde mir zu gleichem Zwecke seitens des Herrn Schultheißen bereitwilligt die Durchsicht der Gemeindelade gestattet. Die Familiengeschichte der Reichsfreiherren von Bibra von Wilhelm Freiherrn von Bibra, 3 Bände, München 1880, 1882 und 1888, die Geschichte der Cent Mellrichstadt von dem früheren dortigen Stadtpfarrer Müller und andere Werke, welche ich, soweit ich noch nachkommen konnte, an den betreffenden Stellen anzugeben mir habe angelegen sein lassen, auch die Betrachtung vorhandener Denkmäler und Inschriften lieferten eine Menge für die Ortsgeschichte interessanten Stoffes.

Um meine Arbeit für meine Gemeinde und etwaige Amtsnachfolger nutzbringend zu machen, stellte ich das so Gesammelte zusammen und trug es der ersteren an den Winterabenden abschnittsweise vor, wobei wieder manche Erinnerungen wachgerufen und damit neue Anregung gegeben wurde. Anläßlich eines Vortrages, welchen ich gelegentlich eines Ausfluges, den der Hennebergische altertumsforschende Verein im September 1885 hierher unternommen hatte, über die Vergangenheit Bibras hielt, wurde ich von Herrn Professor Koch, welcher damals die Gründung unseres Vereins plante, aufgefordert, dem neuen Vereine meine Arbeit zur Verfügung zu stellen, persönliche Verhältnisse aber verhinderten mich, damals schon diesem Wunsche nachzukommen, da die Arbeit vor der Drucklegung einer gänzlichen Umarbeitung bedurfte. Erneuter Anregung, auch durch den gegenwärtigen Herrn Vorsitzenden des Vereins, glaubte ich aber um so weniger mich entziehen zu dürfen, als mir damit die Gelegenheit geboten wurde, meiner Gemeinde, die, wills Gott, in wenigen Wochen das 400jährige Jubiläum der Grundsteinlegung ihrer Kirche feiern wird, eine besondere Festgabe darzubieten.

So möge denn die Arbeit, die nun zum Buche geworden ist, in die Öffentlichkeit hinaustreten. Reichlich belohnt aber würde ich mich für alle darauf verwendete Mühe sehen, wenn bei der Durchlesung desselben in den Herzen meiner Gemeindeglieder nicht bloß die Liebe zur Heimat und das Interesse für ihre Vergangenheit genährt, sondern auch die innigste Dankbarkeit gegen den Herrn geweckt würde, welcher durch schwere Zeiten der Gemeinde glücklich hindurch geholfen. Möge sie aber auch erkennen, wieviel sie namentlich auf kirchlichem Gebiete der freiherrlichen Familie zu danken hat, mit welcher sie denselben Namen trägt.

Besonderer Dank sei meinerseits an dieser Stelle dem Herrn Professor Koch ausgesprochen, ohne dessen Anregung es wohl niemals zur Veröffentlichung dieser Arbeit gekommen sein würde und der bei der Drucklegung vieler damit verbundener Mühe und Arbeit sich unterzogen hat.

Einige Druckfehler bitte ich nach dem Verzeichnisse auf S. 208 berichtigen zu wollen.

Bibra, Ende Juni 1892.

Hartmann.

I.

Chronikalisches.

Dritthalb Stunden südlich von Meiningen liegt in einer weiten von bewaldeten Höhen umgebenen Senkung an dem gleichnamigen Bache der ehemals reichsritterschaftliche, jetzt Herzogl. Sachs. Meiningische Marktflecken Bibra im Halbkreise um einen Hügel gelagert, der von einer mit ihren altersgrauen Mauern und verwitterten Türmen nur wenig hervorragenden, aber ehedem stark umwallten Burg gekrönt wird. Als Stammsitz des alten, einst mächtigen und auch heute noch in seinen verschiedenen Zweigen hochangesehenen Geschlechts der Freiherrn von Bibra, sowie als alter, wegen seiner mannigfachen Beziehungen zu einer ganzen Reihe benachbarter Kirchen vormals für die Umgegend bedeutsamer Pfarrort, hat derselbe unstreitig auf eine reiche Geschichte zurückzublicken. Das Wenige, was davon aus älterer Zeit bekannt und da und dort schon gedruckt worden ist, zusammenzustellen und Ungedrucktes vor dem völligen Vergessenwerden zu bewahren, ist der Zweck dieser Arbeit.

Höchst interessant wäre es natürlich, über die Geschicke des Ortes in seinen frühesten Zeiten einige Aufschlüsse zu erhalten, aber leider sind dieselben in undurchdringliches Dunkel gehüllt, und wenn sich auch die Frage, was wohl eher gestanden haben mag, die Burg oder der Ort, aus der Anlage des letzteren um den Burghügel mit einiger Sicherheit dahin lösen läßt, daß wohl erst nach der Erbauung der Burg der Ort unter den schützenden Mauern derselben allmählich aus alten in der Nähe befindlichen Ansiedelungen entstanden sein mag, so ist doch die Zeit, wann dieses geschehen, völlig unbekannt. Sollten wir uns die Burg als Glied einer von der Rhön bis zum Thüringer Wald reichenden Kette starker Befestigungen[1] zu denken haben, mit welchen die Franken ihre Grenzen gegen die bis ins untere Werrathal wohnenden Thüringer zu schützen suchten, und von der aus ein Militärposten um den anderen immer weiter nordwärts vorgeschoben wurde bis zur völligen Verdrängung der Thüringer aus dem Werrathale, so würden wir in die Zeit der beginnenden Kämpfe zwischen

---

[1] Hildenberg, Lichtenburg, Henneburg, Bibra, Osterburg, Schnepfenburg in Schleusingen.

Thüringen und Franken, also an den Anfang des sechsten Jahrhunderts zurückgewiesen. Die Anlage der Burg an ihrer Stelle würde dann vielleicht erfolgt sein zur Deckung der nur wenig entfernten, als Ausfallpforte von Thüringen nach Franken sehr geeigneten Rentwertshäuser Scharte. Wie dem aber auch sein mag, jedenfalls weist der mit der Burg seit alter Zeit verbunden gewesene bedeutende Grundbesitz auf eine Zeit hin, wo derartige Flächen in Besitz genommen werden konnten, ohne anderer Rechte zu beeinträchtigen, also in eine Zeit, wo unsere Gegend noch nicht, oder nur sehr spärlich besiedelt war, oder wo fremde Eroberer die Rechte früherer Besitzer für nichts achteten, also wieder die Zeit des Vordringens der Franken in unserer Gegend.

Den Namen hat der neuen Niederlassung die nahe Biberbach gegeben, wie der alte in seinen beiden letzten Silben auf das gotische ahva lateinisch aqua hinweisende Name des Ortes Bibernha andeutet.

Wohl findet sich ja nun dieser Ortsname in den Urkunden des auch für unsere Gegend hochbedeutsamen Klosters Fulda wiederholt, so in den Jahren 756, 825, 1013, 1015, 1049 u. a. Allein das von Schannat erwähnte Biberaha [1] ist unstreitig Hofbieber bei Fulda, und wenn Dronke in seinem geographischen Register zu den Summarien des Mönches Eberhard [2] das unter den Schenkungen aus Thüringen mehrfach erwähnte [3] Biberaha auf unseren Ort bezieht, so ist dem entgegen zu halten, daß unsere Gegend, wenn überhaupt ꝛc. so damals ganz gewiß längst nicht mehr zu Thüringen gehört hat, und um so eher das in Thüringen, Provinz Sachsen, gelegene Städtchen Biebra gemeint sein dürfte, als dort gleichzeitig Schenkungen aus jener Gegend aufgeführt werden. Wenn unser Ort in jenen Summarien überhaupt vorkommt, so könnte er nur in denjenigen Abschnitten zu suchen sein, welche sich auf das Grabfeld beziehen, weil unser Bibra zum Grabfeld gehörte. Thatsächlich begegnen wir dort auch diesem Namen; aber einesteils handelt es sich bestimmt um eine der bei Fulda liegenden Ortschaften Hof-, Langen- oder Niederbieber, anderenteils fehlt eben jeder sichere Anhalt, daß gerade unser Bibra gemeint sei. Zwar würde es auffallend sein, wenn, während aus unserer nächsten Nähe eine ganze Anzahl Orte genannt werden, so Maßfeld 837 [4], Neubrunn 838 [5], Jüchsen 760, 800 u. ö. [6], Sülzdorf 800 u. 850 [7], Berkach 800 u. 860 [8], Bauerbach 889 [9], Einödhausen 889 [10], Wölfershausen 801 [11], unser schon damals gewiß nicht unwichtiger Ort keine Erwähnung gefunden haben sollte. Aber doch vergehen mindestens 3 Jahrhunderte, bevor wir

---

[1] Schannat, tradit. fuld. p. 2, 154, 244, 245, 253, 254, 263. Buchon. vet. 340, 377. Dronke trad. et ant. 55, 111, 114, 120, 63, 86, 88. — [2] Dronke l. c. 232. — [3] l. c. 69, 70, 71, 77, 78. — [4] Buch. vet. 396. — [5] l. c. 397. trad. fuld. 195. — [6] Buch. vet. 394. tr. fuld. 9, 69. — [7] B. v. 400, tr. 69, 189, 197. — [8] B. v. 392, tr. f. 69, 198. — [9] B. v. 392, tr. f. 213. — [10] B. v. 393, tr. f. 213. [11] B. v. 402, tr. f. 76.

auf sichere Spuren von dem Vorhandensein desselben stoßen, indem, als nach der Erblicherklärung der Reichslehen durch Kaiser Konrad III. 1037 die Edlen allmählich nach ihren Stammsitzen sich zu nennen beginnen, die Herren von Bibra in den Urkunden benachbarter Edler als Zeugen auftreten und damit von der Existenz des Ortes Kunde geben, wenn dessen auch nicht selber Erwähnung geschieht. Die erste dieser Urkunden ist die vom 8. Juli 1151, in welcher Bischof Eberhard von Bamberg bestätigt, daß ihm Graf Poppo von Henneberg, Burggraf zu Würzburg, die Burg Norbeck nebst der Stadt Steinach gegen Entschädigung an Geld und Gütern übergeben habe. Wenn unter den Zeugen neben dem Grafen Poppo von Irmelshausen und Lichtenberg, Grafen von Henneberg, auch ein Portholdus de Bibera auftritt, so konnte das offenbar nur geschehen, weil derselbe wegen seines in der Nähe der Burgen Henneberg und Irmelshausen gelegenen Besitzes den Grafen näher bekannt war[1]).

Als 1189 Graf Berthold von Henneberg mit dem Ritter Berthold von Zwiggershusin (Schwickershausen) an dem Kreuzzuge sich beteiligte und letzterer dem Kloster Vessra verschiedene Güter zu Zwiggershusin und Haselbach schenkte, waren ein Heinrich von Bibra und Siboto von Bibra offenbar als nahe begüterte Edele unter den Zeugen[2]).

1220 war ein Heinrich von Bibra in einem Kaufbriefe des Klosters Vessra[3]) und in einer Abtretungsurkunde, nach welcher die Pfalzgräfin Lingard, Tochter des Grafen Berthold von Henneberg, ihre Erbgüter zu Mühlfeld und Maßfeld dem Grafen Poppo von Henneberg übergab, Zeuge, und somit offenbar in der Nähe ansässig[4]), und wenn den 16. Januar 1245 Mechtild von Bibra mit Zustimmung ihrer drei Söhne dem Kloster Rohr drei Huben Landes schenkte und der Graf Heinrich von Henneberg die Schenkung bestätigte[5]), so war sie doch wohl in der Nähe von Rohr und Henneberg, also in Bibra angesessen. Daß aber schon damals Bibra kein unbedeutender Ort war, dürfte daraus erhellen, daß derselbe schon 1207[6]) und 1223[7]) Pfarrort gewesen ist, ein um so gewichtigeres Zeugniß, als die Pfarrei Bibra damals eine ganze Reihe Orte umfaßte, wie später gezeigt werden wird.

Unheilvoll war für Bibra das Jahr 1304, in welchem der Graf von Barby in seiner Fehde mit Graf Berthold von Henneberg-Schleusingen, auf dessen Seite auch Berthold von Bibra kämpfte, nachdem er Schleusingen beraubt, Vessra und andere hennebergische Orte hart heimgesucht hatte, auf einem dieser Kriegszüge auch im Bibrathale heraufzog und in Bibra übernachtete, wobei

[1]) Geschichte der Freiherrn von Bibra. I. S. 18. — [2]) l. c. I. S. 18. — [3]) l. c. I. S. 130. Schultes diplom. Gesch. I. 86. 47. Heim, Henneberg. Chronik II, 422. — [4]) Gesch. d. Fr. I. 130. Schultes dipl. Gesch. I. 47. 87. — [5]) Gesch. d. Fr. I. 129. Gottberg. Rohrer Copialbuch. Bl. 7. — [6]) Gesch. I. 91. Mon. boic. S. 172. — [7]) Gesch. I. 91. Mon. boic. 37 p. 258.

es ohne schwere Brandschatzung des offenen Ortes nicht abgegangen sein wird[1]).

War ursprünglich die Burg Bibra nebst dem dazu gehörigen Besitze als freies Eigentum in einer Hand gewesen, so erscheint sie bereits zu Anfang des 14. Jahrhunderts in Sechstel geteilt, was für den Ort auch insofern von Bedeutung wurde, als die Bewohner desselben, die, wenn sie überhaupt jemals freie Bauern gewesen sein sollten, doch längst schon aus solchen zu hörigen Leuten geworden waren, auch unter die jeweiligen Besitzer der Burg entsprechend den Anteilen derselben geteilt wurden, ein Verhältnis, das noch etwas verwickelter wurde, nachdem 1343 Heinrich von Bibra aus unbekannten Gründen seinen sechsten Teil dem Bischof Otto von Würzburg zu Lehen aufgetragen und von demselben als Lehen genommen[2]), und ein anderer Heinrich, nachdem er bereits den 14. Mai 1353[3]) auf dem ihm zustehenden Sechstel am Schlosse dem Grafen von Henneberg das Öffnungsrecht zugestanden, infolge einer unglücklichen Fehde gegen denselben 1358[4]) sein ganzes bisher freieigenes Besitztum in Bibra nebst Gütern in der zu Bibra gehörigen Wüstung Morshausen von demselben zu Lehen nehmen mußte. Es gab nun zu Bibra würzburgisch-bibra'sche, hennebergisch-bibra'sche, Sonder- (den einzelnen Herren gehörige) und gemeinsame Unterthanen. Diese Lehensverhältnisse, sowie die infolge der Besitzzersplitterung sich unter den Besitzern der Burg öfter nötig machenden Verläufe und Vergleiche haben für uns das Gute, daß nun die Urkunden über Bibra zahlreicher werden. Bereits 1360 wurden Dietrich und Simon von Bibra mit dem dem Grafen von Henneberg zu Lehen aufgetragenen Sechstel am Schlosse mit allen seinen tzu gehoren belehnt[5]). 1363 erhielt Heinrich von Bibra würzburgischerseits unter anderem Bezüge in der jetzigen Wüstung Lampertshausen zu Lehen[6]): 1374 kaufte Simon von Bibra von Eberhard von der Kere ein Gut zu Morshausen und die Hainmühle, hennebergische Lehen[7]), und 1416 stellte Berthold von Bibra, nachdem er schon 1405 mit 3 Pfund Heller Gelts zu Land Prechtshausen (Lampertshausen) von Würzburg belehnt worden war[8]) dem Grafen Wilhelm von Henneberg-Schleusingen einen Lehensrevers über folgende hennebergische Lehen aus:

1) ein Sechstel am Schlosse, den er von seinem Vater geerbt und dieser schon vom Grafen Heinrich zu Lehen gehabt, 2) einen Hof vor dem Schlosse mit Acker, Wiese und Zubehör, 3) fünf Güter daselbst, 4) die Haenmollin under Bibra gelegen und, was er zu Bibra habe, nichts ausgenommen, 5) vier Güter zu Morshausen u. s. w.[9])

1415 machten Enzian und Adolf von Bibra den Pfarrer von Bibra, Peter

[1]) Spangenberg, Chron. 132. 176. — [2]) Gesch. d. Fr. I. 81. — [3]) l. c. 85, 185.
[4]) l. c. 85, 186. — [5]) Gesch. d. Fr. I. 190. Henneb. Url. V. 142. — [6]) Gesch. d. Fr. I. 190.
[7]) l. c. I. 191. — [8]) l. c. I. 192. — [9]) Gesch. d. Fr. I. 192. Henneberg. Urkunden VI. 29.

von Oppershausen, mit ihrem großen See, der da liegt neben Junker Antons von Bibra See „seenhaftig", wofür er Gottesdienste und Seelenmessen in Bibra zu halten hatte [1].

1437 gab der Statthalter des Stiftes Würzburg, Eitel Hiltner, und das Kapitel daselbst an die Gebrüder Enzian und Jörg von Bibra den großen und kleinen Zehnt zu Neubrunn, Wolfmannshausen, Reutwertshausen, Bauerbach, Debertshausen, Zelle (Wüstung bei Westenfeld) und Bibra für 2100 Gulden geleistete bare Zahlung in Pfand [2].

1445 verkauften Cunz und Georg von Bibra ihr Sechstel am Schlosse, würzburgisches Lehen, hinter dem Turme, an Kunz von Senftenberg, blieben aber im Besitz des zu diesem Würzburger Sechstel bisher gehörigen halben Ferchen-gutes und des Arnsberger Gehölzes [3].

1455 den 10. August vertrugen sich Hans, Stephan, Bartholomäus, Berthold, Cunz von Senftenberg, Georg sen., Cunz jun., Clarine, Georg jun., Adam und Karl von Bibra einerseits und der Pfarrer Johann Heuschreck zu Bibra andererseits bezüglich Besetzung des neu errichteten Dorfgerichtes dahin, daß zu demselben jeder Besitzer eines Sechstels am Schlosse einen Schöffen, der jeweilige Pfarrer aber den siebenten zu stellen habe [4].

Den 25. Februar desselben Jahres verlieh Bartholomäus von Bibra die zu seinem Sechstel gehörigen Äcker und Wiesen zu Lampertshausen und Bibra an Cunz Krieg [5].

1467 kamen 21 des Geschlechtes von Bibra auf der Stammburg, die sie als Ganerben besaßen, zusammen und errichteten daselbst einen Burgfrieden, demzufolge das Schloß ewig beim Stamm bleiben und der von dem Urfachs-loche (Orbelloch) angehen und von da an den Arnsberg, weiter zum Ranns-berg, zur Überschaar, zur Furt unter der Hainmühle, gen Lampertshausen und zum Reisig bis zurück zum Urfachsloche reichen sollte [6].

1473 erbten Wilhelm und Anton von Bibra aus dem Nachlasse ihres Stiefbruders Caspar einen Betrag von 400 Gulden, worauf ihnen das Schenk-haus und ein Stall zu Bibra im Anschlag von 269 Gulden in Anrechnung gebracht wurde [7].

1474 den 12. April wurde den Geschlechtsvettern vom Bischof Rudolf von Würzburg die Erlaubnis erteilt, neben der schon längst bestehenden Dorf-kirche eine Kapelle auf der Berg zu errichten, welche sich bis jetzt im Archiv-turme erhalten hat. Über die näheren Umstände, welche dazu Veranlassung gaben, wird später berichtet werden [8].

Den 4. Mai 1480 erwarb Berthold von Bibra von dem Vormunde Siegis-

---

[1] Gesch. d. Fr. II. 6. — [2] l. c. 19. — [3] l. c. 49. — [4] l. c. 15. — [5] l. c. 187. [6] Brückner, Landeskunde 181. — [7] Gesch. d. Fr. II. 338. — [8] Gesch. d. Fr. II. 119—21.

munds von Bibra ½ Sechstel am Schlosse mit dem dazugehörigen Hofe und 2 Gütern zu Lampertshausen, welche damals der Pfarrer Jakob Höflein zu Bibra innehatte[1]).

Den 3. Februar 1486 verlieh der Kaiser Friedrich III. auf Bitten seines Geheimrates Wilhelm von Bibra dem Orte Bibra das Recht eines Marktfleckens mit dem Zoll- und Geleitsrechte für die Besitzer desselben und der Befugnis, den Markt mit Mauern, Türmen und Gräben zu befestigen[2]). Die Urkunde war zu Frankfurt a. M. ausgefertigt, ist aber im Bauernkriege in der Burg verbrannt. Auf Befehl des Kaisers belehnte den 8. Oktober 1490, nach dem unterdessen erfolgten Tode Wilhelms von Bibra der Landgraf Philipp den Geschlechtsältesten Anton von Bibra mit dem seinem Bruder Wilhelm verliehenen Privilegium, eine Belehnung, welche ferner von jedem neuen Kaiser wieder nachgesucht wurde. Da aber auch das Recht, den Marktflecken mit Mauern, Türmen und Gräben zu befestigen, wieder verliehen wurde, hielt sich Bischof Rudolf von Würzburg, obwohl sogar der Papst Innocenz VIII. das Privilegium bestätigt hatte, so beeinträchtigt, daß er den 14. Nov. 1490 Protest dagegen erhob[3]), infolge wovon nicht nur die an sich schwer durchführbare Befestigung des Ortes unterblieb, sondern auch den 5. Nov. 1518 zu Augsburg das Zoll-, Geleits- und Jahrmarktsrecht zu Bibra dem Stifte Würzburg in der Art verliehen wurde, daß der jeweilige Geschlechtsälteste diese Gerechtsame von dem Stifte Würzburg in Afterlehen erhalten sollte. Dieses scheint jedoch keinen Gebrauch davon gemacht zu haben, da die Kaiser, z. B. schon 1521 Karl V., das Privilegium selbst wieder an die von Bibra verliehen.

1489 den 12. Jan. trat Kunz von Bibra seinen Teil an einem Sechstel am Schlosse, die weiße Kemnate, an Valentin von Bibra ab, der ihm dagegen seinen Teil am sogenannten Jägerhause und am Arnsberger Gehölz überließ[4]).

Den 5. Febr. 1491 wurden der Gutta von Steinau geb. v. Bibra für ihr den Ganerben zu Bibra vorgestrecktes Ehegeld von 800 Gulden eine ewige Gült von 40 Gulden auf dem Flecken Bibra eingeräumt[5]). Mit diesen 800 Gulden stiftete Gutta eine neue Vikarie in der Kirche zu Irmelshausen, welche den 28. April 1511 von Bischof Lorenz bestätigt wurde. Das Kapital lastete noch 1597 auf Bibra und wurde damals vergeblich von Heinrich von Bibra für Irmelshausen reklamiert[6]).

Den 16. Juli 1492 wurde im Beisein vieler Glieder der von Bibra'schen Familie von dem Weihbischof Georg Antworter der Grundstein zu der neuen Kirche gelegt.

Den 10. August 1493 überließ der Abt Peter zu Bestra die Wüstung zu Lamprechtshausen bei Bibra, "welche mit ihren Lehnschaften, Zinsen und Gülten

---

[1]) l. c. 53.   [2]) l. c. 261. — [3]) l. c. 272. — [4]) l. c. 115. — [5]) l. c. 106. —
[6]) l. c. 108.

Unserem Kloster ehegemelt bißher erblich zugestanden, die auch hergebracht und innengehabt und dann auch dem Hochgebohrnen Fürsten und Herrn, Herrn Wilhelm, Grafen und Herrn zu Henneberg mit der Vogtey und dem Centgericht zu Themar angehörig, auch seiner Gnaden zwey Malter Voigt Habers, so die Männer zu Lamprechtshausen jährlich gen Themar geantwortet, daselbst auch das Centgericht, wie sich dann gebürt und von Alters herkommen, besucht, mit allen ihren zu= und eingehörung, es seien Aecker, Wiesen, Eller, Felder, Höltzer, Wälder, Gründe, Boden, Leuthe, Zinße, Gülte, Lehnschaften, Hanblohn, Lehen= rechte, Herrlichkeit, Gewohnheit, Viehetrifft, Waßer, Waßerlufe, Gemeinde, Wonne, Wende und gar mit allen anderen ihren Zu= und eingehörungen in Marken, Höltzern und Feldern" gegen 2 ½ Huben zu Tachbach an Graf Wil= helm von Henneberg [1]).

Den 8. Juli 1497 veräußerte Lorenz von Bibra mit Zustimmung seiner Ehefrau Anna geb. v. Seckendorf der Kirche Unserer Lieben Frauen auf dem Lucienberge bei Lucienfeld einen jährlichen Zins zu 2 Gulden, zu entrichten von seiner in der Mark von Bibra vor dem Hofe des Hans von Bibra gelegenen Wiese, für 40 Gulden [2]).

War schon seit 1343 ein Sechstel am Schlosse nebst Zubehör würzburgisches und seit 1358 ein anderes solches Sechstel hennebergisches Lehen, so nahm 1516 Valentin von Bibra ein zweites Sechstel vom Bischof Lorenz zu Lehen, so daß jetzt nur noch die Hälfte von Schloß und Zubehör freieigner Besitz der Familie von Bibra war [3]).

Um jene Zeit hatte in Bibra ein Mann Namens Hans Hutt „aus Hain (Haina) in Franken, 2 Meilen von Grimmenthal, bürtig", seines Zeichens Buchhändler und Branntweinbrenner, eine Anstellung als Kirchner gefunden und vier Jahre als solcher funktioniert. Als aber die Reformation immer weiter um sich zu greifen begann, hatte er als ein geistlich geweckter Mann der neuen Bewegung sich hingegeben und, nachdem er sein Amt niedergelegt, einen Handel mit jenen kleinen Flugschriften begonnen, welche der Reformation vielfach Bahn brachen und in Menge im Volke verbreitet wurden. Während seine Familie in Bibra zurückgeblieben war, war er als wandernder Hausierer mit seinen Büchern und Schriften nach Würzburg, Bamberg, ja selbst nach Österreich und Sachsen gekommen und, wohl in der Zeit der Bilderstürmerei, mit drei Wieder= täufern in Weißenfels zusammengetroffen, welche mit ihm über die Taufe dis= putiert und Zweifel an der Schriftgemäßheit derselben in ihm geweckt hatten, die auch in Wittenberg, wohin er sich gewendet, ihm nicht gehoben worden

---

[1]) Schultes, hist. stat. Beschr. d. Grafschaft Henneberg I, 473: „Wie diese Wüstung der Zeit von Henneberg abgekommen, ist nicht bekannt, aber wahrscheinlich wurde sie den Herren von Bibra mit Vorbehalt der centbarlichen Obrigkeit käuflich überlassen." — [2]) Gesch. b. Fr. II, 430. — [3]) l. c. 456.

waren. Er war sogar, da man dort gegen die Schwärmer sehr eingenommen war, der Meinung geworden, daß auch von Wittenberg das Heil nicht zu erwarten sei, und hatte sich in seine wiedertäuferischen Ansichten nur noch mehr verrannt. Selbst mit Thomas Münzer war er in Berührung gekommen, welcher nach Hutts eigenem Geständnisse nach seiner Vertreibung aus Allstädt gelegentlich seiner Reise nach Süddeutschland im Sommer 1524 bei ihm in Bibra übernachtete. Als ihm nun im genannten Jahre ein Kind geboren wurde und er dasselbe nach langer Verzögerung der Taufe endlich taufen lassen sollte, weigerte er sich dessen, weil ihm die Pfaffen die Notwendigkeit der Kindertaufe aus der heiligen Schrift nicht nachweisen könnten. Hans und Georg von Bibra erklärten ihm darauf, er habe, falls er innerhalb 8 Tagen das Kind nicht taufen lasse, seine Habe zu verkaufen und den Ort zu verlassen, legten ihn schließlich, weil er hartnäckig auf seiner Weigerung bestand, ins Gefängnis und wollten ihn nicht eher daraus entlassen, als bis er Urfehde geschworen. Die Fassung derselben aber gab, weil kein Teil bezüglich der Taufe Zugeständnisse machen wollte, Veranlassung zu vielen Verhandlungen, bis man sich endlich dahin einigte, Hutt habe sich abschweifig gemacht und sei deshalb in das Gefängnis gekommen. Hutt verließ nun mit Weib und Kind Bibra voller münzerischer Ideeen, deren Verbreitung er sich zur Aufgabe machte. Nachdem er die Seinen bei seinem Bruder untergebracht hatte, begab er sich wieder nach Wittenberg, von da nach Erfurt, und, als im Frühjahr die Bewegung unter den Bauern begann, eilte er mit seinen Büchern nach Frankenhausen in das Bauernlager, wo er Geld zu lösen hoffte, aber gefangen und seiner Bücher beraubt, von Münzer jedoch wieder befreit wurde. Er war dort im Bauernlager Ohrenzenge der Worte Münzers, daß der Herr diesen Krieg erweckt habe, der alle die werde umkommen lassen, welche wider die Wahrheit handelten. Auch will er selber den von Münzer als Bundeszeichen des neuen Friedens verheißenen Regenbogen gesehen haben. Nach der Schlacht bei Frankenhausen (15. Mai 1525), der er glücklich entronnen, erschien er, als das Bildhäuser Bauernheer sich auf Meiningen in Bewegung setzte, wieder in Bibra, wo er nach seiner Aussage 8 Tage vor Pfingsten (Exaudi, d. 28. Mai), von dem Bibraer Pfarrer Jörg Haug, „den die Bauern sich selbst erwählet," dazu aufgefordert, über Taufe und Abendmahl predigte, wobei er den Geistlichen vorwarf, sie gäben die Messe nur um ihrer Pfründen willen als ein Opfer aus, sie heuchelten um ihres Bauches willen; es wäre jetzt Zeit, daß die Unterthanen alle Obrigkeit erschlügen, denn die Bauern hätten das Schwert in der Hand. Nach der Übergabe von Meiningen, den 6. Juni, begab er sich nach Augsburg, wo er, wahrscheinlich durch Hans Denk und Ludwig Hetzer eines Besseren belehrt, seinen münzerischen Ideeen von der Schriftwidrigkeit der obrigkeitlichen Gewalt entsagte, sich aber selber nochmals taufen ließ und fortan durch weit ausgedehnte

Reisen der Lehre von der Wiedertaufe neue Freunde zu gewinnen suchte. Nach mancherlei Irrfahrten 1527 zu Augsburg mit anderen Wiedertäufern gefänglich eingezogen, büßte er sein Leben ein, als er, um sich zu befreien, seine Bank in Brand gesteckt hatte [1]).

Daß das Auftreten und Wühlen eines solchen Mannes in Bibra nur zu viel Anklang finden mußte, ist um so einleuchtender, als die damals über ganz Süddeutschland verbreiteten und in geheimen wühlenden Wiedertäufer es nicht bloß auf Verbreitung ihrer religiösen Anschauungen und den Sturz der katholischen Kirche, sondern auch auf das Brechen der hie und da schwer auf dem Bauernstande lastenden Macht des Adels abgesehen hatten, wie sie ja auch überall, wo sie auftauchten, den Bauernaufstand vorbereiteten. Hatte Ideeen hatten in der That auch einen fruchtbaren Boden gefunden, denn der Pfarrer Jörg Haug bezeugte, man dringe bezüglich der Wiedertaufe stark an ihn und wolle ein Wissen von ihm haben [2]). Ohne Zweifel hat der Bauernaufstand auch in Bibra vielen Anklang und Zuzug gefunden und, wenn wir Einzelheiten, soweit sie unseren Ort angehen, auch nicht kennen, so dürfte es wegen der Anteilnahme der Bewohner an der Bewegung am Platze sein, etwas näher auf dieselbe, wie sie sich in unserer Gegend abgespielt hat, einzugehen.

Mit Frühlings-Anfang des Jahres 1525 war ganz Süddeutschland in Bewegung gekommen. Zuerst hatte man am Bodensee und in Schwaben losgeschlagen, aber bald fing man auch in Franken an, sich zu regen. Bereits am 26. März brach der Aufstand in Windsheim aus. Den 29. März war Rothenburg a. d. T. in den Händen der Bauern. Am gleichen Tage forderte der Bischof von Würzburg den Stiftsadel, 91 Geschlechter, auf, sich zu rüsten. Den 30. März bat der Markgraf Casimir von Brandenburg-Ansbach den Grafen von Henneberg um Hülfe. Den 7. April erging durch besondere Boten eine neue Aufforderung des Bischofs an sämtliche Edle, am Freitag nach Ostern gerüstet zu erscheinen. Am 9. April berichtete der junge Graf Wolfgang von Henneberg von Neustadt a. d. Aisch, wohin er mit 63 Reisigen gezogen war, um dem Markgrafen die erbetene Hülfe zu leisten, daß der schwäbische Bund rüste. Am gleichen Tage aber brach der Aufstand an der hennebergischen Grenze los. Aus einem Wirtshause in Münnerstadt zog ein kleiner Haufe mit Trommeln und Pfeifen auf die nächsten Dörfer. Bald war er unter Führung des Schneidermeisters Hans Schnabel auf 300 Köpfe gewachsen, welche am 12. April nach Bildhausen zogen, Abt und Mönche verjagten, das Kloster durch Verhaue sicherten und Hans Schnabel von Münnerstadt und Hans Schaar von Burglauer zu ihren Hauptleuten, den Pfarrer Michael Schrimpf von Wermerichshausen zu ihrem Kanzler wählten, während andere

Haufen zu Aura, Hausen, Frauenrod ähnliche Ausschreitungen verübten. Überall loderte die Flamme des Aufruhrs empor und auch aus unserer Gegend fing man an, nach Bildhausen zu ziehen, wo sich bald ein Haufe des dort sich sammelnden Heeres nannte „aus den Hennebergischen Landen". Durch den leichten Erfolg kühn geworden, hatte man angefangen, Städte und Dörfer zum Eintritt in den Bauernbund einzuladen, die auch meist willig folgten, so Meiningen schon den 13. April, ja man erkühnte sich sogar, den 16. April an Jörg von Bibra zu Irmelshausen und den Grafen Wilhelm von Henneberg eine ähnliche Einladung ergehen zu lassen, welcher der erstere, nachdem die Bauern Römhild eingenommen und den Grafen Hermann von Henneberg zum Eintritt in den Bund genötigt hatten, Folge zu geben sich veranlaßt sah, während Graf Wilhelm, mit einem Entschuldigungsschreiben antwortend, sich noch freie Hand zu halten suchte.

Unterdessen war der Aufstand auch in der Rhön ausgebrochen. Bei Vacha hatte sich ein 8000 Mann starker Haufe zusammengezogen, welcher den 23. April vor Salzungen erschien, den 24. April die Centgemeinden im Amte Sand zur Beteiligung am Aufstande aufforderte, den 26. April von Breitungen aus, wo die Klöster Herren und Frauenbreitungen verwüstet worden waren, dieselbe Aufforderung an den Grafen Wilhelm richtete und auf Wasungen vorrückte, hierauf, während der Graf noch zögerte, die Maienlust und den Landsberg brach und den 1. Mai vor Meiningen lagerte, von wo aus der Graf nochmals nachdrücklichst zum Beitritte aufgefordert wurde. Keine andere Rettung mehr sehend erschien derselbe den 3. Mai in dem Bauernlager auf dem unteren Rasen und gelobte bei Gott und allen Heiligen durch eigens hierzu ausgestellte Urkunde, den 12 Artikeln nachzuleben. Die Aufnahme, welche er fand, war freilich keine besonders ehrerbietige. 2000 aufgeregte Leute umringten ihn und es hieß: „Das gethan oder totgeschlagen!" Heilfroh war er, als er am Nachmittage wieder nach der Feste Maßfeld zurückreiten durfte, er hatte aber nun doch Ruhe, indem der Vachaer Haufe nach Eisenach zu abzog, der Bildhäuser aber sich damit begnügte, kleine Plünderungszüge in die Umgegend zu unternehmen und Beratungen zu pflegen, bei welchen unter anderem bestimmt wurde, daß jeder vierte Mann aus den Städten, jeder dritte Mann aus den Centorten je vier Wochen bei dem Heere zu dienen habe. Bald aber änderte sich die Sachlage.

Der junge Landgraf von Hessen hatte den 30. April Hersfeld, den 2. Mai Hünfeld eingenommen und den 3. Mai das Bauernlager auf dem Frauenberge bei Fulda erstürmt, worauf die Bürger, welche mit den Bauern gemeinsame Sache gemacht hatten, freiwillig die Thore der Stadt öffneten. Er war sodann nach Vacha gezogen, hatte Schmalkalden wieder unterworfen, Eisenach erobert und war, dem Vachaer Haufen auf der Spur folgend, nach Frankenhausen marschiert, wo die Bauern am 15. Mai von dem Heere der vereinigten Fürsten geschlagen wurden.

Wohl hatte der Vachaer Hause beim Heranzuge des Landgrafen den 6. Mai den Grafen Wilhelm von Henneberg dem Meininger Vertrage gemäß zum Zuzuge aufgefordert, derselbe hatte sich aber für seine Person entschuldigt, dagegen gestattet, daß der vierte Mann aus seinem Lande dem Haufen folge. Nachdem er seine Schlösser, so gut es gehen wollte, verwahrt hatte, war er selber zum Fürstenheere aufgebrochen.

Auch der Bildhäuser Hause hatte sich beim Heranzuge des Landgrafen in Bewegung gesetzt, war nach Mellrichstadt gezogen und hatte ein Viertel aller Mannschaft dorthin entboten. Als aber der Landgraf von Schmalkalden sich nach Eisenach gewendet, hatten sie in der Meinung, derselbe fliehe vor ihnen. Claus Schilling und Hans Frisch von Meiningen zu Hauptleuten in Mellrichstadt ernannt und waren mit dem Hauptheere nach Schweinfurt abgezogen, um den Würzburgern, die von den Rittern, darunter auch Hans und Wilhelm von Bibra, tapfer vertheidigte bischöfliche Burg erobern zu helfen. Durch die noch ungebrochenen Adelssitze[1] umher sich beunruhigt fühlend und wohl auch durch den Zug des Grafen Wilhelm zum Fürstenheere erbittert, hatten die Mellrichstädter, welche vielen Zulauf erhielten, den Sonnabend vor Cantate, den 13. Mai, Henneberg und Hutsberg gebrochen und in der folgenden Woche das Zerstörungswerk fortgesetzt, St. Wolfgang, Thurmgut, Lichtenberg und vieler Edelleute Häuser, darunter auch die Burg Bibra ausgebrannt[2].

Bereits den 19. Mai traf in Mellrichstadt ein Brief der Stadt Mühlhausen ein mit der Nachricht von der verlorenen Schlacht bei Frankenhausen. Wenn derselbe aber auch sofort an den Bildhäuser Haufen weiter befördert wurde, so bedurfte es doch einer zweiten dringenden Bitte Mühlhausens um Hülfe (d. 23. Mai), um jene, denen es in dem weinreichen Mainthale nur zu gut gefiel, zur Umkehr zu bewegen. Nachdem am 25. Mai Mühlhausen gefallen war, hatten die Fürsten sich getrennt. Der Landgraf zog nach Hessen, der Kurfürst Johann von Sachsen über Eisenach und Meiningen nach Coburg, in seinem Heere der Graf Wilhelm von Henneberg. Schon am 29. Mai erschien derselbe mit zweihundert Pferden in Schmalkalden und hielt am 31. nach der Ankunft des Kurfürsten Strafgericht. Bereits den 2. Juni lagerte das kurfürstliche Heer in der Michelau bei Walldorf. Den 3. Juni rückten die Bildhäuser, welche unterdessen nach Mellrichstadt gekommen und ein weiteres Viertel der Mannschaft aufgeboten hatten, ihre Weinwagen voran, auf Meiningen. Unterwegs schon

---

[1] Fries, Bauernkrieg S. 393. — [2] Bechstein, deutsches Museum II. 73. 78.

war Graf Wilhelm in die Schaar, die den Wein geleitete, gebrochen, hatte ihrer 40 erstochen und war, als der große Hause herannahte, mit einigen genommenen Wagen in das kurfürstliche Lager nach Walldorf gefahren. Die Bauernhauptleute hatten versucht, sich mit ihrem Heere auf dem Bielsteine zu verschanzen, jedoch bevor ihnen das gelungen war, wurden sie von dem kurfürstlichen Heere, welches durch den Haßfurtsgrund herangezogen war, angegriffen, und wenn sie auch mit ihren 17 leichten Geschützen tapfer auf die aus dem Gehölz sich mühsam herauswindenden kurfürstlichen Reisige und Geschütze feuerten und nicht wenige Reiter, ja sogar den Büchsenmeister selbst töteten, so mußten sie doch, nachdem das feindliche Geschütz erst einmal Stellung genommen und Ladung um Ladung mit solchem Erfolge in ihre Reihen hatte gehen lassen, daß sie nach der 12. Salve bereits 200 Tote und noch mehr Verwundete zählten, mit Verlust einiger Geschütze sich durch das Weingartenthal nach Meiningen hinab zurückziehen. Der oberste Hauptmann Schnabel, das Gefährliche der Lage Meiningens einsehend, wollte die Stadt aufgeben und in der Nacht das Heer nach Mellrichstadt zurückführen. Da er aber mit seiner Ansicht im Kriegsrate nicht durchdrang, wollte er wenigstens die Stadt verteidigen, so lange und so gut es gehen wollte, rief überall die Mannschaft auf und gebot, „uf aller starkest mit Mannschaft und geschoß, schaufeln, hacken und bickeln zu kommen". Bald aber wurden von dem Rate der Stadt Verhandlungen mit dem Kurfürsten eingeleitet, und während daraufhin am 6. Juni früh die Bürgerschaft zum unteren Thor hinauszog, um im Totenfelde in die Hand des Kurfürsten ihrem Landesherrn, dem Bischofe von Würzburg, von neuem Treue zu geloben, flohen die Bauern zum oberen Thore hinaus, sich in ihre Orte zerstreuend. Hans Schnabel, der Hauptmann aber, als er, voraussehend, daß man ihn preisgeben würde, davon reiten wollte, wurde in der äußeren Schanze vor dem oberen Thore gefangen genommen und in den Stadtturm gelegt und dann dem Kurfürsten überliefert, welcher ihn dem Henneberger überließ, der ihn bis zur Vollstreckung des Gerichtes in seinem festen Schlosse Maßfeld verwahrte. So war das Bauernheer fast ohne Schwertstreich aufgelöst. Den 8. Juni zog der Kurfürst weiter über Hildburghausen nach Coburg, der Graf Wilhelm dagegen nach Schweinfurt, welches er am 13. Juni mit dem Truchseß von Waldburg besetzte, der die südfränkischen Bauern den 2. Juni bei Königshofen a. d. Tauber, die schwarze Schar den 5. Juni bei Ingolstadt besiegt und den 8. Juni Würzburg eingenommen hatte. Wie dort blutige Strafgerichte gehalten wurden, so blieben sie auch für unsere Gegend nicht aus.

Den 30. Juni hielt der Bischof Conrad von Würzburg seinen Einzug in Meiningen, ließ sofort allen Wein aus dem Schlundhause und allen Hafer aus der Stadt in die Burg bringen, entzog der Stadt alle Gerechtsame, legte ihr eine Brandschatzung von 3000 Gulden auf und ließ auf dem Markte sechszehn Bürger und einen Mann aus Bachdorf hinrichten [1].

Den 2. Juli zog er sodann mit 400 Fußgängern und 300 Reitern in Begleitung des Grafen von Henneberg nach Mellrichstadt, wo die Cent- und Amtsverwandten, also auch unsere Gemeinde, ihren Herren wieder huldigen mußten und 5 Anführer der Bauern und am folgenden Tage noch Schnabel, Scharr und Heinrich Krumpfuß, Schultheiß von Römhild, enthauptet wurden.

Nachdem ähnliche Strafgerichte in allen Amtsorten des Bistums gehalten worden waren, wurde den 26. August in Würzburg ein Landtag gehalten, auf welchem alle Herren der Ritterschaft, sowie die Abgeordneten der Städte, Ämter, Gerichte und Flecken sich einfanden. Unterdessen hatte eine Kommission den Schaden, welcher den Klöstern und Adeligen im Bistume aus dem Aufruhre erwachsen war, ermittelt und denselben auf 269 659 Gulden festgesetzt. Um denselben zu ersetzen, wurde jedem Hausgesessenen und Hintersassen in 3 Jahresfristen acht halbe Gulden zu entrichten auferlegt.

Die Zahl der sämtlichen von Bibraschen Hintersassen wird verschieden angegeben, zu 569 [2], 506 [3], 503 [4], von welchen 45 auf Bibra kamen. Es hatte davon Hans von Bibra 2, Berthold 1, Christoph und Fritz 1, Michel 41, welche die Umlagen zu entrichten hatten. Ob außerdem noch besondere Strafgerichte stattgefunden, ist nicht bekannt.

Auf alle Fälle war auch von Bibra, wie von den übrigen Centorten der 4. Mann beim Bauernheere gewesen und hatte sich die Gemeinde, dabei getreulich durch Zuzug aus den anderen Orten, namentlich aus dem Amte Meiningen, unterstützt, an der Plünderung und Ausbrennung der Burg beteiligt, wofür jenen noch eine besondere Kontribution [5] auferlegt wurde. Das Zerstörungswerk war wohl um so leichter von statten gegangen, als die Herren abwesend, zum Teil bei der Verteidigung des Würzburger Schlosses thätig waren. Die Gesamtsumme der ihnen zugesprochenen Entschädigung belief sich auf 15 485 Gulden [6], davon 5965 Gulden für den in Bibra erlittenen Schaden, und zwar

---

[1] Vergl. Adolf Schaubach in der Henflingsschrift des Gymnasium Bernbardinum zu Meiningen von 1888. — [2] Schultes, historische Schriften 321 u. 22. — [3] Gropp, coll. nov. III. 175. — [4] Franken, Gesch. Frankenlands 305. — [5] Güth, Meininger Chronik 1861, 160. 163. Amt und Stadt Meiningen hatten 673 Hausgesessene, Meiningen 412, Leutersdorf 29, Bachdorf 72, Queienfeld 60, welche zusammen 2432½ Gulden entrichten mußten, nämlich Meiningen 1060, Leutersdorf 72½, Queienfeld 150 und Bachdorf 180 Gulden, welche unter die vom Adel als von Bibra, Fritz von der Reuburg, Fritz von Berg, Berthold von Bibra und die von Marschall, denen die Meininger das Ihrige entwendet, ihres Schadens etlicher Maßen sich zu erholen sind verteilt worden. — [6] Franken, Gesch. Frankenlands 293. Nach Gropp, coll. nov. belief sich die Summe auf 15 305 Gulden.

erhielt Lamprecht von Bibra 847 Gulden, Bertholb 915 Gulden, Michel 2871 Gulden, Hans 1432 Gulden [1]).

Wenn die Herren von Bibra somit auch eine für jene Zeiten nicht unbedeutende Entschädigungssumme erhalten hatten, so wurde dieselbe doch nur zum geringsten Teile zum Wiederaufbau des Zerstörten verwendet. Eifrig erwies sich in dieser Beziehung Hans, welcher mit der ihm für Bibra zuerkannten Entschädigung innerhalb der Umfassungsmauern der Burg schon 1526 eine neue Kemnate aufbauen ließ, worüber eine Steintafel Aufschluß giebt, welche 1592 auf Veranlassung seines Enkels Heinrich angebracht wurde, die später, aus den durch die Verwüstungen des 30jährigen Krieges entstandenen Trümmern gerettet, an der Mauer im Schloßhofe lehnte, bis sie 1768 [2]) fälschlicher Weise an dem unteren, 1558 erbauten Schlosse [3]) angebracht wurde. Ihre Inschrift lautet: „A. Dom. 1525 ist das Schloß Bibra mit allen Gebäuen durch den bäurischen Aufruhr gar ausgebrannt und diese Kemnate von dem gestrengen, edlen und ehrenvesten Herrn Hansen von Bibra a. 1526 wieder zu bauen angefangen und förder mit Gottes Segen vollbracht worden. Dieser Stein zu Gedächtniß aufgerichtet worden A. Dom. 1592. Renovirt 1768.‟

1534 den 22. Dezember verkaufte Lampert v. Bibra die Hainmühle nebst einer Wiese (Henneberger Lehen) für 400 Gulden an Valentin Horn [4]) und trat 1536 einen Hof vor dem Schlosse, sein Besitztum zu Morshausen und die dem Valentin Horn verliehene Hainmühle für 380 Gulden, sowie Waldanteile auf dem Arnsberge und in Morshausen um 925 Gulden an seinen Vetter Georg, endlich den sogen. hinteren Hof für 1600 Gulden an Michel v. Bibra ab, während er das gemeinsam mit demselben besessene Sechstel am Schlosse mit 5 Gütern behielt.

1535 zahlte die Stadt Münnerstadt 1000 Gulden als Ablösungssumme einer jährlichen Gült von 40 Gulden, welche Dr. Kilian von Bibra zur Stiftung einer Vikarie der Kirche vermacht hatte [5]).

1547 den 11. Juli starb Domherr Jakob von Bibra zu Würzburg als letzter männlicher Sproß seiner Linie. Er vermachte seinen sämtlichen Besitz in und um Bibra, darunter einen unbebauten Theil des Schlosses links vom Eingange nebst 2 Höfen, seinem Vetter Georg v. Bibra zu Irmelshausen mit der Auflage, daß derselbe 4000 Gulden dem Domstifte zu Würzburg auszahle, welches seinerseits hiervon 1000 Gulden an die Armen zu Bibra abgeben sollte. Die Wüstung Lampertshausen und Aroldshausen hatte er seinem Vogte Wendel Biber zu Bibra zugewendet, wofür derselbe 1548 von Hans von Bibra die

---

[1]) Gesch. d. Fr. I. 89. — [2]) Aufzeichnung des damaligen Pf. Freißlich im alten Kirchenbuch. — [3]) Gesch. d. Fr. I. 89. — [4]) Gesch. d. Fr. II. 484. — [5]) l. c. 39. Würzb. Arch. I. 68. 96.

Behausung, Stadel, Garten und Hofstatt zu Bibra, darin Berthold von Bibra selig wohnhaft gesessen, zu Lehen und außerdem noch) 200 Gulden empfing [1]).

1558 ließ Heinrich von Bibra das Herrschaftshaus der Burg gegenüber erbauen [2]).

1561 sollen, wie in den ritterschaftlichen Orten Walldorf und Marisfeld, so auch zu Bibra die weißen Chorhemden, welche die Geistlichen in katholischen Zeiten zu tragen pflegten, abgeschafft worden sein [3]), als ein sicheres Zeichen der Einführung der Reformation. Für Bibra kann das aber nicht der Fall gewesen sein, da noch nach dem dreißigjährigen Kriege für Waschen und Falten der weißen Kirchengewänder alljährlich ein bestimmter Betrag aus der Kirchkasse verausgabt wurde. Die Reformation hatte aber wohl schon längst Eingang gefunden. Denn, wenn auch 1526 der Dechant Pfnör von Mellrichstadt dem Bischof Conrad von Würzburg berichten konnte, daß in seinem Kapitel alle Pfarrer mit Ausnahme des seit Beginn des Bauernkrieges nach Sachsen entflohenen Vikars Schmidt zu Irmelshausen der katholischen Lehre zugethan seien, so waren doch durch die in hiesiger Gegend verbreiteten Wiedertäufer reformatorische Ideeen eingedrungen. Überdies hatten gegen Ende der zwanziger Jahre eine ganze Anzahl junge Leute aus unserer Gegend in Wittenberg studiert, darunter auch 1529 ein Johannes Molitor aus Bibra, die ihre zu Wittenberg gewonnenen Anschauungen doch gewiß auch zu Hause sich angelegen sein ließen. Daher, wenn bereits 1535 die Reformation in Römhild und 1543 in Meiningen und Schleusingen öffentlich eingeführt wurde, konnte auch hier derselben nicht gewehrt werden. Über die Zeit der Einführung giebt vielleicht eine auf einen aus der Kilian von Bibra'schen Stiftung erhaltenen Buchdeckel geschriebene ganz lutherisch gehaltene Ordnung für die Ostermette 1544 Aufschluß. Dieselbe lautet: „Ordnung der Metten in die pasch. zu Bibra gehalten anno D. 44. Primo Invitatorium cm Venite. Deinde 3. Anthi. mit dem psalmorum versiculo. Prima Lectio Matth. 28. Vespero autem Sabbathorum — finis: Ecce dixi vobis. 2a Lectio ex eod. ca. Et digress. celeriter a monumento. — 3a Lectio Marci ultimo. Et cum praeterisset Sabbath. Postea Te deum laudamus deudsch. Vnd so solichs auß ist Sing man Victim. me. pasch. Christ ist erstanden. Darnach das Benedictus. Nach demselben soll der pfarher ein Versiol vnd Collecta lesen de Resurrectione Chri. Darnach das Benedicamus. Ultimo Verley vns Friede gnädiglich cum Collecta". — Es wurde demnach Ostern 1544 zum ersten Male evangel. Gottesdienst in Bibra gehalten worden sein.

---

[1]) Gesch. d. Fr. II. 234. — [2]) l. c. II. 89. — [3]) l. c. II. 376. Junker, Henneberg Ehre III. 374.

Am 14. August 1572 kam unter den Herren von Bibra bezüglich der zum Schlosse gehörigen Höfe eine Einigung dahin zu Stande, daß jeder Beteiligte auf seinem Hofe und über seine Leute die besondere Gerichtsbarkeit haben, über die anderen Häuser und Höfe dagegen diese durch einen gemeinschaftlichen Vogt ausgeübt, sowie das gemeinsame Gehölz allseit geschont werden solle.

1580 räumte Hans von Bibra seiner Ehefrau Eva Cäcilie geb. Marschalk von Ostheim als Widdum den freien Sitz zu Bibra ein mit dem nötigen Holze, sowie 50 Mltr. Korn, 12 Mltr. Weizen, 12 Mltr. Gerste, 6 Mltr. Erbsen, 4 Mltr. Linsen, 60 Mltr. Hafer, 5 Fuder Wein, 2 gemästete Schweine, 20 gemästete Gänse, 2 Ctr. Karpfen, 4 gute Hammel, 4 Lammsbäuche, 2 Schock Fastnachtshühner, 12 Schock Eier, 100 Maß Butter, 1 Karren Salz u. s. w. [1]. Er konnte sich das gestatten, da er außer seinen sonstigen reichen Besitzungen bereits 1550 hennebergischerseits mit 1 Hofe vor dem Schlosse zu Bibra, etlichen Gütern zu Morshausen und der Hainmühle, einem Drittel an einem Sechstel der Burg und an 5 Gütern daselbst, sowie einem Drittel an einem halben Sechstel hinter dem Turme, sowie 1559 und 1574 mit den von seinem Vetter Jakob ererbten Gütern würzburgischerseits belehnt worden war, unter anderem mit einem Hofe zu Bibra vor dem Schlosse, mit Wiese, Holz und Baumgarten, einem unbebauten Teile am Schlosse zur linken Hand, wenn man ins Thor gehet, gegen die Linde gelegen, einem Bräuhaus, einem Grasgarten, einem Hofe zu Bibra, einer Wiese zu Morshausen, sowie mit den vom Vogte Wendel Biber erkauften Wüstungen Lampertshausen und Aroldshausen [2].

1594 sicherte Bernhard von Bibra seiner Gattin Sibylla, Tochter des Jobst von Witzleben auf Reutwertshausen, als Widdum den Sitz zu Bibra zu, wahrscheinlich auf einem Hofgute, und unter anderem neben dem nötigen Holze, 10 Fuder Heu, 5 Fuder Grummet, das Stroh zur Notdurft, den Ertrag der kleinen Jagd zu Bibra, die Grasnutzung auf den Mühlwiesen und im Schloßgarten, einen bestimmten Anteil an der Fischgrube, der Viehtrift u. s. w. [3].

1609 wurden die gemeinen Unterthanen in Bibra auf 2180 Gulden eingeschätzt [4].

Verhängnisvoll wurde, wie für unser ganzes Vaterland, so auch für Bibra der dreißigjährige Krieg. Während des ersten Abschnittes desselben, in welchem der Kriegsschauplatz hauptsächlich Böhmen und die Pfalz und später Niederdeutschland gewesen war, hatte unsere Gegend im ganzen wenig zu leiden gehabt. Wohl hatten ja einzelne Truppendurchzüge stattgefunden, anläßlich deren es an Gräueln nicht gefehlt haben mochte: so war 1621 im Juli von durchziehenden kaiserlichen Soldaten Jüchsen eingeäschert worden, und hatten im Herbste desselben Jahres 3000 Reiter bei Meiningen gelegen und übel gehaust,

[1] Gesch. II. 159. — [2] Gesch. d. Fr. II. 156. — [3] l. c. 176. — [4] l. c. 402.

im Mai 1625 waren kaiserliche Grenadiere durchmarschiert und 1626 wieder
Soldaten durchgezogen, bei welcher Gelegenheit die Schönburgischen Reiter auch
in Bibra großen Schaden gethan hatten, sodaß die Gemeinde sich genötigt sah,
30 Gulden bei der Kirchkasse „von wegen der großen ihr obliegenden Schulden"
zu borgen. Von solch vereinzelten Fällen abgesehen, war man aber doch im
großen und ganzen von dem Kriegselende verschont geblieben. Anders wurde
das seit dem Jahre 1631. Nachdem Gustav Adolf das bairisch-kaiserliche Heer
bei Breitenfeld geschlagen, hatte sich in den letzten Tagen des September der
kaiserliche General Aldringer mit 16000 Mann bei Meiningen gelagert und
Stadt und Umgegend übel mitgenommen. Kaum war er nach Hessen abgezogen,
so erschien Gustav Adolf, welcher über den Thüringer Wald marschiert war
und von Schleusingen, wo er Nachtquartier genommen, über Königshofen, das
sich ihm am 8. Oktober ergeben mußte, nach Neustadt a. d. S. und von da
über Schweinfurt nach Würzburg zog, wo er den 15. Oktober seinen Einzug
hielt. Nachdem er in der „Pfaffengasse" Winterquartier genommen, wendete er
sich im Frühjahr 1632 gegen Tilly und nach dessen Besiegung gegen Wallenstein, der ein festes Lager bei Nürnberg bezogen hatte, welches Gustav Adolf
vergebens zu erstürmen suchte. Er zog deshalb unter Zurücklassung einer
Besatzung in Nürnberg in der Richtung auf Windsheim ab. Wenige Tage
darauf verließ auch Wallenstein sein Lager und marschierte über Bamberg und
Coburg nach Sachsen, wobei ihm zunächst Bernhard von Weimar, indem er
über Kitzingen und Schweinfurt auf Königshofen marschierte, ihn beobachtend
zur Seite blieb und, nachdem Gustav Adolf aus Baiern herbeigeeilt war, die
ganze schwedische Armee über Schleusingen folgte. Großer Schrecken hatte sich
damals bei der Kunde von der Annäherung des wallensteinischen Heeres im
Anfang Oktober der Gemüter bemächtigt, man scheint aber, in Bibra wenigstens,
mit dem Schrecken davongekommen zu sein.

Nachdem Gustav Adolf bei Lützen den 6. Nov. 1632 gefallen war, hatte
Herzog Bernhard von Weimar den Oberbefehl über das schwedische Heer übernommen und war im Januar 1633 wieder über den Thüringer Wald nach
Süden gezogen, hatte den 19. Juli a. St. die Erbhuldigung in Würzburg als
Herzog des von Gustav Adolf gegründeten, die Bistümer Würzburg und Bamberg umfassenden Herzogtums Franken entgegengenommen, sich aber bald darauf
wieder auf den Kriegsschauplatz an der Donau begeben, wo er den 27. August
1634 bei Nördlingen eine vollständige Niederlage erlitt, infolge deren er sein
Herzogtum aufgeben und sich nach Lothringen flüchten mußte, während sein
Bruder Wilhelm sich nach dem Thüringer Walde zu zurückzog. Hier wurde
er bei Suhl von den Kroaten Isolanis den 14. Oktober geschlagen, welche nun
in fürchterlichster Weise die Gegend heimsuchten. Mord und Brand bezeichneten
ihre Spuren. Die Städte Suhl und Themar gingen in Flammen auf. Al-

gemeines Entsetzen ging vor ihnen her. Am Gallustage, den 16. Oktober, brachen sie auch in Bibra ein, als Georg Christoph von Bibra gerade auf der Totenbahre lag, während seine Witwe in den Wald geflohen war, wo sie infolge des ausgestandenen Schreckens einem Sohne das Leben gegeben haben soll [1]. Die entmenschten Horden, denen nichts mehr heilig war, brachen in die Kirche ein, die Thüre der Sakristei wurde zertrümmert, die Schränke aufgebrochen und nach Raub durchsucht, wie an den an den Schrankthüren noch heute sichtbaren Beilhieben zu erkennen ist, und daß es auch an Brandlegung nicht gefehlt hat, davon zeugen die noch 1669 vorhandenen zwölf wüsten Hofstätten, von welchen zwei bis auf den heutigen Tag noch nicht wieder besiedelt sind. Zum Gedächtnisse an jenen Schreckenstag wurde noch in diesem Jahrhundert alljährlich am Gallustag in Ritschenhausen und Bauerbach ein Gottesdienst gehalten. Aber mit dem einen Schreckenstage war es nicht gethan. Den ganzen Winter über lagen die Unholde in der Gegend und erst im April 1635 rüstete sich Graf Isolani, der sein Hauptquartier in Meiningen hatte, zum Aufbruch. Kaum aber, daß man diese Dränger los war, so setzte der kaiserl. General Becker von Mellrichstadt aus Stadt und Land in Contribution. Überhaupt hörten von nun an die Truppenbewegungen in unserer Gegend nicht mehr auf, und wenn auch der eigentliche Kriegsschauplatz mehr am Rhein und in Böhmen, ab und zu auch in Niedersachsen war, so wurde doch durch das fortwährende Hin- und Herziehen feindlicher Heeresabteilungen das Land furchtbar heimgesucht. Streitobjekte und Stützpunkte der feindlichen Parteien waren hauptsächlich das im Anfang noch von den Schweden besetzte Königshofen, die Veste Maßfeld und das gleichfalls stark befestigte Meiningen, aus dessen Chronik wir uns ein ungefähres Bild von den Leiden machen können, welche in den letzten zwölf Jahren der Krieg, wie über die ganze Gegend, so auch über unseren Ort gebracht hat.

In den letzten Augusttagen 1635 hatte der schwedische General Sperreuter, mit einem Reiterregimente von Westfalen kommend, von Meiningen aus die Festung Königshofen zu verproviantieren versucht, hatte aber, ohne seine Absicht erreicht zu haben, wieder abziehen müssen. Sonst war das Jahr 1635 wie auch fast das ganze folgende „ohne sonderliche Beschwerung" vorübergegangen. Da kam am 15. Dezember der schwedische Obrist von Pfuel, welcher von Erfurt aus mit mehreren Regimentern über den Wald gezogen war, nach Meiningen und verlangte eine Contribution von 28000 Reichsthalern, welche allerdings auf 18000 herabgesetzt wurde; da aber auch diese nicht gezahlt werden konnten, war er unter Mitnahme von Geiseln den 3. Januar 1637 nach Schmalkalden abgezogen. Wenige Tage darauf kamen die Kaiserlichen von Königshofen, welches inzwischen in ihre Hände gefallen war, und besetzten Meiningen. Sofort

---

[1] Gesch. d. Frh. I. 90, III. 26.

kehrte Pfuel wieder um, besiegte die Kaiserlichen in einem hitzigen Gefechte am 12. Januar im Totenfelde unterhalb Meiningens, nahm die Stadt ein und verfolgte die Fliehenden nach Franken zu. Eine Meile Wegs von Meiningen entfernt, also wohl in der Nähe von Bibra, stieß er auf den mit Fußvoll und Artillerie herbeieilenden Feldzengmeister Hohn, besiegte aber auch ihn und nahm ihm mehrere Geschütze und einige Hundert Gefangene ab. Mit seinem Siege zufrieden, marschierte er dann am 15. Januar nach Erfurt zurück. Bald nach seinem Abzuge erschienen von neuem die Kaiserlichen und besetzten die Stadt erst unter Isolani, dann unter Hohn. Wenn derselbe aber auch im April wieder abzog, so streiften doch überall kleinere Heerhaufen umher, welche in den offenen Dörfern übel hausten. Eine solche streifende Schaar wußte sich in dem nach Abzug der kaiserlichen Besatzung von den Bürgern geschlossen gehaltenen Meiningen in den ersten Januartagen 1638 Eingang zu verschaffen und verursachte viel Ungelegenheiten, bis der kursächs. Oberst von Schlennitz im Mai die ungebetenen Gäste zum Abzuge zwang. Dafür hielt er aber 4 Monate Stadt und Umgegend besetzt „und hat solches Regiment zu unterhalten, das Land ein grosses gekostet".

In den ersten Tagen des Jahres 1639 war ein isolanisches Regiment, dessen Stab in Meiningen lag, während der General Nicola da Belli in Römhild Quartier nahm, in das Land gekommen und hatte bis Mitte März daselbst gehaust. Den 23. Mai erschienen Schweden unter Oberst von Pfuel vor Meiningen und begehrten unter dem Vorwande, in das Würzburgische zu gehen, Proviant. Kaum hatte man einige von ihnen in die Stadt gelassen, so drängten die anderen mit Gewalt noch und plünderten viele Häuser. Zwar zogen sie am anderen Tage weiter, dafür kam aber kaum 4 Wochen später General von Königsmark mit 5 Regimentern Schweden und nahm vom 26. Juni bis zu seinem den 12. Juli erfolgten Abzuge nach dem Würzburgischen Quartier. Von dort den 27. Juli mit vieler Beute zurückgekehrt, marschierte er, nicht ohne zuvor eine schwedische Besatzung nach Maßfeld gelegt zu haben, nach Schmalkalden ab. Im August gab es wieder mehrfach schwedische Durchmärsche nach Franken. Vom 16. bis 24. Oktober dagegen lagen kaiserl. Völker in Meiningen in Quartier, welche von Anfang November bis gegen Weihnachten Königsmark mit seinen Schweden wieder ablöste. Bei seinem Abzuge nach Böhmen ließ er seine Artillerie und Bagage unter schwacher Bedeckung zurück. Die Kaiserlichen, davon benachrichtigt, erschienen bald vor der Stadt, um dieselbe zu überrumpeln. Da aber die Bürgerschaft und die schwedische Besatzung den Angriff abschlugen, zogen sie wieder ab, worauf die schwedische Besatzung, sich in Meiningen nicht sicher genug haltend, nach Maßfeld zog. Als die Kaiserlichen gleich darauf wieder vor der Stadt erschienen, wurde ihnen dieselbe von den Bürgern freiwillig übergeben und nun bis in den August 1642 mit

2*

kurzen Unterbrechungen von ihnen besetzt gehalten. Es waren während dieser
Zeit hauptsächlich die Völker des kaiserl. Generals Gilly de Haso, der mit 3
teilweise erst angeworbenen Regimentern die Schweden von Franken und dem
würzburgischen Gebiete fernhalten sollte, welche in unserer Gegend ihr Wesen
trieben. Der General ließ die Festung Maßfeld scharf belagern und schon war
dieselbe nahe daran, sich zu ergeben, als eine schwedische Abteilung von 1000
Reitern unter Befehl des Grafen von Nassau heranrückte, vor der sich Gilly
de Haso, auf seine Leute sich nicht recht verlassen könnend, schleunigst nach
Königshofen zurückzog. Nach glücklich vollzogener Verproviantierung Maßfelds
zogen die Schweden ungestört wieder ab. Sofort kehrten die Kaiserlichen zurück
und besetzten Meiningen, um sich nach kurzer Zeit vor der Avantgarde der von
Saalfeld her sich nahenden schwedisch-französischen Armee rückwärts zu konzen-
trieren. Der Vortrab folgte die gesamte Armee, welche den 12. Juni über
Mellrichstadt nach Neustadt marschierte, dort aber, da sie die gleichfalls von
Saalfeld abgezogene kaiserliche Armee in guter Stellung traf, wieder umkehrte
und über Meiningen thalabwärts zog, nachdem zuvor eine frische Besatzung
unter Tarras nach Maßfeld gelegt worden war, welche, trotzdem daß die Gilly
de Haso'schen Völker noch in der Gegend waren und auch Meiningen von
ihnen wieder besetzt wurde, die angrenzenden würzburgischen Ämter in Contribution zu setzen verstand. Im Januar 1641 wurde sogar Meiningen selbst von
einer Abteilung Schweden unter General Rosa, wenn auch erfolglos, berannt.
Fortwährend gab es zwischen den beiden feindlichen Parteien Scharmützel, bei
deren einem der kaiserliche Kommandant von Meiningen, Oberst Benting, vor
dem Kirchhofthore in Obermaßfeld, wohin die beim Fouragieren überraschten
Schweden sich geworfen hatten, erschossen wurde. Erst nach einer energischen
Beschießung vom 10. bis 18. Nov. mußte sich Maßfeld dem kaiserl. General
von Haßfeld ergeben und erhielt ebenfalls kaiserliche Besatzung. Im August 1642
überrumpelte eine schwedische Abteilung von Erfurt aus die sorglose
Besatzung Meiningens, besetzte die Stadt und beunruhigte nicht bloß die kaiserliche Garnison in Maßfeld, sondern brandschatzte auch die benachbarten würzburgischen Ämter. Zwar wurde hierauf Meiningen von den Kaiserlichen unter
General Spork vom 11. bis 14. Oktober scharf beschossen, aber die Belagerer
mußten unverrichteter Sache abziehen und die Stadt in den Händen der Schweden
lassen. Mitte Dezember zog die französische Armee unter Marschall Guebriant
nach Franken zu durch und ebenso im Mai 1643 der Graf Königsmark in der
Absicht, dasselbe in Contribution zu setzen. Da die schwedische Garnison in
Meiningen unablässig thätig und dadurch den Kaiserlichen in Maßfeld und Umgegend ein Dorn im Auge war, suchte man sich derselben um jeden Preis zu
entledigen und so eroberte der kaiserl. General Zarabel im Januar 1644
Meiningen nach tapferer Gegenwehr der schwedischen Besatzung, welche freien

Abzug erhielt. Die Stadt bekam nun wieder eine kaiserliche Besatzung, welche mehrfach wechselte, bis nach endlichem Abzuge derselben, den 30. Mai 1646, Stadt und Festung Maßfeld wieder „in Chur- und Fürstl. Sächsischen Schutz und Schirm kommen, nachdem sie 12 ganze Jahr gleichsam zur Rappuse und ein gemeiner Aufenthalt und in solcher Zeit fast nicht ein Tag von Soldaten frei gewesen". Gleichwohl war die Kriegsdrangsal noch nicht ganz vorüber. Im Januar 1647 nahm Generalmajor Löwenhaupt mit 600 Pferden Quartier und im Mai und Juni thaten schwedische Soldaten in der Umgegend großen Schaden. Im November kamen 11 kaiserl. Regimenter, welche 14 Tage im Lande lagen. Wenn auch endlich im Oktober 1648 der heißersehnte Friede zu Stande kam, so fanden doch noch so viele Truppenbewegungen statt, daß man erst im Herbste 1650 an die Feier des Friedensfestes denken konnte, welche den 8. und 9. September, Dom. XIII. p. trin. stattfand. Es wurden bei dieser Gelegenheit von den Gemeinden Bibra und Bauerbach 5 Gulden 12 ggr. auf dem Altare geopfert.

Furchtbar war das Elend, welches der Krieg, wie über das ganze Vaterland, so auch über unsere Gegend gebracht hatte. In den Jahren 1637 und 1638 hatte eine entsetzliche Hungersnot das Land heimgesucht, welche der Chronist von Meiningen[1] aus eigener Erfahrung mit den Worten schildert „Es ist eine so elende und erbärmliche Zeit gewesen, daß es fast nicht zu beschreiben und die Nachkommen kaum glauben werden. Krieg, Pestilenz und Hunger haben über alle maßen überhand genommen, wie denn zumal in diesem und vorhergehendem Jahr es so theuer worden, daß das Maas Korn biß auff acht und zwanzig Patzen gestiegen und ein Pfund Brod siebenzehn Pfennig gegolten. Und weil wegen des leidigen Kriegs-Wesen kein Geld mehr unter den Leuten war, mußten die meisten sich mit Kleyen, Wicken, gemahlenen Eicheln, aus welchen sie Kuchen und Brey machten It. gesottenem Gras, so weder gesalzt noch geschmelzt war, sowol von verstorbenen Pferd und Ochsen behelfen, wie denn die armen Leut, weil sie es in die Stadt nicht wohl tragen durfften, draußen auf dem Obern-Rasen grosse Feuer gemacht, dasselbe gesotten und gebraten. Und man damals offt die Leute hinter den Zäunen daß ihnen das Schind-Fleisch oder gekochtes Gras noch im Maul, tod gefunden, welches denn jämmerlich und elendiglich anzusehen war. Ja man hat erfahren, daß auff einer Seiten eines toden Aaß die Menschen, an der anderen aber die Hunde genaget. Ach Gott behüte uns für solche Zeit." Verheerende Seuchen, welchen die Menschen massenweise zum Opfer fielen, waren die notwendige Folge. So

---

[1] M. Joh. Sebastian Güth, geboren zu Meiningen d. 28. August 1628, Sohn des Regierungsadvokaten Seb. Güth, 1652 Rektor, 1657 Diakonus, 1661 Archidiakonus zu Meiningen, 1668 Pfarrer und Suptdt. zu Hildburghausen, wo er den 20. Oktober 1677 starb. Chronik der Stadt Meiningen. Gotha 1676.

ſtarben allein im Jahre 1637 in dem benachbarten Schwickershauſen nach Aus=
weis des Kirchenbuches 136 und in Berkach 96 Perſonen. Wie dort, ſo war
es überall und gewiß auch in Bibra. Zu Hunger und Krankheit aber kamen
noch die Drangſale, welche die armen Bewohner von den vielfach gänzlich verrohten
und entmenſchten Soldaten zu erdulden hatten. „Rauben, Schänden, Morden,
Brennen, Würgen, Plündern, Prügeln iſt das allgemeine Thun geweſen“, heißt
es in einem gleichzeitigen Berichte¹), „daß oft ein redlich Weib von zehn
Soldaten geſchändet worden, daß mancher Mann bis auf den Tod geprügelt
worden, daß dem armen Bauernvolke ſchwediſche Tränke geben worden, daß den
Leuten Stricke um die Köpfe gelegt, mit Knebeln zuſammengedreht und ihnen
dadurch die Augen hühnereidick vor den Kopf getrieben wurden, welches man
gerettelt hieß. — Das war nichts Neues, ſondern der Soldaten gemeines Hand=
werk und beſte Heldenthat.“ Bedenken wir nun, daß vom Jahre 1634 an
unſere Gegend fortwährend von einander feindlichen Kriegsparteien heimgeſucht
worden iſt, von welchen eine jede das, was ihr von Nutzen ſein konnte, ſich
aneignete und, was ſie nicht gebrauchen konnte, oft genug aus lauter Zer=
ſtörungswut vernichtete, daß die Hin= und Herzüge der Kaiſerlichen, der
Schweden und Franzoſen nach Franken in der Hauptſache auf der damals
frequenten Straße von Meiningen über Bibra nach Königshofen und Bamberg
einer= und Mellrichſtadt-Neuſtadt andererſeits ſtattgefunden haben, wenn daneben
auch die Straßen Meiningen-Henneberg-Mellrichſtadt, und Meiningen-Jüchſen-
Römhild benutzt werden mochten, daß ferner die den angrenzenden würzburgiſchen
Ämtern mehrfach zugedachten Contributionen, von welchen Güth berichtet, ſich
gewiß nicht genau an die Grenzen gehalten, ſondern die Umgegend ſtark in
Mitleidenſchaft gezogen haben, ganz abgeſehen davon, daß Bibra als nach dem
würzburgiſchen Mellrichſtadt centpflichtig, ſchon zum Würzburgiſchen gerechnet
werden konnte, ſo können wir uns eine Vorſtellung davon machen, was Bibra
zu leiden gehabt haben mag. Leider iſt uns nicht, wie von einer Anzahl benach=
barter hennebergiſcher Orte, von Bibra bekannt, in welcher Weiſe der Krieg hier
ſein Verwüſtungswerk vollbracht hat, allein wenn auf Grund der im Jahre 1649
von den Schulzen in den hennebergiſchen Ämtern auf höheren Befehl über den
Zuſtand ihrer Orte eingereichten Berichte²) berechnet worden iſt, daß in den
Ortſchaften des ehemaligen Verwaltungsamtes Meiningen in Prozenten aus=

---

¹) Gebhard, Kirchengeſchichte von Thüringen II. 299. — ²) Brückner, Denkwürdigkeiten
aus Frankens und Thüringens Geſchichte I. 300—307. Um nur die uns zunächſt liegenden
Orte anzuführen, ſo hatten

Jüchſen:	Familien	Häuſer	Scheunen	Pferde	Kühe	Ziegen
1634	159	142	79	44	159	40
1649	21	87, von	46	7	17	16

welchen nur 21 bewohnt.

gedrückt, 82,2 % Familien, 63,5 % Häuser, 82,6 % Kühe, 85 % Pferde, 100 % Schafe, 83,6 % Ziegen zu Grunde gegangen sind, so können wir diese Zahlen getrost auch auf unseren Ort anwenden. Überdies waren noch im Jahre 1668, also zwanzig Jahre nach dem Friedensschlusse, zu einer Zeit, wo doch schon längst wieder geordnete Verhältnisse eingetreten waren, von vierunddreißig Güterhofstätten noch vierzehn wüst und unbebaut, und 1659 gab es nur 33 Familienhäupter, darunter 5 Witwen und 1 Jude. Die Kirche scheint bis auf Dach und Fenster, welche 1655 einer gründlichen Reparatur unterworfen wurden, den Krieg ohne wesentliche Schädigung überdauert zu haben. Weniger günstig erging es dagegen der Burg. Im Jahre 1646 wurde dieselbe von einer Hessen-Cassel'schen Abteilung, welche den kaiserlichen Oberst Westphal, der sich notdürftig darin verschanzt hatte, zu fangen hoffte, berannt und mit Pechkränzen beworfen, infolge wovon sie bis auf ein unbedeutendes Haus in Asche gelegt wurde. Viele Dokumente, darunter alles, was sich auf Kirche und Gemeinde Bibra bezog, sowie die Dokumente der Queienfelder Kirche sollen dabei zu Grunde gegangen sein. Als Unglückstag wird der 14. August angegeben [1]. Wenn es jedoch im Irmelshäuser Kirchenbuche anläßlich der am 10. März erfolgten Beerdigung der am 21. Februar verstorbenen Eva Amalie von Bibra heißt: „Bald hernach ist auch das Schloß Bibra abgebrannt worden" [2], und am 30. Mai die Meininger und Maßfelder Besatzungen, zu deren ersterer Westphal gehört hatte [3], abgezogen sind und das Land wieder in sächsischen Schutz und Schirm genommen worden ist, so dürfte das Unglücksdatum wohl mehr in das Frühjahr 1646 zu setzen sein.

Auf die Zustände, welche der Krieg in Bibra hervorgerufen hatte, läßt der Umstand schließen, daß der Pfarrer Baldermann (1637—1647), weil er keine Besoldung erhalten konnte, mit Genehmigung der Herrschaft ein Kirchkassekapital von 20 Gulden einzog und zu seinen Gunsten verwendete und, daß von 1634 bis 1650 keine Kirchsafserrechnung aufgestellt, überhaupt nichts vereinnahmt wurde. Erst für das Jahr Petri 1650/51 wurde mit der Erhebung von einem Viertel der für das Jahr schuldigen Gefälle der Anfang gemacht, geordnete

Queienfeld:	Familien	Häuser	Scheunen	Pferde	Kühe	Schaafe
1634	134	112	96	45	136	300
1649	25	48, doch nur 24 bewohnt.	54	9 alle lahm u. blind.	20	390

Wölfershausen:						Ochsen
1634	36	39	28	3	58	24
1649	— 4 Fam. wohnen auswärts.	32, doch keins bewohnt.	12	—	—	—

[1] Brückner, Landeskunde II. 180. — [2] Gesch. d. Fr. II. 179. — [3] Derselbe zog nach Güth den 4. August 1645 mit einer Kompanie vom Knigge'schen Regiment in Meiningen ein.

Verhältnisse herbeizuführen. Von Petri 1651 bis dahin 1652 wurde ein Drittel, im folgenden Jahre die Hälfte und erst 1653/54 wieder der volle Betrag erhoben, wobei von einer Nachzahlung der Rückstände, welche Petri 1651 auf 9579 Gulden berechnet wurden, gänzlich abgesehen wurde. Das Kirchkasse= kapital war von 5333 Gulden auf 2499 Gulden herabgesunken, weil die Schuldner verarmt oder gestorben und verdorben und die Unterpfänder wertlos waren. In wie hohem Maße das der Fall war, ergiebt sich aus Folgendem: Die Kirche zu Bibra hatte ein Kapital von 100 Gulden auf einem dem Johann Jost von Hagen in Meiningen lehnpflichtigen Hofe zu Einödhausen stehen, zu welchem 60 Acker Feld und 6 Acker Wiese gehörten. 1651 verlangte der Pfarrer Seyffart Zinsen oder Rückzahlung des Kapitals, worauf ihm Hagen bedeutete, er solle sich an den Hof halten, da der frühere zur Zinszahlung ver= pflichtete Inhaber nicht mehr vorhanden sei. Da der Pfarrer dies ablehnte und seine Forderung wiederholt geltend machte, beschwerte sich Johann Jost von Hagen in einer Eingabe an die Regierung darüber, indem er erklärte, er habe alles gethan, was er habe thun können, um wieder jemanden auf den Hof zu bekommen, er habe die Angehörigen des früheren Inhabers, die sich nach Baiern geflüchtet, ersuchen lassen, zurückzukehren, er habe, da dies umsonst gewesen, durch öffentlichen Anschlag jedem, der nur den Hof bebauen und die darauf lastenden Gefälle tragen wolle, denselben unentgeltlich versprochen, aber auch das sei fruchtlos geblieben. Erst 1664 fand sich ein Mann aus Bauerbach, welcher den Hof übernahm und die Zinsen bezahlte.

Wohl folgten nach der Not des Krieges eine Reihe äußerst fruchtbarer Jahre, so daß 1655 in Schweinfurt ein Malter Korn 6 Batzen galt. „dahero ein Bauer aus einer Kötzen voll Kirschen so viel gelöset, daß er ein Malter Korn zahlen können"[1], und 1656 in Meiningen das Maß Korn mit 2 ggr. 3 Pf. und 1657 sogar nur mit 2 ggr. bezahlt wurde, gleichwohl war an eine schnelle Erholung der Bevölkerung nicht zu denken. Die Verarmung hatte eben viel zu weit um sich gegriffen. Dabei waren die Felder verödet und fehlte es zu ihrer Bearbeitung an nicht weniger als allem. Kein Wunder, wenn da 1657 der Schulmeister Hans Hill zu Obermaßfeld den Pfarrer Seyffart bat, man möge ihm die 15 Gulden Heiligengeld, die auf seinem, ihm durch Erbschaft zugefallenen Gehöfte in Bibra ständen, auf 10 Gulden herabsetzen. „weil Haus und Hof alles eingerissen und verwüstet worden und er nicht das geringste davon zu genießen habe, „denn daß die Baaß Sibilla die Eckertein zum theil mit laßet bauen, damit nur nicht Hinderstandt darauf thut wachßen." Aber wie ihm so ging es überall. Nur teilweise wurden die Felder bestellt, vieles blieb liegen und wurde von Wald beflogen, so namentlich die Weinberge, deren

---

[1] Güth, Chronik von Meiningen 282.

jedes Dorf in unserer Gegend, wenn die Lage es irgend gestattete, welche besaß[1]). Entweder gingen sie vollständig ein wie die Weinberge in Lampertshausen, oder sie wurden zu Hopfenkulturen umgearbeitet, wie der Hopfenberg am Arnsberge. Um der Landwirtschaft aufzuhelfen kam man auf den Gedanken, die bis dahin geschlossenen Güter zu teilen, eine Maßregel, die wohl dazu beitrug, daß mit dem Wachsen der Bevölkerung aller einigermaßen anbauwürdige Boden wieder unter den Pflug genommen wurde, eine eigentliche Hebung des Bauernstandes ist damit aber nicht erreicht worden.

Da um die Mitte des 17 Jahrhunderts von der ehemals weit verzweigten gutsherrlich von Bibra'schen Familie nur noch zwei Hauptstämme übrig waren, welche Bibra fast zu gleichen Teilen besaßen, der Bernhard'sche zu Irmelshausen, vertreten durch Hans Caspar und Hans, und der Valentin'sche zu Roßrieth, vertreten durch Georg Christoph, trat der letztere seinen Anteil an Bibra an seine beiden Vettern gegen Anteile, welche dieselben bisher an Schwebheim gehabt hatten, ab. Es waren bis dahin nach Aufzeichnungen des damaligen Schultheißen Lorenz Spieß von Bibra nach Roßrieth, also dem Valentin'schen Stamme, 26 Güter, wobei 4 Güter doppelt gerechnet waren, 12 Häuser und 12 wüste Hofstätten zu Lehen gegangen, während dem Bernhard'schen Stamme nur 18 Güter, 9 Häuser und 2 Hofstätten lehnpflichtig gewesen waren.

Wohl wäre nach dem langen Kriegselende dem ausgesogenen Lande eine längere Zeit des Friedens zu wünschen gewesen, allein schon 1664 wurden die sogen. Erfurter Unruhen, welche dadurch entstanden waren, daß die ehemals dem Bischof von Mainz gehörige, zu Gustav Adolfs Zeiten aber selbständig gewordene Stadt Erfurt nach dem Kriege ihre Selbständigkeit nicht aufgeben, sondern freie Reichsstadt werden wollte. Veranlassung, daß von neuem kriegerischer Lärm die Gegend erfüllte. Der Erzbischof von Mainz hatte sich nämlich, nachdem vom Kaiser die Acht über Erfurt ausgesprochen worden war, die benachbarten sächs. Fürsten ihm aber bei der Vollstreckung derselben nicht behülflich sein wollten, nicht vergebens an Frankreich um Hülfe gewendet. Im September 1664 kamen diese französischen und lothringischen Hülfstruppen, sowie kurmainzische und fränkische Nationalvölker auf ihrem Marsche nach Erfurt, welches sich nach kurzer Belagerung ergeben mußte, durch unseren an der Heerstraße gelegenen Ort. Güth erteilt ihnen das Zeugnis, daß sie „im durch Marschiren und Nacht-lagern übel genug haushielten, so daß, wenn sie gleich auch selbsten Feinde gewesen, es ärger nicht machen können"[2]). Es war das aber doch nur eine

---

[1]) Der Weinbau war vor dem Kriege bedeutend gewesen. 1568 waren in den Meininger Weinbergen 4584 Eimer und 1630 über 100 Fuder gebaut worden. (Güth.) Auch Mellrich-stadt erfreute sich eines reichen Weinbaues. (Müller, Cent Mellrichstadt.) Aber nach dem Kriege wurde es immer weniger, bis er schließlich ganz aufhörte. In Nordheim lagen 1662 die Weinberge bereits in Elern. — [2]) Güth, Chronik p. 299.

schnell vorübergehende Heimsuchung. Schwerer zu leiden hatte man in den bald darauf beginnenden französischen Kriegen.

1672 begann nämlich Ludwig XIV. von Frankreich Krieg mit den Holländern. Zwar hatte der Kurfürst von Brandenburg aus Besorgnis für seine clevenschen Länder der bedrängten Holländer sich angenommen, hatte aber die französischen Heere nicht aufzuhalten vermocht und deshalb den Kaiser Leopold veranlaßt, mit in den Krieg einzutreten. Dadurch sahen sich die Franzosen genötigt, sich gegen die Verbündeten zu wenden, welche aber, da die österreichischen Generale sich zweideutig und unentschlossen zeigten, nichts ausrichteten, so daß die Franzosen schließlich im Sommer 1673 über den Rhein gingen und in Franken bis Ochsenfurt vordrangen. Jetzt sah sich endlich auch das deutsche Reich veranlaßt, 1674 den Krieg an Frankreich zu erklären. Als die Franzosen sich abermals Franken näherten, zog ihnen der große Kurfürst mit 22 000 Mann, mit denen er den 29. August bei Meiningen lagerte, entgegen und drängte sie im Laufe des Herbstes an den Rhein zurück, worauf er im Januar 1675 Winterquartiere in Franken bezog. Sein Hauptquartier war Schweinfurt, von wo aus er auf der Reise nach Holland, den 23. Februar, und auf der Rückreise von dort, den 22. Mai durch Meiningen kam. Da unterdessen der König von Frankreich die Schweden veranlaßt hatte, von Pommern aus in Brandenburg einzufallen, mußten die brandenburgischen Truppen in Eilmärschen nach Brandenburg eilen, wo sie den 28. Juni bei Fehrbellin die Schweden vollständig schlugen. Schwer war die Last, welche aus diesen kriegerischen Bewegungen auch Bibra erwuchs, denn nicht bloß, daß wiederholte Einquartierungen und Durchmärsche stattfanden, so einer im Frühjahr 1675 unter Oberstlieutenant Tünnenwald, welchem auf dem Weitermarsche Anspann gestellt werden mußte, es waren außer den infolge des Krieges an sich schon erhöhten Rittersteuern noch vier Termine brandenburgische Monatsgelder, jeder in Betrag von 20 Gulden, an die Ritterkasse nach Schweinfurt zu entrichten, so daß die Gemeinde in diesem Jahre über 300 Gulden zur Ritterruhe zu zahlen hatte. Im weiteren Verlaufe des Krieges, welcher erst durch den Frieden von Nymwegen 1679 beendet wurde, wurde im Jahre 1677 eine Kompanie zu Fuß von dem Montagne'schen Regimente einquartiert, für deren Offiziere 1½ Mltr. Hafer zu liefern waren. 1678 hatte ein Rittmeister vom Stang'schen Regimente, den 6. Juli 1679 der sächsische Oberstwachtmeister Hoffmann mit seiner Kompanie, den 31. August der Hauptmann Unruhe vom Stabel'schen Regimente mit seiner Kompanie, den 21. und 22. September aber der Stab des gleichen Regimentes hier Quartier genommen.

Gleichzeitig wie mit Frankreich hatte der Kaiser Leopold auch in Ungarn, welches sich 1674 unter Tököli empört und unter den Schutz der Türken gestellt hatte, Krieg zu führen. 1682 brachen die Türken 200 000 Mann stark in Ungarn ein und kamen bis vor Wien, wo sie den 9. September 1683 von dem

Polenkönige Johann Sobieski und der Reichsarmee unter dem Herzog Karl von Lothringen geschlagen wurden. Obwohl der letztere in Verbindung mit Prinz Eugen und Ludwig von Baden den Sieg an Österreichs Fahnen zu fesseln verstand, wurde erst 1699 durch den Carlowitzer Frieden dem Kriege ein Ende gemacht. Anläßlich dieses Krieges fand den 26. Januar 1686 in Bibra ein Truppendurchmarsch nach Dalmatien statt unter Hauptmann Robert Dill. Weitere Durchzüge erfolgten im März und April, weshalb der Gemeinde die Ritterstener für diese beiden Monate erlassen wurde.

Auch von der Republik Venedig wurden die Türken in Griechenland mit Glück bekämpft. Die dazu nötigen Truppen wurden teils von venetianischen Werbern, teils von deutschen Fürsten angeworben und gegen Zahlung von Auxiliargeldern an Venedig überlassen. Auf dem Marsche nach ihrem Bestimmungsorte kam es zwischen ihnen und den Bewohnern der an der Marschroute liegenden Orte öfters zu Unannehmlichkeiten. So mußten, nachdem bereits in den letzten Tagen des Jahres 1686 kölnische nach Venedig bestimmte Truppen mehrfach durch Bibra gezogen waren, hannöverische Soldaten, welche gegen die bestimmte Marschordnung in Lucienfeld Quartier nehmen wollten, schließlich mit Gewalt durch das herbeigerufene Meininger Militär vertrieben werden, wobei es bei Schwickershausen, wohin sich die retirierenden 600 Mann starken Hannoveraner geworfen hatten den 22. Januar 1687 zu einem Gefechte kam, in welchem viele Meininger verwundet wurden.

Im August desselben Jahres brach ein furchtbares Hagelwetter über Bibra herein, durch welches die ganze Sommerflur, die damals nach Lucienfeld zu lag, so verhagelt wurde, daß die meisten den Samen nicht ernteten. Ein deshalb um Steuererlaß an das Rittertruhenamt in Schweinfurt gerichtetes Gesuch scheint erfolglos geblieben zu sein.

Infolge des neuen Kriegs, welchen Ludwig XIV. 1689 begann, hatte Bibra wiederum durch Truppenmärsche und Einquartierungen viel zu leiden. Schon 1689 mußte außer bedeutenden Rittersteuern ein Geldbeitrag von 10 Gulden an die Gemeinde Berlach bezahlt werden, als der vierte Teil der durch die dorthin eingelegte Einquartierung der dortigen Gemeinde entstandenen Kosten. 1690 nahmen kleinere Abteilungen verschiedener Truppengattungen Quartier, darunter ein braunschweigischer Lieutenant und ein schwedischer Hauptmann. Durch Geldgeschenke suchte man andere Einquartierungen abzuwenden, so an einen kaiserlichen Fähnrich und einen sächsischen Hauptmann, welche sich dafür in Wölfershausen und Nordheim Quartier suchten. Als die Nachricht kam, daß von Suhl her sächsische Einquartierung unter dem Oberst Riedesel drohe, eilte der Gerichtsverwalter dorthin, um dieselbe abzuwenden, wobei eine an einen Hauptmann verabreichte Spende von 5 Thalern sich als äußerst wirksam erwies. 1691 wurde eine Kompanie des Hauptmanns Hümmerlauf und

Gothaer einquartiert. 1692 war kursächsisches Standquartier in Franken, infolgedessen nicht bloß mehrfach Quartier gewährt, sondern auch Fuhren nach Salz und Weißbach, ins Hauptquartier nach Bastheim und anderen Orten gestellt werden mußten. In Berücksichtigung des dadurch dem Orte entstandenen Nachteiles wurden die Rittersteuern auf 4 Monate erlassen. Auch münsterische Soldaten wurden einquartiert. 1693 fand Soldatendurchmarsch von Suhl her statt. Den 5. Oktober wurde eine kursächsische Abteilung mit dem Stabe einquartiert. 1694 nahm das Regiment von Thüngen hier Stabsquartier, bei welcher Gelegenheit vor dem Wirtshause ein Wachtfeuer angezündet wurde. Sächsische Gewehre mußten nach Höchheim gefahren werden. 1695 lagen kurpfälzisch-neuburgische Dragoner vom Paruth'schen Regimente 6 Monate in Bibra in Winterquartier, wozu Aubstadt hiesiger Gemeinde 84 Gulden beitragen mußte. Gothaer wurden den 17. Juni einquartiert und mehrfache Durchmärsche fanden statt. Ebenso im Jahre 1696, in welchem übrigens vom 1. November bis zum 24. Mai 1697 Husaren vom Palvi'schen Regimente Winterquartier hier bezogen, welchen Gothaer und Kaiserliche, die auf dem Durchmarsche einquartiert wurden, folgten. Soldatenfuhren mußten nach Römhild, Mariosfeld und Oberstadt geleistet werden. 1698 lagen Musketiere vom Regimente von Reidschütz längere Zeit hier und auch 1699 fand eine 2tägige Einquartierung statt.

So dürftig diese aus den Gemeinderechnungen ausgezogenen Nachrichten auch sind, sie zeigen doch zur Genüge, wie unser an der Heerstraße gelegener Ort durch den Krieg in Mitleidenschaft gezogen wurde, wenn auch fern an des Reiches Grenzen die Heere aufeinander schlugen. Es waren das ganz bedeutende Lasten, welche neben den durch die bedrängte Lage des Reiches bedeutend erhöhten Rittersteuern durch die den fortwährend in größeren und kleineren Abteilungen durchziehenden und Quartier nehmenden Truppen zu gewährende Naturalverpflegung entstanden, für welche von keiner Seite der Gemeinde oder deren einzelnen Gliedern eine Entschädigung gewährt wurde. Da die Einquartierung nach dem Anschlage des Grundbesitzes verteilt wurde, war es als ein großes Recht anzusehen, wenn einzelne Grundstücke oder ganze Gehöfte wie Pfarrei und Hainmühle, wahrscheinlich weil sie ehedem zum Rittergute gehört hatte, militärquartierfrei waren, ein Recht, um dessentwillen es die Besitzer der Hainmühle, wie es nach dem 7jährigen Kriege geschah, auf einen Prozeß mit der Gemeinde, welche das Recht zu schmälern suchte, wohl ankommen lassen durften. Außerdem waren die ersten Kriegsjahre für die Landwirtschaft ungünstige gewesen, so daß 1693 das Maß Korn 13½ Bß. und Gerste 11½ Bß., 1694 aber das Korn sogar 22 Bß. und Gerste 1 Rchsthlr. kostete.

Der wenig Jahre später folgende sogenannte spanische Erbfolgekrieg brachte für Bibra neue Kriegslasten. Schon 1701 hatten dänische Kriegsvölker drei Tage hier in Quartier gelegen. 1702 den 12. Juni kamen sächsische Reiter, welche für nachfolgende Truppen Quartier machten. 1703 zogen dänische Reiter von Hermannsfeld her durch, welche Geld von der Gemeinde erpreßten und eisenachsche Völker bezogen, von Walldorf und Kühndorf kommend, Marschquartier. Ebenso 1704 den 30. April kursächsische Soldaten unter Rittmeister von Köbleritz. Im Mai und Dezember 1705 wurden Brandenburger und Sachsen einquartiert. 1706 mußten mehrfach der Soldaten halber Botengänge gethan werden. 1707 nahmen Gothaer Marschquartiere, ebenso hessische Dragoner unter Oberst Lachs, welchem 9 fl. 17 Bß. „zur Diskretion verehret" wurden. Auch die folgenden Jahre brachten Durchmärsche und Einquartierungen, so 1708 von hessischen Soldaten, 1710 von Gothaern, welche von Walldorf und Kühndorf kamen, 1711 von kaiserlichen Dragonern, welche nach Nordheim v. d. Rhön marschierten, und einer Abteilung unter Hauptmann Baßold, welche nach Mendhausen zog, wo die bibraischen Vorspänner in Arrest bleiben mußten und ein Herr Haselt aus Kühstadt des Dorfes Bibra sich bestens annahm, wofür man sich mit einem Geschenke von 1 fl. 9 Bß. dankbar zu erweisen suchte. 1712 und 1713 zogen kursächsische und gothaische Truppen durch, welche im letztgenannten Jahre, nachdem am 11. April der Friedensschluß zu Utrecht erfolgt war, nach Schleusingen zu, also heimwärts marschierten.

1716 fand ein Durchmarsch statt wahrscheinlich jener neugeworbenen venetianischen Soldaten, welche sich den 23. April zwischen Maßfeld und Ritschenhausen gegen ihre Offiziere empörten [1]).

Die beständigen Kriegsläufe hatten eine außerordentliche Unsicherheit verursacht, weshalb man schon 1705 und 1707 von Meiningen aus eine Durchstreifung der Wälder mit größeren Truppenabteilungen unternommen hatte. Aus gleichem Grunde wurde 1717 dem Nachtwächter von Gemeindewegen für den Bedürfnisfall 1 ℔ Pulver verabreicht. Die Muskete war bereits 1687 angeschafft worden und wurde noch lange als Gemeindeinventar aufbewahrt. Auch eine Trommel hatte man 1709 angeschafft und ein Gemeindeglied das Trommeln lernen lassen. Trotz solcher energischer Maßregeln sah man sich aber doch 1723 und 24 wiederholt genötigt, den Wald von den Ausschößern (Landsturm) durchstreifen zu lassen, wobei dieselben auf Gemeindekosten mit Pulver und Blei versehen wurden.

1727 wurde der Ort abermals von einem starken Hagelwetter heimgesucht, infolge wovon ein Steuertermin von neunen der Gemeinde erlassen wurde, welche demnach für dieses Jahr 121 Gulden Rittersteuer zu entrichten hatte.

Hatten schon 1730 und 31 wieder Durchmärsche kaiserlicher und 1733 ein solcher gothaischer Truppen stattgefunden, so hatte die infolge der polnischen Königswahl 1733 erfolgte Kriegserklärung Frankreichs an Österreich neue Truppenbewegungen im Herzen Teutschlands zur Folge, um so mehr, als den

---

[1]) Gutb, Chr. v. M.

26. Febr. 1734 auch das Reich den Krieg gegen Frankreich erklärte und Prinz Eugen sein Heer zum Rheinfeldzuge bei Aschaffenburg sammelte. Aus dieser Veranlassung zogen 1734 gothaische und preußische Truppen durch Bibra und nahmen 1735 weimarische Musketiere und brandenburgische Reiter Quartier, von welchen die ersteren nach Streffenhausen und Schmeheim, die letzteren nach Mellrichstadt weiter marschierten, und wenn auch bereits im Oktober 1735 Friedensunterhandlungen eingeleitet wurden, so bezogen doch auch 1736 wieder weimarische Kriegsvölker hier Marschquartiere unter Lieutenant Bose, welchem man 4 Gulden „zur Diskretion" verehrte.

Im Jahre 1731 wurde die Kirchturmspitze durch den Zimmermann Caspar Bardorf aufgerichtet.

1738 wurde das alte Schmiede- und Gemeindehaus für 90 Gulden auf Abbruch verkauft und an seine Stelle das gegenwärtige Gemeindehaus erbaut, wofür die Baukosten, abgesehen von dem Material, welches die Gemeinde lieferte, und den Holz- und Steinfuhren, welche die Nachbarn zur Frone leisteten, 200 Gulden nicht überschritten.

1739 sah man sich von neuem genötigt, mit Pulver und Blei die Wälder durchstreifen zu lassen, wozu 1752 sogar die Würzburger Husaren, 1753 die Mellrichstädter Landmiliz, und 1754 beide Korps zusammen aufgeboten wurden. Der nach dem Tode des Kaisers Karl VI. 1746 ausgebrochene österreichische Erbfolgekrieg, welcher die Franzosen über den Rhein und im Verein mit den Baiern bis Linz führte, sowie der erste (1740—1742) und der zweite (1744 und 1745) schlesische Krieg zwischen Friedrich dem Großen und der Kaiserin Maria Theresia zogen auch unser Bibra wieder in Mitleidenschaft, indem seit 1742 mehrfach Soldatenfuhren geleistet und Einquartierungslasten getragen werden mußten, aus welchem Anlaß einem Herrn Leutnant 9 Gulden als Präsent für den Herrn Obristwachtmeister, der in Exdorf lag, ausgehändigt wurden, 1743 Hessen und 1746 Panduren einquartiert wurden und vielfach Durchmärsche stattfanden. Aber alles das war doch gering gegenüber den Anforderungen, welche im siebenjährigen Kriege an die Gemeinde gestellt worden sind.

Gleich beim Ausbruch der Feindseligkeiten war von dem Freiherrl. v. Bibraischen Gerichte bestimmt worden, daß der bare Überschuß der Gemeindekasse, 171 Gulden, versiegelt an einem sicheren Orte niedergelegt werden solle, damit man für den Notfall mit genügenden Geldmitteln versehen sei. Als im Frühjahr 1757 von allen Seiten Feinde gegen Preußen heranrückten, konnten auch für das an einer Hauptstraße gelegene Bibra Durchmärsche nicht ausbleiben. Nicht nur daß verschiedenen kleineren Abteilungen Quartier gewährt und Proviantfuhren an die französische Armee nach Eisenach gethan werden mußten, so wurde auch den 6. September eine Kompanie kurkölnischer Kreistruppen in Bauerbach einquartiert, woran Bibra seinen Anteil mit 16 fl. 16 ßg. der dortigen Gemeinde

zu vergüten hatte, und nahm die Bagage der Prinzen von Hessen-Darmstadt
und von Baden, sowie vom 11. bis 12. November 75 Mann und 10 Pferde
vom kurpfälzischen Regiment Zweibrücken unter den Lieutenants Staber und Runkel
in Bibra Quartier. Von Roßbach her im November retirierende Soldaten
plünderten die Hainmühle und entwendeten 2 Schweine, Hühner, Enten, Brot
und dergleichen im Werte von 32 fl. Eine andere Abteilung, 40 Mann stark,
verlangte von der Gemeinde Proviant und Fuhrwerk nach Römhild und Königshofen. Zwar stellte den 9. Dezember Herzog Joseph Friedrich von Hildburghausen, Oberbefehlshaber der Reichsarmee, dem Rittergute Bibra und seinen
Unterthanen einen Schutzbrief aus, allein nichts desto weniger nahmen bereits
vom 3. bis 5. Februar 1758 drei Kompanieen vom kaiserlichen Marquis
de Potta'schen, Harrach'schen und Prinz Hildburghausen'schen Regimente,
361 Mann mit 28 Pferden und 12 Wagen, Quartier, für welche beim Weiter-
marsch Vorspann nach Bettenhausen gestellt werden mußte. Nachdem den
Sommer über kleinere Abteilungen sich mehrfach einquartiert hatten, erschienen
am 15. September 5 Kompanieen vom Salzburgischen Regimente unter Oberst
Brandt, 527 Mann mit 65 Pferden, welche zwar den folgenden Tag nach
Meiningen weiter zogen, aber bis dahin an 11 Wagen Vorspann verlangten,
die dann dort zurückbehalten wurden und Holz und Stroh in das dort errichtete
Lager fahren mußten. Bereits den 19. September nahm wieder eine französische
Kompanie (Grenadiere unter Oberst Marquis de Camploisin, 2 Lieutenants und
118 Mann mit 10 Pferden, Nachtquartier, welches der Oberst für seine Person
bezahlte, und am 28. September wurde eine gleiche Kompanie, 146 Mann mit
5 Pferden, einquartiert, welcher beim Weitermarsche, den 29. September, für
4 Wagen Vorspann bis Stockheim gestellt werden mußte. Außerdem aber gab
es mancherlei kleinere Einquartierungen, Extrafuhren und dergleichen. Im
ganzen berechnete die Gemeinde ihre Kriegskosten in diesem Jahre mit
575 Gulden.

Mit Beginn des Jahres 1759 gestalteten sich die Verhältnisse für unsere
Gegend noch kriegerischer, indem die alliierte Armee, Hessen, Hannoveraner,
Engländer und preußische Abteilungen unter dem Herzog von Braunschweig
auf Meiningen marschierten. Es erging deshalb an den Ortsvorstand der Auf-
trag, zu ermitteln, wieviel an Stroh und Fourage von der Gemeinde entbehrt
werden könne, und dieselbe zu ermahnen, sich in keiner Weise wider die militärischen Anordnungen aufzulehnen. Zur Vorsorge wurden auch 21½ Mltr.
Hafer und 10½ Ztr. Heu angeschafft. Bald näherte sich auch die Reichsarmee.
Bereits den 29. und 30. Januar wurden 2 Kompanieen vom Potta'schen Regimente, 221 Mann, einquartiert, woran Bauerbach mit einem Drittel „konkurrierte"
und deshalb 47 Gulden hiesiger Gemeinde vergüten mußte. Den 31. Januar
und 1. Februar folgte eine Kompanie des Hildburghausen'schen Regimentes,

sodann Abteilungen vom Regimente Harrach, welchem 204 Portionen und Rationen zu leisten waren, sowie die Bagage des Regimentes Kronegg, rote Pfälzer Dragoner und das kölnische Regiment von Nagel, welche alle nach dem Werragrunde marschierten und sich dann später der alliierten Armee ergeben mußten, von welcher preußische Husaren und Hessen hierher kamen, ein Lazareth errichtet und mehrfach vor dem Judenthore bivouakiert wurde. Den 1. Juli kamen 95 Mann und 3 Pferde vom Regimente Nassau Weilburg, welche den 5. Juli nach Exdorf weiterzogen, und am 9. August nahm eine Abteilung vom Salzburgischen Regimente, 29 Mann und 1 Lieutenant, welche Stahl und Eisen von Schmalkalden nach Königshofen zu bringen hatten, Nachtquartier ¹).

Der 18. Februar 1760 erschien eine Abteilung roter Pfälzer Dragoner, welche im Gasthofe einquartiert wurden, schließlich aber dem Schulzen die Fenster einwarfen und allerlei Unfug verübten, weshalb man ihnen am anderen Morgen beim Abmarsche nach Westenfeld und Römhild gern 3 Wagen stellte. Ihnen folgte von Hessen her retirierend die Bagage des Regimentes Harrach, 41 Mann mit 63 Pferden, welche folgenden Tags nach Jemelshausen weiter maschierte. Den 6. Mai zogen Hessen und Hannoveraner von Römhild her durch, welche sich über 40 Ztr. Heu und, was sie sonst brauchen konnten, gelegentlich einiger Raststunden, aneigneten. Der dadurch der Gemeinde entstandene Schade wurde auf 260 Gulden taxiert. Dazu mußte ihnen zur Fortschaffung ihres Raubes noch für 12 Wagen Anspann nach Meiningen gestellt werden. Den 20. Dezbr. mußte die Gemeinde an die württemberg. Truppen in Römhild 250 Rationen und 22 Mltr. Hafer liefern.

Den 25. Febr. 1761 rückten 4 Kompanieen Ansbach'sche Dragoner (Metsch, Münster, Wolfskeel, Plank) ein, welchen täglich 296 Rationen und Portionen zu verabreichen waren. Vom 6. bis 30. März lagen 2 Pfälzer Reiterkompanieen in Quartier, für welche Brot- und Fouragegelder bezahlt wurden. Ihnen folgten vom 10. bis 14. April 1½ Kompanieen Darmstädter, 132 Mann.

---

¹) Anläßlich einer den 26. September 1759 stattgehabten Einquartierung von Pfälzern, über welche kein weiterer Nachweis gefunden werden konnte, war „auf billiges Ersuchen" im Pfarrhause ein Oberstlieutenant und sein Bedienter einquartiert worden. Für die Verköstigung derselben wurde folgendes verwendet:

6 Bz. 2 kr. für 2 Mß. Wein, 3 Bz. für 1 Pfd. Forellen, 6 Bz. für 7½ Pfd. Wildpretsbraten, so abends und zum Frühstück verzehret, 1 Bz. 3 kr. für 1 Kloppet Vögel, 3 Bz. 1 kr. für 2½ Pfd. Schweinefleisch; 1 Bz. 3 kr. für ½ Pfd. Licht, 1 Bz. für Gewürz, 3 kr. für Baumöl, 2 Bz. für ½ Pf. Kaffee, 2 Bz. für ½ Pfd. Zucker, 2 Bz. für ½ Mß. Branntwein, 1 Bz. für ein jung Huhn. Summa 2 fl. 2 kr. Dazu bemerkt Chr. Er. Freißlich: „Vor Bier, Brot, Butter, Sped und übriges wird nichts verlangt und man will dißmahl gar gerne gedienet haben, nur daß die Gemeine dergleichen künftig nicht zur Gewohnheit und folglich zum Recht gedeyhen laße, zum Nachtheil der dem geistlichen und seiner Wohnung eigenen Freyheit."

Es wurden in dieser Zeit 80 Mltr. Hafer und über 100 Ctr. Heu für die Kriegsvölker verfüttert. Dazu mußten den 3. Juni noch 19 Fuhren Heu und Hafer, nämlich 62 Rationen Hafer à ⅔ Boiss. und 150 Rationen Heu an das französische Magazin in Hersfeld geliefert werden. Im ganzen berechnete die Gemeinde ihre Kriegskosten für dieses Jahr auf 1800 fl., wovon ihr 400 fl. vergütet wurden.

1762 lag vom 13. Januar bis 24. Mai französische Kavallerie in der Umgegend. In Bibra waren in den 19 letzten Tagen des Januar ein französischer Brigadier mit sechs Reitern von der Kompanie von Montaigne königl. Kavallerieregimentes Major Depons einquartiert, welche Holz, Licht und Stroh geliefert erhielten, außerdem gleichzeitig bis zum 24. Mai ⅓ Kompanie desselben Regimentes, für welche die Fourage teils durch einen Lieferantjuden von Niederwern geliefert wurde, teils vom Orte selbit aufgebracht werden mußte, wodurch der Gemeinde ein Schaden von 1427 fl. erwuchs. Außerdem waren 505½ Ration Fourage, jede von 18 ⅌ Heu und ⅔ Maß Hafer Pariser Gemäß zum Unterhalte des königl. französischen Regimentes Des Cravattes während der letzten Hälfte des Januar zu liefern, worüber Major Depons zu Nordheim quittierte. Der Brigadier lag beim Pfarrer in Quartier, wofür dieser 70 fl. aus der Gemeindekasse erhielt. Auch hatte die Gemeinde 2 Proviantfuhren nach Eisenach und 5 Wagen mit 19 Paar Ochsen bespannt nach Hersfeld zu stellen.

Vom 4. bis 6. März lagen 2 Pfälzer Dragonerkompanieen, 112 Mann und ebensoviel Pferde unter Rittmeister Funk, und vom 6. bis 31. März eine derselben, 56 Mann und Pferde, in Quartier, welche den 31. März nach Sondheim marschierten. Nachdem am 14. April wieder 1 Kompanie Pfälzer Dragoner unter Rittmeister von Helmstädt, 68 Pferde, auf dem Marsche von Bachdorf nach Anbstadt Quartier bezogen hatte, rückten den 30. Mai 120 Mann kaiserl. Otto'sche Jäger ein.

1763 erschienen dann nochmals kleinere Abteilungen kaiserl. Husaren und Otto'scher Jäger.

Das Friedensfest wurde 2 Tage lang gefeiert und für 15 fl. Bier und 5 fl. Semmeln auf Gemeindekosten dabei verzehrt.

1782 berechnete die Gemeinde auf Befehl des Ritterortes Rhön-Werra unter Zugrundelegung des vorgeschriebenen Betrages von 15 Xr. für die Portion und 30 Xr. für die Ration die durch den Krieg verursachten Aufwand auf 6508 fl. Nach dieser Aufstellung waren in Bibra einquartiert gewesen 2142 Mann und 734 Pferde, welchen 7477 Quartiertage hatten gewährt und an 75 Wagen Vorspann gestellt werden müssen. Dabei rühmt die Gemeinde den sächsischen Marschkommissären zu Themar und Römhild und den ritterschaftlichen zu Nordheim und Walldorf, welchen man im Laufe des Krieges 20 Gulden für ihre guten Dienste verehrt hatte, nach, daß sie der Gemeinde

Verein für Meiningische Geschichte und Landeskunde. Heft 13.

3

treulich Beistand gethan und viele Völker abgewandt, „ansonsten wir ohne dieß uf dieser Heerstraße und zwischen den sächsischen Ländern liegend gar zu Grund und Boden verderbt worden wären". Obwohl die Berechnung innerhalb 3 Wochen an den zur Liquidation kommittierten Hospitalkeller Kirch in Schweinfurt eingereicht werden mußte, so hat doch eine Entschädigung nicht stattgefunden.

1756 wurde seitens des Freiherrl. v. Bibraischen Gerichts verfügt, daß die Nachbarn ihre Söhne zum Handwerk anhalten, ihre Töchter aber in Dienste bringen sollten, widrigenfalls dieselben aus dem Dorfe gewiesen werden würden. Auch wurde, nachdem vergebens öftere Visitation der Nachtwache angeordnet worden war, dem Schultheißen bei 10 fl. Strafe aufgegeben, wöchentlich zweimal unvermerkt die Nachtwache zu visitieren und über den Befund Bericht zu erstatten, sowie die Fürsorge für die angepflanzten jungen Bäume sich angelegen sein zu lassen.

1766 wurde eine Abteilung des Regimentes Prinz Hildburghausen einquartiert, welche auf Gemeindekosten nach Hildburghausen gefahren werden mußte.

Nachdem bereits 1739 Aubstadt, Irmelshausen, Bibra, Höchheim und Breitensee zusammen 6 Mann zu der dem Kaiser verwilligten Armee zu stellen oder für jeden 35 fl. zu entrichten gehabt hatten, wurden 1766 drei Viertel eines Rekruten von Bibra gestellt, welcher von den Vorstehern angeworben wurde und als drei Viertel des Handgeldes 56 fl. 8 Bß. und die kleine Montur, welche 4 fl. 10 Bß. kostete, aus der Gemeindekasse erhielt. In dem genannten Jahre begann auch ein Vertilgungskrieg gegen die Sperlinge, welcher bis zum Anfang dieses Jahrhunderts fortgesetzt wurde. Die Gemeinde zahlte ein kleines Schußgeld (1766 für 311 Sperlinge 6 fl. 3 Bß.), wovon der Pächter den fünften Teil zu vergüten hatte.

Infolge der schlechten Ernte des Jahres 1770 und großer Getreideaufkäufe im benachbarten würzburgischen Gebiete entstand eine große Teuerung, sodaß den 15. Juli 1771 das Maß Korn in Meiningen mit 3 Thlr. 6 Bß., die Gerste mit 1 Thlr. 13 Bß. bezahlt wurde. Zwar fiel das Korn wenige Tage darauf wieder auf 1 Thlr. 16 Bß., hielt sich aber bis in den April des nächsten Jahres über 1 Thaler. Um der dadurch entstandenen Not etwas zu steuern, wurden nach und nach für 318 fl. Getreide, welches die Gemeinde auswärts in großen Posten aufgekauft hatte, an die Nachbarn zu mäßigen Preisen abgegeben, sowie den 15. März 1771 257 fl. bares Geld „zum höchstnöthigen Unterhalte bei dieser kümmerlichen Zeit" ausgeteilt. Gleichwohl war die Gemeindekasse noch so gut bestellt, daß 1772 auf Kosten derselben (72 fl.) die Kirche ausgemalt werden konnte.

Im letztgenannten Jahre wurden Marktstände und Marktzellen angeschafft und dafür nach Rücksprache mit dem Schultheißen von Behrungen, wo dies schon längere Zeit gebräuchlich war, ein Marktgeld erhoben. Die ganze Einnahme an beiden Märkten betrug aber nur 20 Pf. und wurde später gewöhnlich vom Schultheißen und Polizeidiener im Wirtshause an diesen Tagen im Gemeinde-dienste verzehrt.

1773 wurde Andreas Meeb, wahrscheinlich wegen Diebstahls, an das Cent-gericht in Mellrichstadt abgeliefert.

1776 wurde der Gemeinde von dem Besitzer der Hainmühle das Anerbieten gemacht, dieselbe für sich zu erwerben, allein die Verhandlungen zerschlugen sich und die Mühle ging an die Frau Schulmeister von Neubrunn über. Es wurde dadurch der frühere Streit über die Soldatenquartierfreiheit der Hainmühle von neuem angeregt, obwohl schon 1774 ein Vergleich darüber mit der Gemeinde geschlossen und namentlich auch die Steuerquote, mit welcher die Hainmühle zu den allgemeinen Lasten herangezogen werden sollte, auf 374 fl. festgesetzt worden war. Ein darüber angestrengter Prozeß führte 1790 zu einem neuen Vergleiche, nach welchem die Gemeinde niemals verlangen wollte, daß die Hainmühle bei kurz vorübergehenden Einquartierungen und Durchmärschen belastet werden sollte, wogegen die Besitzer der Hainmühle es sich gefallen lassen wollten, daß dieselbe bei Veranlagung der Rittersteuer mit der schon 1681 festgesetzten Steuerquote von 500 fl. zugezogen werde. Bei Winter- und Standquartieren aber sollte die Hainmühle nicht frei sein, jedoch bis zu einer neuen Abschätzung des Grund-besitzes mit den bereits durch Vergleich von 1774 als damaligem Wert der Hainmühle festgesetzten 374 fl. zugezogen werden.

Nachdem von den Bauern bereits mehrfach Klage bei der Gutsherrschaft wegen willkürlicher Abänderung der Frone und Vermehrung sonstiger Dienst-leistungen erhoben und desfallsige Vorstellungen übel vermerkt worden waren, hatte man vor einer kaiserlichen Kommission Beschwerde geführt, welche auch Abhülfe und insbesondere die Gestattung der Einsichtnahme in das Erb- und Lehnbuch zu erwirken versprochen hatte. Als aber gleichwohl der Wunsch der Gemeinde nicht erfüllt wurde, wendete sich dieselbe den 9. Mai 1776 mit einer neuen Beschwerdeschrift an die Gutsherrschaft, ohne, wie es scheint, einen wesent-lichen Erfolg zu erzielen, denn bereits den 9. April 1777 bat man um Abstellung neuer Beschwerden und Begnadigung mit einer neuen Fronordnung, damit man mit gnädiger Herrschaft in Ruhe leben könne. Da aber gleichwohl Abhülfe nicht erzielt werden konnte, weil wahrscheinlich die Beschwerden nicht immer begründet waren, begann man 1783 vor dem Ritterkanton Rhön-Werra zu Schweinfurt einen Prozeß mit der Herrschaft, welcher den 8. Oktober 1796 zu einem Vergleiche führte, nach welchem die Gutsherrschaft die Aufhebung der Fronen nach Aroldshausen und eine Fronordnung bewilligte, die Gemeinde aber als Entschädigung für Verminderung des gerade verkauften Aroldshäuser Hofes und für Prozeßkosten der Gutsherrschaft 400 Gulden bezahlte.

3*

1779 den 2. Juni wurde das Korn bedeutend durch Frost geschädigt und später die Sommerflur von einem schrecklichen Kieselwetter getroffen, weshalb die Gemeinde mit Erfolg um Erlaß eines Teiles der Rittersteuer petitionierte.

1781 wurde die zweite Glocke umgegossen, wozu die Gemeinde als den „ihr zukommenden halben Theil" des Glockengießerlohnes und Zusatzes 50 Rchsthlr. bezahlte und die Fuhren, Trinkgelder und das Joch bestritt.

1782 wurde der Fußweg vom Wirtshause bis zum Hofhause und 1788 am Lustgarten entlang bis zum Kirchenthore gepflastert.

1783 wurde das seit 1717 durch Kapitalisierung alter Resten entstandene Gemeindekapital durch Zuschlag neuer Resten von 432 fl. auf 668 fl. erhöht. Anläßlich der Vergrößerung der Orgel um zwei Bässe zahlte die Gemeinde auf ihren Anteil 32 fl. „Aufs Wohl der gnädigen Herrschaft" wurden zur Kirchweih von den Nachbarn 8 fl. verzehrt. Die öffentliche Sicherheit scheint damals wieder sehr im argen gelegen zu haben. Es erschienen streifende Würzburger Husaren 1778 viermal, 1780 fünfmal, 1782 sechsmal und 1783 sogar siebenmal.

1787 wurde eine größere Abteilung kaiserl. Husaren unter Kommando eines Rittmeisters 2 Tage gegen Vergütung einquartiert, etliche 50 Mann aber, welche außerdem noch herkommen sollten, durch ein Geschenk von 4 fl. an den Quartiermeister abgewendet und nach Bauerbach gelegt. Beim Abmarsche mußten 6 Wagen nach Streufdorf gestellt werden, welche der Gemeinde 29 fl. kosteten.

Da es öfter vorkam, daß die Söldner, welche als Stellleute, wenn zur Jagd geläutet wurde, in der Jagdscheune sich einzufinden, die Federlappen abzuholen und zur Stelle zu bringen hatten, nicht erschienen und die Aufspänner, welche das übrige Jagdgeräte zu fahren hatten, ausblieben, so wurde 1790 verfügt, daß der halbe bez. ganze Gulden, welcher von den Erschienenen nach Beschluß der Jagd auf Kosten der Ausgebliebenen im Wirtshause verzehrt zu werden pflegte, verdoppelt und das Ausbleiben außerdem noch besonders bestraft werden solle.

1793 hielten sich in Bibra Zigeuner mit Wagen und Hunden auf, welche den benachbarten Ortschaften des Amtes Maßfeld „nicht wenig zur Ueberlast gereichten". Es wurde deshalb dem Wirte verboten, sie zu beherbergen, und dem Schultheißen befohlen, sie zu entfernen und sie weder im Dorfe noch in der Gemarkung und im Walde zu dulden.

1795 verordnete Joseph Hartmann von Bibra auf Antrag der Gemeinde, daß das Einzugsgeld, welches vor alters „für ein Paar Ehevolk" 6 Gulden betragen hatte, 1717 aber auf 15 Gulden erhöht worden war, wovon die Herrschaft zwei, die Gemeinde ein Drittel erhielt, fernerhin auf 45, die Dorfskantion aber von 100 auf 200 Gulden erhöht werden solle. Wüste Ellern am Kalkofen und an der Landwehr hinter dem Höhn und bei der Hainmühle wurden auf

6 Jahre zu Gunsten der Gemeindekasse für 130 Gulden verpachtet. — Den
5. Mai kam ein schweres Hagelwetter, durch welches vier Kirchenfenster eingeschlagen wurden und das momentlich die Winterflur total verwüstet zu haben
scheint. In 26 umliegenden Ortschaften wurden 67 Mltr. Wintergetreide
gesammelt, welche im Herbste als Saatgetreide an die Nachbarn ausgeteilt
wurden.

Der zwischen der französischen Republik und den deutschen Fürsten 1793 ausgebrochene Krieg ging auch an Bibra nicht ganz unbemerkt vorüber. Schon
im Juli 1793 mußte kaiserlichen Soldaten Quartier gewährt und ihnen Bagagefuhrwerk nach Hausen bei Fladungen gestellt werden, und im Januar 1795
wurden sächsische Kürassiere einquartiert. Da Bibra zu der Reichsarmee einen
Rekruten zu stellen hatte, im Dorfe selber aber keine geeignete Persönlichkeit
vorhanden war, wurde Michael Florschütz aus Irmelshausen gegen ein von der
Gemeinde zu zahlendes Handgeld von 300 Gulden angeworben. Als im
Sommer 1796 die Franzosen unter Jourdan in Franken einfielen, Würzburg
und Schweinfurt, die Feste Marienberg, Königshofen und Bamberg besetzten,
borgte die Gemeinde, um für alle Fälle gerüstet zu sein, den 25. Juli
300 Gulden. Da das Kriegswetter aber trotz der bedenklichen Nähe des Feindes
gnädig an Bibra vorüberging, so wurde das nun einmal aufgenommene Kapital
zur Zahlung der 400 Gulden Vergleichsgelder verwendet, welche nach dem am
8. Oktober 1796 zwischen der Herrschaft und der Gemeinde wegen der Aroids-
häuser Frone zustande gekommenen Vergleiche zu entrichten waren. Im Januar
1797 mußte eine gewisse Quantität Heu und Hafer an das kaiserliche Ver-
pflegungsmagazin zu Schweinfurt geliefert werden.

1798 wurde der Steinweg vor dem Hirtenthore angelegt.

Hatte sich schon mehrfach vielleicht im Zusammenhange mit der französischen
Revolution und den von dort aus in weitere Kreise dringenden Freiheitsideeen
ein Geist der Auflehnung und Widersetzlichkeit gegen die Herrschaft bemerklich
gemacht (wir brauchen nur an die Beschwerden wegen der Frone und den
langen deshalb geführten, schließlich doch mit einer halben Niederlage der
Gemeinde endenden Prozeß und das Ausbleiben der Stellleute bei der Jagd zu
erinnern), so trat derselbe gegen die Mitte des letzten Jahrzehntes des vorigen
Jahrhunderts einmal recht augenfällig hervor. Schon 1793 war die Gemeinde
behufs Förderung des Kartoffelbaues um Austeilung wüst liegender Plätze,
namentlich des Rasens am Reisigschlage (alte, neue und Stöckles Rasen) vorstellig geworden und hatte damit auch Gehör gefunden. Die Herrschaft aber
hielt gerade diesen Platz der Schäferei halber nicht für geeignet und brachte
dafür wüste Plätze am Rätzeröder Wege und an der Landwehr in Vorschlag,
womit wieder die Geschirrhalter, welche sich hier in ihrer Hut beschränkt glaubten,
nicht einverstanden waren. Da es zu einer Einigung nicht kommen konnte,

unterblieb vorläufig die Austeilung, wurde aber 1796 ohne Genehmigung der Herrschaft, ja wider den ausgesprochenen Willen derselben von dem damaligen Syndikus Naumann, der dabei von Schultheiß, Sechsern und Steinsetzern unterstützt wurde, „eigenmächtig und in strafbarem Aufruhr" vorgenommen.

Ein deshalb gegen die Gemeinde angestrengter Prozeß und ein im Laufe desselben von der Würzburger juristischen Fakultät eingeholtes Gutachten fiel natürlich zu Ungunsten der Gemeinde aus, infolge wovon 1799 der Syndikus Naumann, die beiden Vorsteher Kriegsmann und Roth, sowie die vier Sechser (Georg Thomas, Georg Werrbach, Georg Wachs und Valtin Zeyfert abgesetzt und die 61 Nachbarn, welche ihre Anteile angenommen und bearbeitet hatten, zur Tragung der Kosten verurteilt, sowie der Schultheiß Schorr wegen mangelnder Geschicklichkeit seines Amtes enthoben, außerdem aber Naumann bedeutet wurde, daß er, sowie er sich noch einmal einer Anhetzerei der Gemeinde schuldig mache, ohne weiteres aus dem Dorfe verwiesen werden würde. Es wurde dann aber gestattet, daß die Strafgelder und Prozeßkosten mit 139 Gulden auf die Gemeindekasse übernommen wurden.

Der 1799 von neuem ausgebrochene französisch-österreichische Krieg war, obwohl die Franzosen im Laufe desselben den Main entlang bis Lichtenfels vordrangen, für Bibra nicht unmittelbar bedrohlich, nur mußte die Gemeinde im Dezember, um die Kosten einer kaiserlichen Lieferung bestreiten zu können, 250 fl. borgen.

1801 wurde der neuen Herrschaft gehuldigt[1]. Bei der Entbindung der gnädigen Frau (Henriette Amalie geb. von Weidenbach, Gemahlin Karl Friedrichs

---

[1]) Die beiden Glieder des Bernhard'schen Stammes, Hans Calpar und Hans, welche 1669 von dem alleinigen Vertreter des Valentinischen Stammes, Georg Christoph zu Roßrieth, dessen Anteil an Bibra gegen ihren Anteil an Schwebheim eingetauscht hatten, hatten sich dann untereinander so abgeteilt, daß Hans Irmelshausen, Hans Calpar Brennhausen, Höchheim und Bibra erhalten hatte, in welch letzterem Hans Calpar nach seinem 1701 erfolgten Tode begraben wurde. Er hinterließ 3 Söhne, welche die väterlichen Güter zunächst gemeinsam belassen, 1736 aber so abteilten, daß Christoph Dietrich Bibra, Friedrich Kaspar Höchheim, Ludwig Ernst Brennhausen nebst Anteilen an Aubstadt und den Hof Aroldshausen erhielt.

Der als Besitzer von Bibra uns zunächst interessierende Christoph Dietrich verheiratete sich mit Marie Katharine von Erthal und wurde sowohl durch seine katholische Frau, wie durch seine Stellung als würzburgischer Amtmann zu Bischofsheim bestimmt, seinen einzigen ihn überlebenden Sohn Johann Philipp katholisch erziehen zu lassen. Dieser starb als Würzburg-, Bamberg-, Augsburger- und Constanzer Geb. Rat und Gesandter zu Regensburg 1768.

Von seinen vier Söhnen starb der eine in jungen Jahren, der älteste, Franz Ludwig, starb 1790 als Domherr zu Mainz und Bamberg, der zweite, Karl Philipp, starb 1789 als Domherr zu Bamberg. Der jüngste, Joseph Hartmann, war fuldaischer Geh. Rat und Kapitular des Stiftes St. Burkhard zu Würzburg, wo er, nachdem er 1801 Bibra an seinen jungen Vetter Karl Friedrich zu Höchheim abgetreten hatte, 1805 starb.

von Bibra zu Höchheim), von einer Tochter (Clementine Victoria, geboren den 9. August 1801) wurden zum „Victoriaschießen" auf Gemeindekosten 2 ß Pulver verbraucht, 4 fl. von der Gemeinde im Wirtshause verzehrt und dem Kirchen-chore wegen vorzüglicher Musik bei gleicher Gelegenheit 2 fl. 3 Bß. „zu be-sonderer Ergötzlichkeit verehret".

Die Jahre 1801 und 1802 scheinen sehr ungünstige Erntejahre gewesen zu sein. Bereits den 4. Juni 1802 wurde eine Aufstellung angefertigt über das Getreidequantum, welches ein jeder bis zur Ernte nötig habe, und darin dieser Bedarf auf 43 Mltr. 5 Mß., der ganze Jahresbedarf auf 613 Mltr. berechnet. Der erwartete Ernteertrag war aber offenbar sehr ungünstig ausgefallen, denn bereits den 17. Oktober wurden 400 fl. zum Einkaufe von Getreide von der Gemeinde geliehen und bis zum 6. März 1803 451 fl. zu diesem Zwecke ver-ausgabt. Den 1. April wurde nochmals für 102 fl. Getreide gekauft, wobei der Mltr. mit 13 fl. bezahlt und das Maß an die Nachbarn mit 1 fl. 10 Bß. abgegeben wurde. Vielleicht mit dieser Kalamität zusammenhängend trat 1803 das Nervenfieber epidemisch auf. Es starben daran 24 Personen und wurden für aus diesem Anlasse gemachte ärztliche Besuche 18 fl. und für Medikamente 19 fl. aus der Gemeindekasse bezahlt.

Nachdem durch den Frieden zu Luneville den 8. Febr. 1801 der Rhein als Frankreichs Grenze festgesetzt und bestimmt worden war, daß die dadurch in Verlust gekommenen deutschen Fürsten innerhalb des deutschen Reichs durch Säkularisation der geistlichen Fürstentümer entschädigt werden sollten, war von

Der zweite Sohn Hans Caspars, Friedrich Caspar, seit 1736 alleiniger Besitzer von Höchheim, starb 1750 kinderlos, nachdem er laut Testament die katholische Bibraer Linie enterbt und seinen Besitz der Brennhäuser Linie allein vermacht hatte. Aber 1762 einigten sich beide Linien dahin, daß die letztere zwei Drittel, die erstere aber ein Drittel an Höchheim besitzen sollte.

Der dritte Sohn Hans Caspars, Ludwig Ernst, seit 1736 alleiniger Besitzer von Brennhausen, halb Aubstadt und Kreldshausen, hinterließ bei seinem 1740 erfolgten Tode zwei Söhne, von welchen der ältere, Friedrich Gotthelf, bei der 1762 stattfindenden Teilung der väterlichen Besitzung Brennhausen, Aubstadt und den Zehnt zu Höchheim, der jüngere, Karl, die aus dem Nachlasse ihres Oheims Hans Caspar laut Vertrag von 1762 angefallenen zwei Drittel und 1767 durch Darangabe des Aroldshäuser Hofes an die Bibraer Linie das derselben zugefallene dritte Drittel an Höchheim erhielt.

Die Söhne des älteren Bruders, Friedrich Gotthelf, Ferdinand und Karl Philipp, verkauften 1802 ihren Anteil am Höchheimer Zehnten und 1805 ihre ihnen nach Joseph Hartmanns Tode an Bibra angefallene Hälfte an ihren Vetter Karl Friedrich zu Höchheim. Dieser, der Sohn Karls, des seit 1767 alleinigen Besitzers von Höchheim, hatte 1801 von dem Domkapitular Joseph Hartmann Bibra in Erbpacht übernommen und wurde nach der 1805 erfolgten Abfindung seiner Vettern Ferdinand und Karl Philipp alleiniger Besitzer von Bibra und Höchheim, welch letzteres er aber 1816 an seinen Vetter Ludwig Gottlob zu Irmelshausen verkaufte. Er ist der Begründer der gegenwärtigen Bibraer Linie des Freiherrlichen Geschlechtes.

dem Reichstage zu Regensburg behufs Feſtſetzung der den einzelnen Fürſten zufallenden Entſchädigungen eine Kommiſſion ernannt worden, deren Verhandlungen durch den Reichsdeputationshauptſchluß vom 25. Febr. 1803 ihren Abſchluß fanden. Schon während der Beratungen derſelben hatte Baiern den Antrag geſtellt, daß gleichzeitig mit den ihm zufallenden geiſtlichen Fürſtentümern Würzburg, Bamberg und Eichſtädt auch die in ihrem Gebiete angeſeſſene Reichsritterſchaft ihm unterſtellt werden ſollte, und hatte ſogar förmliche Beſitzergreifungspatente in den ritterſchaftlichen Orten an die Kirchthüren anſchlagen laſſen, ſah ſich aber genötigt, dieſelben wieder zurückzuziehen, umſomehr, als durch den Reichsdeputationshauptſchluß vom 25. Febr. 1803 der Fortbeſtand der Reichsritterſchaft ausdrücklich anerkannt wurde.

Auch gegen Bibra hatte ſich Baiern „reichsverfaſſungs- und reichsſchlußwidrige, unerhörte Gewaltthätigleiten und Eingriffe" erlaubt, weshalb die Gemeinde, nicht wiſſend, wem ſie noch gehorchen ſolle, ſich an ihre Gutsherrſchaft in Höchheim wendete, worauf ihr der Karl und Karl Friedrich von Bibra im Auguſt 1803 zugeſichert wurde, daß ſie bei künftigen etwaigen anderweitigen kurbairiſchen Gewaltthätigkeiten für diejenigen Strafen und Koſten zu aller Zeit ſtehen würden, welche aus der Befolgung ihrer Befehle und Verordnungen der Gemeinde erwachſen würden.

Eine neue Aufforderung der bairiſchen Regierung an die Reichsritterſchaft, ſich ihr zu unterwerfen und den Unterthaneneid zu leiſten, blieb ebenfalls erfolglos, ja der Kaiſer ſtellte durch Erlaß vom 23. Januar 1804 in Ausſicht, nötigenfalls die Reichsritterſchaft mit gewappneter Hand in ihrem Beſtande zu erhalten. Gleichwohl ſahen ſich die einzelnen Glieder derſelben genötigt, nachzugeben, ſo daß gegen Ende des Jahres 1805 von den meiſten ritterſchaftlichen Orten, auch von Bibra, der bairiſche Unterthaneneid geleiſtet worden war.

Als infolge des Friedens zu Preßburg den 26. Dezbr. 1805 Baiern das ehemals geiſtl. Fürſtentum Würzburg mit dem Range eines Großherzogtums an den Großherzog von Toskana abtreten mußte [1]), blieben die eben erworbenen reichsritterſchaftlichen Gebiete unter bairiſcher Hoheit. Es wurde die Verwaltung derſelben bairiſchen Beamten übertragen und, ſoweit ſie in den ehemaligen würz-

---

[1]) Der Großherzog Ferdinand von Toskana, Bruder des öſterreichiſchen Kaiſers, welcher bereits den 27. März 1799 ſeine Hauptſtadt verlaſſen hatte, wurde im Frieden von Luneville für ſein verlornes Land, welches zu einem Königreiche Etrurien umgeſchaffen und dem Herzoge von Parma, Ludwig I., übergeben worden war, durch das Erzſtift Salzburg mit der Propſtei Berchtesgaden, einem Teile des Hochſtiftes Paſſau und der Kurwürde entſchädigt. Im Preßburger Frieden mußte er jedoch dieſe neuen Erwerbungen an Baiern und Oeſterreich abtreten, welches dadurch für den Verluſt Tirols und Benedigs entſchädigt werden ſollte, und erhielt dafür das kürzlich erſt an Baiern übergegangene geiſtliche Fürſtentum Würzburg. Erſt durch den Wiener Kongreß erhielt er ſein Stammland zurück.

burgischen Landgerichten Münnerstadt, Neustadt, Mellrichstadt, Fladungen, Hildere, Bischofsheim und Kissingen lagen wurden sie dem Distriktskommissariat in Münnerstadt unterstellt, an welches die Steuern zu entrichten waren, und dem die Centgerichtsbarkeit, sowie die Aufsicht über die landesherrliche Polizeiordnung, die öffentliche Sicherheit, das Militärwesen, sowie die Handhabung der landesherrlichen Episkopalrechte zustand.

Das bairische Hoheitszeichen war angeschlagen, der Unterthaneneid geleistet und man erwartete anfangs Febr. 1806, daß, wie in alle anderen ritterschaftlichen Orte, so auch nach Bibra bairisches Militär gelegt werden würde. Es kamen auch wirklich 2 Mann, welche, als der Steuereinnehmer 8 Tage über den zur Ablieferung der Steuer festgesetzten Termin hatte verstreichen lassen, diesem neben einer täglichen Gebühr von 20 kr. für den Mann als Exekution ins Haus gelegt und den 5. April durch einen Mann vom 5. Linien-Infanterie-Regimente Treysing abgelöst wurden.

Durch die Rheinbundsakte vom 12. Juli 1806, welche in dem Art. 25 den Grundsatz aufstellte, daß die reichsritterschaftlichen Gebiete fortan der Hoheit derjenigen Rheinbundsfürsten unterworfen sein sollten, von deren Ländern sie eingeschlossen seien, verlor die Reichsritterschaft die letzten Reste früherer Selbständigkeit, die sie bis dahin sich etwa noch zu erhalten vermocht hatte. Auf Grund dieses Artikels wurden Mitte Dezember 1806 die ritterschaftlichen Orte hiesiger Gegend dem Großherzogtume Würzburg überwiesen, welches den 25. September dem Rheinbunde beigetreten war.

In einem Staatsvertrage mit Baiern vom 12. Juni 1807 wurde über die ritterschaftlichen Besitzungen in der Weise verfügt, daß die nördlich von einer bei Aub beginnenden und sich über Kitzingen nach Schottenstein ziehenden Linie liegenden zu Würzburg, die südlich liegenden zu Baiern gehören sollten. Die Zugehörigkeit Bibras zum Großherzogtum Würzburg war damit endgültig festgestellt. Als Bekenntnis der Anerkennung der Landeshoheit des Großherzogs wurde, wie von allen ehemals ritterschaftlichen Unterthanen, so auch von Bibra das sogen. Rauchpfund (17½ kr.), welches jeder christliche und jüdische Hausvater jährlich nach Mellrichstadt zu liefern hatte, gefordert. Der Geburtstag des neuen Landesherrn, des Großherzogs Ferdinand, wurde festlich begangen und ihm zu Ehren 4 Eimer Bier für 13 fl. auf Gemeindekosten getrunken. Den 8. Juni wurde zu Höchheim Rekrutierung gehalten und Martin Jäger von hier für das Würzburger Militär ausgehoben. Da Bibra noch in keiner Brandversicherung war, wurde behufs Eintrittes in die würzburgische Landesversicherungsanstalt eine Abschätzung angeordnet. Eine würzburgische Exekution, welche, man weiß nicht, aus welchem Grunde, nach Bibra beordert wurde, kostete der Gemeinde, die für 30 Mann Hermarsch, Quartier und Rückmarsch mit je 3 Tagen zu bezahlen hatte, 160 fl.

Durch den am 20. Juni 1808 zu Würzburg abgeschlossenen Staatsvertrag zwischen der Würzburger und Meininger Regierung kam Bibra mit Arolds= hausen und Nordheim mit Ruppers an das Herzogtum Meiningen, infolge wovon Martin Jäger aus dem würzburgischen in das meiningische Militär versetzt wurde. Er erhielt aus der Gemeindekasse einen jährlichen Zuschuß von 12 fl.

Während diese mehrfachen Hoheitswechsel in friedlicher Weise sich vollzogen, war auch Bibra in das Treiben der unterdessen ausgebrochenen napoleonischen Kriege hineingezogen worden.

Beim Ausbruche des französisch-österreichischen Krieges im September 1805 hatte sich Preußen zunächst neutral gehalten, hatte aber später, erbittert durch die Verletzung seiner Neutralität in Anspach und Baireuth und aufgehetzt durch Rußland, eine drohende Sprache gegen Napoleon geführt und seine Armee mobil gemacht. In Voraussicht drohender Ereignisse hatte daher das Bibraische Amt gegen Ende Oktober die Gemeinde aufgefordert, für Futter und Fourage Fürsorge zu treffen, eine Anordnung, die später ihr sehr zu statten kommen sollte, denn als in den ersten Tagen des Dezember die preußische Avantgarde unter Blücher den Thüringer Wald überschritt, wurde den 8. Dezember nicht bloß eine Lieferung für die preußische Armee angesagt, sondern auch eine Eskadron vom preußischen Leib=Husarenregimente unter Major von Propst nach Bibra gelegt. Nachdem die 19 Mltr. Hafer, welche die Gemeinde angeschafft hatte, fast aufgezehrt waren, meldete dies Major von Propst den 18. Dezember nach Meiningen, von wo der Schultheiß angewiesen wurde, 15 Mltr. in Ritschenhausen und 10 Mltr. in Bauerbach holen zu lassen. Im Pfarrhause wurden 2 Offiziere einquartiert, wofür 9 fl. 10 Bz. aus der Gemeindekasse vergütet wurden.

Da Preußen nach der Niederlage der Österreicher bei Austerlitz (den 2. Dez. 1805) sich genötigt sah, Napoleon gegenüber gelinder aufzutreten und sogar den 15. Dezember zu Schönbrunn an Napoleon Wesel und Neuschatel und an Baiern Ansbach abzutreten, wofür es mit Hannover entschädigt werden sollte, zogen die preußischen Truppen bald darauf wieder ab. Immerhin waren nicht unbedeutende Anforderungen an die Gemeinde gestellt worden, sodaß diese den 4. Februar 1806 berichten konnte, „daß die Unterthanen durch die preußische Einquartierung geschwächt worden seien".

Noch während der diplomatischen Unterhandlungen, welche Preußen im Sommer 1806 mit Napoleon führte, kam den 6. August die Nachricht nach Bibra, daß ein französisches Armeecorps die Linie zwischen Lichtenfels und Königshofen besetzen werde. Zugleich wurde bekannt gegeben, daß die Fourage= ration 8 ℔ Hafer, 10 ℔ Heu und 10 ℔ Stroh zu betragen habe und daß jedem Soldaten täglich 1½ ℔ Brot, ½ ℔ Fleisch mit Zugemüse und 1 Flasche Bier zu verabreichen sei. Bald kam auch französische Einquartierung, welche fast alle Vorräte an Hafer, Heu und Stroh verbrauchte. Außerdem mußten noch 133 Rationen Hafer und Heu und 80 Rationen Stroh an das französische Magazin zu Schweinfurt geliefert werden. Es wurde deshalb auch den 26. September aller Verkauf von Fourage an fremde Händler verboten. Die Franzosen scheinen sich aber gegen Mitte September wieder zurückgezogen zu haben, denn bereits den 20. September marschierten Abteilungen preußischer Husaren durch Meiningen, welchen andere preußische Regimenter folgten. Auch nach Bibra wurden wieder preußische Husaren gelegt, welche, als am 11. Oktober die Nachricht kam, daß Napoleon durch das Meininger Oberland nach Saalfeld marschiert sei, unter Inanspruchnahme von Bagagefuhrwerk nach Themar und Schleusingen abmarschierten.

Als Napoleons Heere siegreich vorgedrungen waren und zur Erhaltung derselben überall schwere Kontributionen ausgeschrieben wurden, erging auch an Bibra, als einem noch nicht zum Rheinbunde gehörigen Orte, die Aufforderung, sich an der auf Befehl des Oberkriegskommissärs Merard zu Erfurt von dem Kriegskommissär Richault zu Eisenach ausgeschriebenen Lieferung mit 2 Säcken Korn von je 150 ₰, 2 Säcken Gerste von je 150 ₰ und 1 Viertel Ochsenfleisch, wobei Haut, Hörner und Füße abgerechnet sein mußten, in der Weise zu beteiligen, daß vom 1. Dezember an jeden Sonnabend das obige Quantum in Eisenach abgeliefert werde. Während auf Veranlassung des bibraischen Patrimonialrichters Rat Grumer (Georg Höhn nach) Eisenach geschickt wurde, um dort durch gute Worte oder sonstwie womöglich die Lieferung abzuwenden, wurde man gleichzeitig mit dem v. Stein'schen Amtmanne zu Nordheim in Würzburg behufs Einverleibung in das zum Rheinbunde gehörige Großherzogtum Würzburg vorstellig, welche auch den 15. Dezember erfolgte, infolge wovon die Eisenacher Lieferung erlassen wurde.

In welcher Weise Bibra bei dem Mitte Mai 1807 durch Meiningen stattgefundenen Durchzuge der auf dem Marsche von Italien nach Magdeburg befindlichen Division Molitor, dem wenige Tage später erfolgten Durchmarsche der würzburgischen Truppen, dem anfangs Juni nach Norddeutschland erfolgten Vormarsche der spanischen Division unter Marquis de la Romana und den vom 16. bis 21. Dezember erfolgten Durchzuge der italienischen Division nach dem Würzburgischen, wo sie kantonieren sollte, in Mitleidenschaft gezogen worden ist, konnte nicht ermittelt werden. Wahrscheinlich war es bei letzterer Veranlassung, daß die Gemeinde Bibra Vorspann nach Mellrichstadt zu stellen hatte, welche französische Wagen nach Münnerstadt fahren mußte und der Gemeindekasse 75 fl. kostete. Auch wurde wohl in Rücksicht auf diesen Durchmarsch auf von Mellrichstadt den 30. November ergangenen Befehl ein Magazin angelegt, welches aus 6 Mltr. Waizen 10 Mltr. Korn, 14 Mltr. Hafer, 30 Ctr. Heu und 10 Ctr. Stroh, wozu das Rittergut ¹⁄₂ geliefert hatte, bestand und von dem der nicht verbrauchte Rest im Anfang des Jahres 1808 zu Gunsten der Gemeinde verkauft wurde. Im allgemeinen dürfte Bibra bei diesen Durchmärschen verhältnismäßig besser weggekommen sein, als im siebenjährigen Kriege, da unterdessen die vorzügliche Straße von Mellrichstadt über Henneberg nach Meiningen gebaut worden war, während die alte Straße über Bibra im Grunde nichts anderes als ein ausgefahrener, bodenloser Feldweg war, auf welchem Geschütze und Bagagewagen nur mühsam durchzubringen waren.

1808 waren französische Husaren vom 5. Regimente unter Kommando eines Lieutenants an 5 Wochen in Bibra in Quartier, welchen bei ihrem Abmarsche nach Roßfeld eine Anzahl Wagen gestellt werden mußte, die der Gemeinde 55 fl. kosteten. Außerdem waren noch zweimal Franzosen und einmal Weimarer einquartiert, deren Offiziere im Pfarrhause lagen, wofür der Pfarrer aus der Gemeindekasse, welche in diesem Jahre allein für die Offiziere 116 fl. verausgabte, mit 15 fl. entschädigt wurde. Um ihre Militärlasten bestreiten zu können, sah sich die Gemeinde genötigt, 600 fl. zu borgen.

Auch 1809 fehlte es nicht an schweren Kriegsleistungen. Vom 10. Februar bis 14. März lagen wieder französische Husaren in Bibra in Quartier, für welche vom 10. bis 16. Februar, sowie vom 10. bis 14. März, wo sie abmarschierten, die Gemeinde aus eigenen Mitteln die Fourage zu bestreiten hatte, während vom 17. Februar bis 9. März von Wölfershausen, Neubrunn, Belrieth und Einhausen 16½ Ctr. Stroh, 35½ Ctr. Heu und 23 Mltr. Hafer geliefert wurden. Von den Offizieren wurde während dieser Zeit auf Gemeindekosten für 94 fl. Wein und Rum getrunken und überhaupt 122 fl. für deren Bedürfnisse bezahlt. Später war Fourage nach Obermaßfeld zu liefern. Infolge des Durchmarsches des Davout'schen Korps durch die Gegend wurden eine Menge Geschirre von allen Seiten requiriert. Auch Bibra hatte vom 18. März an solche zu stellen, welche von Meiningen nach Themar, Weißbrunn, Mellrichstadt und Witzelrode, von Vachdorf nach Altenbreitungen, von Münnerstadt nach Ebenhausen, von Eisenach nach Vacha fahren mußten und der Gemeinde 225 fl. kosteten.

Den Sommer über kamen sehr vereinzelt die Überbleibsel des Meininger Bataillons aus Tirol zurück, welchen Erfrischungen auf Gemeindekosten gereicht wurden. Der 1808 aus dem würzburgischen in das meiningische Militär versetzte Martin Jäger blieb aus. — Französische Küraffiere und Chaffeurs wurden mehrfach einquartiert.

Den 5. Februar 1810 wurden zwar 21 Mltr. Hafer auf Vorrat gekauft, das Jahr scheint aber wie das folgende ohne größere Anforderungen vorüber gegangen zu sein.

Den 14. April 1811 mußte in allen Kirchen des Landes ein Dankfest für die Geburt des Königs von Rom, des Sohnes Napoleons, und den 9. Juni sein Tauffest gefeiert werden. Während an dem ersteren Tage der Archidiakonus Lang von Meiningen in Wellershausen über Sprüchwörter 10, 14 „Wenn das Herz traurig ist, so hilft keine äußerliche Freude" predigte, eine That, die ihm leicht Freiheit und Leben hätte kosten können, wurde in Bibra „bei öffentlichem und gemeinschaftlichem Tanze" für 26 fl. Bier auf Gemeinde-kosten getrunken.

Jakobus Roth wurde zum Militär ausgehoben. Bei seinem Abmarsche nach Hamburg den 19. Februar 1812 wurden ihm aus der Gemeindekasse 6 fl. ausgezahlt. Wiedergekommen ist er nicht.

Der Zug der großen Armee nach Rußland scheint Bibra wenig berührt zu haben, wurden doch im ganzen Jahre 1812 nur 18 fl. für Soldatenfuhren und sonstige militärische Zwecke verausgabt.

Auch der Vormarsch frischer französischer und Rheinbundstruppen 1813, welcher fast den ganzen April und Mai hindurch dauerte, scheint in der Haupt-sache auf anderen Straßen sich vollzogen zu haben, hatte doch Bibra nur den 3., 7. und 10. April französische und den 23. April hessen-darmstädtische Ein-quartierung. Im Spätsommer tauchten bereits hinter dem Rücken der franzö-sischen Armee streifende Abteilungen von dem Heere der Verbündeten auf. Als Teil einer solchen wurden den 20. September 80 Mann österreichischer Soldaten in Bibra einquartiert. Der Rückzug Napoleons nach der Schlacht bei Leipzig ging zum Glück nicht durch unsere Gegend. Nur einzelne Haufen aller Waffen-gattungen, Verwundete und Kranke zogen durch und nahmen wohl auch meist den besseren Weg von Meiningen über Henneberg nach Mellrichstadt.

Während in den letzten Oktobertagen die österreichische Armee bei Schmal-kalden den Thüringer Wald überschritt und von da über Helmers und Rosa auf Dermbach marschierte, kam den 29. Oktober das russische und das preußische Hauptquartier nach Meiningen, in dessen Umgebung 70000 Mann Russen und Preußen Quartier nahmen. Dem am 31. Oktober nach Würzburg zu ab-marschierten Gros der Armee folgten den ganzen November über die verschieden-artigsten Truppengattungen. Auch in Bibra fehlte es in dieser Zeit nicht an Einquartierung preußischer und russischer Soldaten, von welchen namentlich die Kosaken in keinem guten Andenken stehen. Ein Mann entfaltete damals in der Umgegend eine außergewöhnliche Thätigkeit, es war das Georg Freiherr von Stein auf Nordheim, welcher als Oberst des Landsturmes allezeit bereit war, den wilden zügellosen Schaaren, deren Bosheit und Übermut alle Grenzen überschritten, mutvoll entgegen zu treten. „Noch lebt er", heißt es in seinem

Nekrolog[1]) „bei der älteren Generation der umliegenden Dörfer in lebendiger Erinnerung, wie er durch Mut und Unerschrockenheit allein, oft mit nichts als einem Kantschu bewaffnet und einer kleinen aus Baschkiren bestehenden Sauve-garde umgeben, die zügellosen Scharen verjagte oder zur Ordnung brachte. „Im Namen des Kaisers Alexander!" so donnerte er einst einem übelhausenden Kosakenpikett entgegen, indem er seinen Säbel zog, und siehe der ganze Haufen ergriff die Flucht. Einst wurde er auf das dringendste ersucht, nach Lucien-feld zum Pfarrer Gumpert zu kommen und dort den zügellosen Frechheiten eines Kosakenhaufens Ziel zu setzen. Er eilte sogleich hin, setzte ohne weiteres den dort hausenden Kosakenobersten außer Kommando, meldete sein Verfahren dem in Behrungen liegenden Generale und hatte die Genugthuung, seine Maß-regel von demselben bestätigt und am folgenden Tage den wilden Oberst hinter seiner Truppe marschieren zu sehen."

Außer der Einquartierungslast mußten auch vielfache Lieferungen nach Meiningen und Erfurt gemacht werden. Um denselben genügen zu können, wurden 25 Mltr. Hafer und 3 Eimer Branntwein gekauft, von welch letzterem 1 Eimer nach Erfurt und 49 Maß nach Meiningen geliefert, das übrige später unter die Nachbarn verkauft wurde; 9 Hammel mußten nach Meiningen geliefert und für nach Erfurt zu liefernde Ochsen 32 fl. bezahlt werden. Überhaupt wurden von der Gemeindekasse in diesem Jahre 910 fl. für Militärzwecke verausgabt.

Auf dem Gemeindehause war ein Lazarett für kranke Soldaten errichtet.

Martin Wachs, welcher den 27. August zum Militär ausgehoben worden war, desertierte sehr bald.

Beim Rückmarsche der Verbündeten aus Frankreich 1814 gab es im Juli in Bibra wieder russische Einquartierung. Auch mußte für die russische Armee 14 Ctr. Heu und 5 Mltr. Hafer nach Römhild geliefert werden. Im ganzen wurden für Kriegszwecke 334 fl. verausgabt. Den 17. Juni kam die meiningische Landwehr, welche in Mainz gestanden hatte, aus dem Feldzuge, zu welchem sie den 14. Februar ausgezogen war, wieder zurück und wurde festlich in Meiningen empfangen. Aus Bibra war Gottfried Paul darunter. Den 19. Oktober wurde das Sieges- und Friedensfest gefeiert, wobei auf Gemeindekosten 5½ Eimer Bier getrunken wurden.

Nach der unerwarteten Rückkehr Napoleons von Elba (1. März 1815) sahen sich die Mächte von neuem veranlaßt, ihre Heere nach Frankreich marschieren zu lassen. Aus Bibra wurde Kaspar Amthor, Joh. Jäger und Gottfried Paul zum Meininger Kontingent ausgehoben. Ein Teil desselben unter Oberleutnant Woischeck lag vom 17. bis 31. Mai in Bibra in Quartier, bei welcher Gelegen-

---

[1]) Müller, Friedrich Georg von Stein auf Nordheim. Eine Lebensskizze. Auf Ver-langen aus dem 29. Jahrgange des Nekrologs der Deutschen abgedruckt. Weimar 1853.

heit der Soldat Dominicus Niemetz den 26. Mai durch seine Geistesgegenwart und Anstrengung einer Frau, welche in Schwermut sich in einen Ziehbrunnen gestürzt hatte, das Leben rettete. Als im Juni das russische Armeekorps des Generals Sacken durch Meiningen zog, kam auch nach Bibra wieder russische Einquartierung, welche von da auf Bischofsheim marschierte. Französische und darmstädtische aus der Kriegsgefangenschaft zurückkehrende, sowie russische und preußische Offiziere wurden im Pfarrhause einquartiert, wofür 17 fl. dem Pfarrer aus der Gemeindekasse vergütet wurden. Zu Kriegszwecken wurden in diesem Jahre 207 fl. 9 Bß. verausgabt.

Im ganzen hatte der Krieg von 1805 bis 1815 der Bibraer Gemeindekasse 2840 fl. gekostet. Würden hierzu noch die Kosten, welche den einzelnen Gemeindegliedern aus den zahlreichen Einquartierungen erwuchsen, über welche leider ein näherer Nachweis nicht vorliegt, gerechnet werden können, so würde sich leicht eine Summe ergeben, welche der mindestens gleichkäme, welche der siebenjährige Krieg der Gemeinde gekostet hat.

Erwähnt sei noch, daß während der Kriegsjahre die öffentliche Sicherheit wieder sehr im argen gelegen zu haben scheint, indem erst Würzburger Kordonisten, dann meiningische Jäger wiederholt Streifzüge durch die umgebenden Wälder unternehmen mußten, und man sich genötigt sah, 1809 auf Gemeindekosten 2 Flinten für die Nachtwache anzuschaffen; daß 1810 das Fortlegen des Kirchendaches, Kalk u. s. w. zur Hälfte aus der Gemeindekasse bestritten wurde, daß den 5. Januar 1811 eine landesherrliche Verordnung erschien, nach welcher die Juden bleibende Familiennamen annehmen mußten, und daß in demselben Jahre das Kaspar Hartmann'sche Haus abbrannte.

Die Teuerung der Jahre 1816 und 1817 machte sich auch in Bibra fühlbar. Die Gemeinde sah sich genötigt, 16½ Mltr. Korn, 14½ Mltr. Gerste, 14½ Mltr. Gemang aufzukaufen, um davon an die Nachbarn abgeben zu können, und zwar wurde das Korn für 2 fl., Gerste zu 2 Thlr. und Gemang zu 1 Thlr. das Maß abgegeben. Auch 30 Laibe Brot à 36 kr. wurden unter die Nachbarn verkauft. Am Ende des Jahres 1816 kostete in Meiningen das Maß Weizen 45 Bß., Korn 34 Bß., Gerste 20 Bß., Erbsen 30 Bß., 1 ℔ Butter 36 kr.

Das 300jährige Reformationsjubelfest wurde 1817 auch in Bibra festlich begangen. Zum Andenken daran wurden 4 Bibeln, 50 Katechismen und 20 Augsburgische-Konfessionsbüchlein auf Gemeindekosten unter die Schulkinder verteilt.

1818 erschienen die Juden zum ersten Male in der Gemeinderechnung mit Familiennamen.

1819 wurden von der Herzoglichen Steuerkasse für das 1813 zur Ochsenlieferung nach Erfurt vorgeschossene Kapital von 32 fl. 5 Bß. Zinsen vom

22. Nov. 1813 an nachgezahlt. Zur Vermählung der Prinzessin Adelheid leistete die Gemeinde einen Beitrag von 22 fl. 3 Bß.

1821 wurde der Regierungsantritt des Herzogs Bernhard in solenner Weise begangen und dabei auf Gemeindekosten 19 fl. 7 Batzen verzehrt. Dem Frl. von Bibra wurde als Hochzeitsgeschenk eine lichtgelbe Kalbe verehrt. — Auf amtlichen Befehl mußte für die wahnsinnige Frau des Caspar Floßmann „ein fester Kerker" gebaut werden.

1823 wurde für 1245 fl. Holz verkauft und der Erlös teilweise zur Abtragung von Kriegsschulden verwendet.

1825 wurde das alte Spritzenhaus eingelegt, sowie an den Zimmermeister Mack in Jüchsen, die Maurermeister Daniel Breitung aus Queienfeld und Erhard Jäger aus Ritschenhausen der Bau einer neuen Schule verakkordiert. Die Gemeinde lieferte das nötige Holz, soweit dasselbe nicht aus dem Heiligen genommen werden konnte, leistete die Fuhren zur Frone und bezahlte 1827 als Baukosten 500 fl. — Anläßlich der Vermählung des Herzogs Bernhard wurden 45 fl. „Steuer" gezahlt. — Das damals noch stehende Hirtenthorhaus wurde mit 278 fl. in die Brandkasse gelegt.

1826 wurden von der Judenschaft an den 4 Ausgängen des Ortes „je 2 große Steine ihrer Religion halber" aufgerichtet, wofür jährlich 4 fl. an die Gemeindekasse gezahlt wurden. Sie wurden aber später wieder entfernt und sollen eine unrühmliche Verwendung im Hofe eines Gliedes der jüdischen Kultusgemeinde gefunden haben. — Den 14. August brannten auf dem oberen Schloßhofe die Stallungen und Scheuern ab. Ein neues Spritzenhaus wurde gebaut.

1828 wurde die Straße nach der Hainmühle zu abgesteckt.

1831 wurde infolge eingetretener Teuerung ein bedeutender Getreideeinkauf von der Gemeinde gemacht.

Als 1834 die Königin Adelheid von England ihren Einzug in Meiningen hielt, wohnten 48 Burschen und Mädchen von Bibra demselben bei, welche auf Gemeindekosten je 15 kr. erhielten, der sie begleitenden Musik aber wurden 14 fl. ausgezahlt.

1836 wurde auf Gemeindekosten eine neue Turmuhr für 225 fl. angeschafft und die Fron mit 3000 fl. abgelöst.

1838 wurde der sich auf der Südseite der Burg die Dorfstraße entlang ziehende Wall abgetragen, um daselbst Raum für einen Garten zu gewinnen. Johann Martin Meier von Bibra wurde dabei durch zusammenstürzende Erdmassen verschüttet und getötet.

1840 den 13. Mai in der Frühe brannte die Wohnung des hiesigen Nachbars Caspar Schorr (das alte Rentgut zwischen dem Wirtshause und unterem Schlosse) ab, wobei die Bewohner des Hauses mehr oder weniger beschädigt wurden, der Hausvater aber gefährliche Brandwunden davontrug. — Im Laufe

des Jahres trat die Gutsherrschaft ihre Gerichtsbarkeit gegen Entschädigung
an den Landesherrn ab unter dem Vorbehalte, daß vierteljährlich ein freier
Gerichtstermin im Orte gehalten werden solle. An Stelle der bisherigen
„Sechser" wurde ein neuer Ortsvorstand unter dem Namen „Ortsausschuß"
gewählt.

1841 wurde durch den Freiherrn Otto von Bibra die Wöchnerinnenkasse
begründet.

1844 wurde der Bau eines neuen Pfarrhauses an den Maurermeister
Georg Wachs von Bibra für 1725 fl. verakkordiert, der ihn mit dem Zimmermeister Schön von Queienfeld ausführte. Das Eichenholz und die Steine
lieferte die Gemeinde, die Sand- und Holzfuhren wurden zur Frone gethan,
die Stein- und Lehmfuhren an den Mindestfordernden verstrichen und von der
Gemeinde bezahlt. Die baren Auslagen bestritt die Kirch- und Stiftungskasse.
Auch die Gottesackermauer auf der Ost- und Nordseite wurde erneuert, woran
die Gemeinde in entsprechender Weise partizipierte.

1845 wurde der Pfarrzehnt mit 11 000 fl. abgelöst.

1846 den 14. September wurde das neue Pfarrhaus, für welches der gesamte bare Kostenaufwand auf 1759 fl. sich belief, bezogen; das alte, welches
in der Mitte des Gartens stand, wurde für 296 fl. auf Abbruch an Ludwig
Ernst Wachs verkauft, welcher aus dem noch brauchbaren Holze das Haus Nr. 68b
am Hirtenthore erbaute. — Die Baumpflanzung an der Straße nach Reutwertshausen wurde vollendet.

1847 wurde, um der Nahrungsnot abzuhelfen, welche infolge der ungünstigen
Ernte des Vorjahres im Laufe des Frühlings sich recht bemerklich machte, sodaß
das Korn im Juni bis auf 4 fl. das Maß stieg, von der Gemeinde Getreide
gekauft und nach und nach entweder in Natur oder zu Brot verbacken an die
Nachbarn abgegeben. Um Verdienst zu schaffen, wurde der 1796 noch stehen
gebliebene Teil des Reisigschlages umgerodet und in Kartoffelland verwandelt,
sowie die untere Gasse unter dem Wirtshause und der Weg nach Queienfeld
bis an die Schopfenbrücke chaussiert. Infolge der außergewöhnlich reichen Obst-
und Getreideernte sank der Preis des Getreides so, daß 1848 das Maß mit 1 fl.,
ja mit 45 kr. verkauft wurde.

Das „tolle Jahr" 1848 konnte natürlich auch an Bibra nicht vorüber
gehen, ohne seine Einwohnerschaft in den allgemeinen Taumel mit fortzureißen.
Nachdem den 26. April in der Stadtkirche zu Meiningen 2 Abgeordnete zu
der konstituierenden Nationalversammlung in Frankfurt gewählt worden waren,
wobei der Wahlbezirk Nordheim, Bibra, Jüchsen und Reubrunn durch den
Pfarrer Freißlich von Bibra vertreten war, wurde wie überall so auch in Bibra
eine Bürgerwehr errichtet, welche 115 Mann stark, teils mit Flinten, teils mit
Spießen bewaffnet, unter dem Kommando des damaligen Rittergutspächters

Storandt und seiner beiden Lieutenants Caspar Fehringer und Joh. Georg Schorr stand. Fahne und Trommel wurden angeschafft, und an den Sonntagnachmittagen exerzierte man fleißig, wobei ein nachfolgender guter Trunk wohl nicht vergessen wurde. Abgesehen von dem damals landesüblichen Räsonnieren würde der Sturm in Bibra noch friedlicher als so vorübergegangen sein, wenn nicht unbefugte Ausübung der Jagd seitens einiger Nachbarn in der dem Rittergute gehörigen, zwischen Pfaffenstrich und Gemeindewald gelegenen Waldparzelle noch zuletzt einige Aufregung verursacht hätte. Die herrschaftlichen Jäger Valtin Kolb und sein Sohn Friedrich Kolb versuchten den Schützen die Gewehre wegzunehmen, wobei es zum Ringen kam, in welchem Kolb jun. niederfiel, worauf er auf Veranlassung des Vaters unter dem Vorgeben, daß er lebensgefährlich mißhandelt worden sei, auf einem Wagen nach Hause gefahren wurde. Auf Antrag des Herrn von Bibra, welcher damals in Hildburghausen wohnte und um Schutz seines Eigentums und Entwaffnung der Wehrmannschaften ersucht hatte, wurden den 12. November 60 Mann königl. sächs. Militär in Bibra einquartiert, welche auf bewaffneten Widerstand gerechnet hatten und zu ihrer Verwunderung von der Einwohnerschaft sehr freundlich aufgenommen wurden. Da die eingeleitete Untersuchung bald ergab, daß Kolb Vater und Sohn die Geschichte sehr übertrieben hatten, wurde bereits den 24. November das Militär zurückgezogen und der Gemeinde die für die Einquartierung gesetzlich bestimmte Entschädigung ausgezahlt. Da im Herzogtum mehrfach Unruhen vorkamen, welche zur Aufrechterhaltung der Ordnung das Einschreiten des Militärs nötig machten, so besonders im Oberlande und in Saalfeld, wo die Bauern die Fronfeste gestürmt hatten, wurden Abteilungen des Meininger Regimentes dorthin abkommandiert. Aus solcher Veranlassung rückten Kornelius Eckold und Jsrael Sachs von Bibra mit ihren Truppenteilen aus, ersterer nach Sonneberg, letzterer nach Saalfeld.

1851 wurden von den bäuerlichen Güterbesitzern, welche an die Gutsherrschaft Gülten zu entrichten hatten, diese Leistung nach dem Ablösungsgesetz vom 5. Mai 1850 mit 7693 fl. 30 kr., die Gelderbzinsen von Häusern und Gütern mit 2196 fl. 7 ½ kr., Kauf- und Erbhandlohn mit 2021 fl. 11 ¼ kr. abgelöst. — Im selben Jahre wurden von Kunigunde Popp, Gastwirtswitwe zu Bamberg, der Ortsarmenkasse 100 fl. vermacht.

1854 wurden die auf den pfarrlehnbaren Grundstücken lastenden Erbzinsen, bestehend in 12 Maß Korn, 11 Maß Weizen und 11 Maß Hafer, welche alle 3 Jahre, und 11 Hühnern und 3 fl. 6 ½ kr. an Geld, welche alljährlich zu entrichten waren, mit 260 fl. an die Pfarrei abgelöst.

1866 hatte der Ort infolge des preußisch-österreichischen Krieges kurze Zeit Einquartierung bayrischer Reiterei. — Ludwig Porz, Reinhard Roth gen. Sendelbach und Adolf Schorr, welche damals bei dem Meiningischen Regimente ihrer Militärpflicht genügten, rückten mit demselben zur Besetzung der Bundesfestung

Mainz aus, die beiden ersteren als Lazarettgehülfen, der letztere in der 4. Komp., bei welcher sich ihm anläßlich mehrfacher rheinabwärts ausgeführter Rekognoszierungen Gelegenheit ergab, preußische Kugeln pfeifen zu hören.

1868 den 6. und 7. Dezember fand ein heftiger Westturm statt, welcher seinen Höhepunkt am Vormittage des 7. Dezember erreichte und so stark war, daß die Glocken auf dem Turme anschlugen. Im vorderen Tannig fielen ihm nahe an 300 starke, ausgewachsene Stämme zum Opfer, welche teils entwurzelt, teils umgeknickt wurden. — Der Feuerteich unterhalb der Kirchhofsmauer wurde angelegt. — Infolge der durch die Bildung des norddeutschen Bundes herbeigeführten Umgestaltung der militärischen Verhältnisse wurde Bibra Bezirksort für die 1. Landwehrkompagnie, weshalb jährlich zweimal Kontrollversammlungen hier abgehalten werden.

1869 im November wurde die große auf dem Marktplatze vor dem Gemeindehause stehende Dorflinde, weil sie bei einem Sturme sich etwas zur Seite geneigt hatte, umgehauen und im Frühjahr 1870 an ihre Stelle eine neue gepflanzt.

1870 wurde die Eisenbahn Meiningen Schweinfurt abgesteckt. — Den Feldzug machten laut Gedenktafel in der Kirche aus Bibra 17 Leute mit, darunter 2 Verheiratete, nämlich:

Ludwig Stoll (gebürtig aus Heinrichs, hatte als preuß. Landwehrmann im 1. Bat. 3. Thür. J.-R. Nr. 71 an dem Feldzuge von 1866 und der Schlacht bei Langensalza teilgenommen), Unteroffizier im Ersatzbataillon des 1. Nass. J.-R. Nr. 87, zur Besatzung von Mainz.

G. Adam Köhler (gebürtig aus Rohr, war 1866 der Besatzung von Erfurt zugeteilt gewesen), 8. Kriegskompagnie der Hess. Festungsartillerie Abt. Nr. 11, kam vom 10.6.—21.9. zur Besatzung von Mainz, dann zur Besatzung von Sedan, machte das Bombardement von Soissons und Amiens mit und erlitt hier bei einer Explosion schwere Brandwunden namentlich im Gesicht.

Reinhard Roth gen. Zendelbach (1866 im Meining. J.-R. bei der Besatzung von Mainz), Sanitätsunteroffizier im XI. Armeekorps.

Lebrecht Schorr, 3. Komp. Holst. J.-R. Nr. 85, Gesecht bei Chantraine d. 18. Aug. 1870, Charly d. 1. Spt., Schlacht bei Orleans d. 3. u. 4. Dez., Gef. bei Villiers d. 11. Jan. 1871.

Gottlieb Thomas, Unteroffizier d. 8. Komp. 6. Thür. J.-R. Nr. 95: 4.8. Weißenburg, 6.8. Wörth, 1.9. Sedan, 27.9. Vorpostengesecht bei Pompadour, 30.9. Ausfallgesecht bei Ferme l'hopital (Paris), 10.10. Artenay, 11.10. Orleans, 18.10. Chateaudun, 21.10. Chartres, typhuskrank im Lazarett zu Versailles.

Gottlieb Limpert, 7. Komp. Th. J.-R. Nr. 95. 4.8. Weißenburg, 6.8. Wörth, 1.9. Sedan, 10.10. Artenay, 11.10. Orleans, 18.10. Chateaudun,

21. 10. Chartres, 26. 10. Annet, 18. 11. Chateauneuf, 20. 11. Bretoncelle, 2.—4. 12. Gefechte bei Orleans, 6. 12. Villemain, 7. 1. 71 Ghibet, 10.—12. 1. Gefechte bei Le Mans, 1. und 2. März Einzug in Paris.

Tobias Höhn, 7. Komp. 6. Th. J.-R. Nr. 95. 4. 8. Weißenburg, 6. 8. Wörth, hier Schuß in den Arm. Invalid.

Georg Stern, 6. Ulanen, that Ordonnanzdienste.

Ferdinand Handschuh, 3. Bat. 6. Th. J.-R. Nr. 95, 4. 8. Weißenburg, 6. 8. Wörth, 1. 9. Sedan. Vor Paris typhuskrank, zunächst im Lazarett zu Korbeil, dann zu Tournan, wo er den 14. 10. starb und begraben wurde.

Richard Diez, Hess. Train-Bataillon Nr. 11. Proviantkolonne Nr. 4. XI. Armeekorps 20. 7. 70 bis 4. 6. 71. Proviantkolonne Nr. 1. XI. Armeekorps 4. 6. bis 9. 10. 71. Proviantkolonne Nr. 9. II. Armeekorps 9. 10. bis 20. 12. 71.

Christlieb Höhn, 9. Komp. 6. Th. J.-R. Nr. 95. 4. 8. Weißenburg, 6. 8. Wörth, 1. 9. Sedan.

Richard Hölzer, 6. Komp. 6. Th. J.-R. Nr. 95. 4. 8. Weißenburg, 6. 8. Wörth, 1. 9. Sedan, 30. 9. Ausfallgefecht bei Ferme l'hopital, 10. 10. Artenay, 11. 10. Orleans, 18. 10. Chateaudun, 21. 10. Chartres, 26. 10. Annet, 18. 11. Chateauneuf, 21. 11. Bretoncelle, 2.—5. 12. Gefechte bei Orleans, 8.—11. 12. Gefechte bei Cercm, 10.—12. 1. 71 Gefechte bei Le Mans.

Ernst Henneberger, 1. Komp. J.-R. Nr. 83. 18. 11. Chateauneuf, 21. 12. Bretoncelle, 2. 12. Ponpry, 3. 12. Artenay, 4. 12. Orleans, 8.—11. 12. Cravant, 1. und 2. März Einzug in Paris.

Ferd. Hölzer, Gefr., 5. Komp. 6. Th. J.-R. Nr. 95. 4. 8. Weißenburg, 6. 8. Wörth, 1. 9. Sedan, 28. 9. Vorpostengefecht bei Pompadour, 30. 9. Ausfallgefecht bei Ferme l'hopital, 10. 10. Artenay, 11. 10. Orleans, 18. 10. Chateaudun, 21. 10. Chartres, 26. 10. Annet, 18. 11. Chateau Traineau, 21. 11. Bretoncelle, 2. 12. Ponpry, 4. 12. Orleans, 8. 12. Villemain, 9.—11. 12. Gefechte bei Cercm, 7. 1. 71. Ghibet, 10.—12. 1. Schlacht bei Le Mans, 15. 1. Alençon, 1. und 2. März Einzug in Paris.

Christian Limpert, Ersatz des 83. J.-R. 18. 11. Touren, 21. 11. Bretoncelle, 2. 12. Ponpry, 3. 12. Artenay, 4. 12. Orleans, 8.—11. 12. Cravant, 17. 12. Freteval, typhuskrank.

Johannes Jäger, 11. Pionier-R., Besatzung in Mainz, krank.

Wilhelm Roth, Ersatz des 95. J.-R., kam am 28. 2. 71 zum Regiment, wurde der 8. Kompanie zugeteilt, nahm mit derselben den 1. und 2. März an dem Einzuge in Paris teil, blieb nach dem Friedensschlusse bei den Besatzungstruppen.

Als man den 22. März 1871 zum ersten Male Kaisers Geburtstag feierte, wurde zum Andenken eine „Kaiserlinde" gepflanzt. Dieselbe steht zwischen der

Schopfen- und Steinbachsbrücke links in der Wiese, ist bis jetzt aber nur wenig gediehen. — Das Friedensfest wurde wie überall den 18. Juni, Dom. 2 p. trin., gefeiert und eine „Friedenseiche" auf dem Rasenplatze vor dem Tannig am Wege nach Aroldshausen gepflanzt.

Den 24. August 1873 wurde die von den Frauen und Jungfrauen des Ortes dem Kriegervereine gestiftete Fahne in festlicher Weise eingeweiht.

1874 den 21. Februar zerschmetterte anläßlich des Eisenbahnbaues in dem Wölfershäuser Einschnitte ein Felsblock dem Kaspar Ebert ein Bein. Er starb an den Folgen der Amputation den 4. März. — Nachdem am 14. Oktober die erste Lokomotive und den 20. November der erste Personenprobezug auf der neuen Eisenbahnlinie gefahren war, wurde dieselbe den 15. Dezember dem Verkehre übergeben.

1875 den 13. Februar feierte Pfarrer Wilhelm Justin Freißlich sein fünfzigjähriges Amtsjubiläum. Er wurde von Sr. Hoheit zum Kirchenrate ernannt und Gutsherrschaft und Gemeinde überbrachten ihm Glückwünsche und Geschenke. Er starb bereits den 24. Juni an Altersschwäche.   Den 16. Mai, den 1. Pfingsttag, wurden die beiden neuen Glocken zum ersten Male geläutet. — Die Separation, welche in Frühjahre 1873 begonnen worden war, war soweit vorgeschritten, daß im Herbste in Lampertshausen die neuen Pläne ausgeteilt werden konnten.

1876 den 23. März wütete ein außerordentlich heftiger Sturm, welcher das vordere Tannig vollends niederwarf und auch im Züchsener Forste strichweise Verwüstungen anrichtete. — Im Herbste wurden in der Bibraer Flur die neuen Pläne den Interessenten zugewiesen. — An Stelle des nach fast achtzehnjähriger Amtsdauer ausgetretenen Schultheißen Gustav Roth trat Friedrich Floßmann in das Schulzenamt ein.

1877 erfolgte die Vereinigung der israelitischen Kultusschule mit der evangelischen Dorfschule zu einer allgemeinen Ortsschule, Trennung derselben in 2 Abteilungen und Creierung einer 2. Lehrerstelle.

1879 den 4. März feierten Daniel Floßmann und seine Ehefrau Katharine Elisabethe geb. Höhn die goldene Hochzeit.

Im Winter von 1879 auf 1880 erfror ein großer Teil der Obstbäume.

1883 am 11. November wurde die 400jährige Jubelfeier des Geburts- und Tauftages Dr. Martin Luthers wie in allen evangel. Kirchen Deutschlands, so auch in Bibra festlich begangen.

1885 den 2. Dezember begingen Joh. Friedrich Diez und seine Ehefrau Barbara Elisabethe geb. Roth ihr goldenes Ehejubiläum.

1886 den 14. Juli feierte der Zweigverein Meiningen der Gustav-Adolf-Stiftung sein Jahresfest in Bibra mit Festpredigt des Diakonus Freund aus Meiningen.

1887 im Herbst wurde der Anfang mit dem Straßenbaue nach Bauerbach gemacht. Nach der Kirchweih wurde der im unteren Stockwerke des Schulhauses eingerichtete zweite Lehrsaal in Benutzung genommen. Das frühere Filialverhältnis von Bauerbach zu Bibra trat mit dem 16. Nov. wieder in Kraft. — Den 8. Dezember wurde in der Separationsjache der Rezeß endlich bestätigt und fand somit die Separation, welche im Frühjahr 1873 begonnen hatte, ihren Abschluß. Zur Umlegung kamen von dem gesamten zu Bibra und Lampertshausen gehörigen Areale 494 ha (der ganze Wald, die der Bibraer Gemeinde gehörigen sogen. neuen Rasen und der Lampertshäuser Fuchszehl blieben ausgeschlossen), wofür die Umlegungskosten sich auf 25673 Mk. 17 Pf. beliefen, von denen aber 7943 Mk. 35 Pf. von der preußischen Staatskasse getragen wurden, so daß die Interessenten nur 17729 Mk. 82 Pf. Hauptkosten zu zahlen hatten. Außerdem erwuchsen aber an Nebenkosten für Wegemachen u. dergl. 4327 Mk. 76 Pf., und die Hutablösung beanspruchte 5346 Mk., sodaß der gesamte den Interessenten durch die Separation erwachsene Kostenaufwand sich auf 27403 Mk. 58 Pf. belief.

1889 den 21. November nachts 11 Uhr brach Feuer aus, durch welches das Anwesen des Eduard Thomas und Johannes Wolfram in Asche gelegt wurde.

1890 den 29. Juli früh zwischen 5 und 6 Uhr entzündete ein Blitzstrahl die Wolfsche Scheune, welche in kurzer Zeit niederbrannte. — Den 2. Dezember feierten Joh. Just Schorr und seine Ehefran Elisabethe geb. Hellmuth ihre Jubelhochzeit.

II.
Ortsbeschreibung.

Bibra ist ursprünglich im Halbkreis um den nordwärts vorgelagerten Burg=
hügel gebaut, wobei man sich anfänglich im schützenden Thale gehalten und
erst später am Reuschenberge („Aschegaß") emporgestiegen ist. Diese Lage des
Dorfes rechtfertigt die Annahme, daß dasselbe erst nach Gründung der Burg
unter den Schutz gewährenden Mauern derselben an der gegenwärtigen Stelle
angelegt worden ist. Ob die erste Ansiedelung im nahen Höhn= (eigentl. Hain=,
„Höh"=)walde in dem dort mit seiner Umwallung noch leicht erkenntlichen Burg=
stadel zu suchen ist, wird sich nicht mehr nachweisen lassen.

Zur räumlichen Ausdehnung des Ortes haben jedenfalls verschiedene Um=
stände beigetragen, hauptsächlich wohl die Zerstörung des Ortes Lampertshausen,
von der wir freilich nicht mehr wissen, wann sie stattgefunden hat, die aber
wohl schon frühzeitig erfolgt ist. Die Bewohner scheinen sich dann mitten unter
der ursprünglich geringen Einwohnerschaft Bibras angesiedelt zu haben, denn
mit Ausnahme des Baumgartengutes kommen sämtliche Bezeichnungen bäuer=
licher Güter auch im Bibraer Flur und als Hofstätten im Orte Bibra vor,
wobei wohl zu beachten ist, daß die Lampertshäuser Güter mit Ausnahme des
Breitungsgutes größer sind als die gleichnamigen Bibra'schen, also das Stamm=
gut gebildet haben, wenn auch die Bezeichnungen einer späteren Zeit angehören.
Wo der Ort Lampertshausen gestanden hat, läßt sich mit Sicherheit nicht mehr
angeben, wenn auch die Bezeichnung eines Ackers als „Hoschert" (Hofstätt[1])
und behauene Steine, die man vor nicht langer Zeit in der Nähe desselben
gefunden hat, der Vermutung einige Anhaltspunkte geben[2].

---

[1] Flurbuch 1773. — [2] Urkundlich erwähnt wird Lampertshausen zuerst 1317 in dem
Hennebergischen Lehnbuche, ohne daß sich jedoch daraus schließen läßt, ob der Ort schon
damals wüst gewesen (Johans von Bybra der hat von uns zu lehene ein burggut das
ist zu Lamprechtshusen dri phunt heller gulte. Schultes, diplom. Gesch. Urk. II. 47).
1493 überließ der Abt Peter zu Veßra die Wüstung zu Lamprechtshausen an den Grafen
von Henneberg. Schultes stat. Beschr. I. 473 f.

Später wurde das Romeneihaus, welches ursprünglich auf den als Gütlein
zu ihm gehörigen Romeneiäckern (11 Acker 158 Ruten) gestanden haben mag,
zum Orte gezogen und der Lage der Äcker halber in der Reuschengasse angelegt.
Noch später kamen hierzu die 3 Morschhäuser Güterhofstätten und zwar wurde
die eine über dem Romeneihause links (das Tresselgut), die beiden anderen (das
Thomasiengut und Morschhäusergut) gegenüber rechts angelegt. Es folgte dann
die Errichtung der Propreguthofstatt hinter dem Tresselgute. Gleichzeitig oder
auch später kann an dem Hohlwege die Lampertshofstatt angelegt worden sein,
vielleicht von Lampert von Bibra und wäre das dann wohl der nämliche Hof,
welchen derselbe 1536 an Michel von Bibra unter dem Namen „der hintere
Hof" für 1600 fl.[1] abgetreten hat. Wohl infolge des den 3. Februar 1486
den Herren von Bibra verliehenen Zoll- und Geleitsrechtes und der Befugnis
den Ort mit Mauern und Gräben zu befestigen, wurden die beiden Thorhäuser
errichtet. Die Befestigung hat freilich niemals stattgefunden, würde auch wegen
der Lage des Ortes schwer durchzuführen gewesen sein. Die Thore dienten nur
zur Erhebung des Zolles, später das große Judenthorhaus als Eigentum der
Herrschaft zu Judenwohnungen, das bedeutend kleinere Hirtenthorhaus, Eigentum der Gemeinde, als Wohnung des Flurdieners[2].

Urkundlich werden in dem Besitz der Herren von Bibra erwähnt: 1317 ein
Burggut zu Lampertshausen, 3 Pfund Heller Gülte; 1374 ein Gut zu Morschhausen, welches von Erhard von der Kere gekauft wurde, und die Hainmühle;
1416 ein Hof vor dem Schlosse mit Acker, Wiese und Zubehör, fünf Güter daselbst,
die Hainmühle und 4 Güter zu Morschhausen; 1445 ein Hof und ½ Ferchen-
gut; 1473 das Schenkhaus; 1480 eine Hofstatt mit Haus, welche Hans von
Bibra bewohnt, 2 Güter zu Lampertshausen; 1489 das Jägerhaus; 1536 ein
Hof vor dem Schlosse und der hintere Hof; 1548 eine Behausung, Stadel,
Garten und Hofstatt, darin Berthold von Bibra selig gesessen; 1550 ein Hof
vor dem Schlosse, Güter zu Morschhausen, die Hainmühle und 5 Güter zu
Bibra, henneberg. Lehen, ein Hof zu Bibra mit Wiese, Holz, Baumgarten, Bräu-
haus, würzb. Lehen. 1553 wurde das untere Schloß erbaut.

Daß Bibra früher viel größer gewesen, daß namentlich der ganze große
Schloßgarten bebaut gewesen sei, ist Fabel. Allerdings sind ja einige der alten
Hofstätten (die Eyringshofstatt am Riedwege rechts in den Gärten, an die
Werners Wiesen stoßend, und die dahinterliegende Lampertshofstatt) unbebaut,
allein die Zahl der Häuser hat sich gegen früher bedeutend vermehrt, indem
nicht bloß die alten Hofstätten in zwei und drei Teile geteilt, sondern auch der
große Pfeffergutsgarten unter der Kirche die Wassergasse entlang, der
Schafbrunnacker dem Schafhofe gegenüber, beide erst anfangs dieses Jahr-

[1] Gesch. d. Frh. II. 434. — [2] Es wurde anfangs der 30iger Jahre eingelegt.

hunderts, und der ehemalige Lustgarten dem Pfarrhaus gegenüber erst gegen Mitte dieses Jahrhunderts besiedelt worden sind. 1669, also 21 Jahre nach dem dreißigjährigen Kriege, kennt Lorenz Spieß, hiesiger Einwohner, welcher mehrfache Aufzeichnungen familien-, ortsgeschichtlicher und ökonomischer Art gemacht hat, anläßlich des von Kaspar von Bibra gemachten Erwerbes des Roßriether Anteils am hiesigen Orte 38 Güter (davon jedoch 4 doppelt gezählt), 21 einzelne Häuser und 14 wüste Hofstätten, zu denen er auch den Pfarrgarten rechnet. Die Güterzahl entspricht somit genau der von 1775 und die Zahl der Einzelhäuser wird sich mit der Zahl der 1775 erwähnten Einzelhäuser ziemlich decken.

Wer 1775 vor Meiningen her in den Ort wollte, mußte einen großen überbauten Thorbau durchschreiten, welcher noch in den ersten Jahrzehnten dieses Jahrhunderts gestanden hat und sechs Judenfamilien Wohnung gewährte[1]). Die ganze rechte Seite der Dorfstraße entlang bis herauf zum jetzigen herrschaftlichen Küchengarten war damals unbebaut und gehörte zu dem bis an die Straße herunter ziehenden großen Gutsgarten. Auf dem Platze des jetzigen Küchengartens standen Scheuern[2]) vom Burggraben herab bis zur Straße, die Einfahrt nach Süden, und sonstige alte Ökonomiegebäude (der Hof vor dem Schlosse), an welche das alte Wirtshaus stieß (Hausnummer 39), damals schon „Judenbau“ mit sechs Judenwohnungen und der Synagoge. Zwischen diesem und dem Burgwalle befand sich die Einfahrt zu den erwähnten alten Gebäuden und in früherer Zeit der einzige Eingang über die Zugbrücke in die Burg.

Neben dem Judenthorhause links der Straße stand das Funkenhaus (Nr. 51), dann folgte die Gabelhofstatt (jetzt Garten), bei welcher die untere Gasse sich abzweigte, und das Mauer- (Maurer-, Mohren-, 1669 Mauerwolfen-)gut (Nr. 44 G. Diez) mit seinen zwei Selden, von welchen die eine (Nr. 45) die Spitze bildet, die andere (Nr. 57 Gassenheimer) unter dem Stammhause an der unteren Straße steht. Es folgte das Streckengut, dessen Stammhaus (Nr. 60a Thomas) in der unteren Gasse stand, während die beiden Selden (Nr. 42 Teuschler und Nr. 41 Wolfram)[3]) an der oberen Dorfstraße standen. An das Streckengut grenzte mit der Selde (Nr. 40b Wachs, 1775 wüst) die Werners-hofstatt, während das Stammhaus derselben (Nr. 40a Meyer) an das neue (seit 1745) Wirtshaus (Nr. 39) grenzte, an dessen Hofraite wieder das Rehengut (Nr. 37 Lehrer Fickel) stieß, neben welchem in dem Schürnwege die alte Straße hinabführte, um mit der unteren Gasse sich zu vereinigen. Durch das nahe

---

[1]) Ein Rest davon ist ein mit dem Bibra'schen Wappen gezierter Ballen an dem Hause Nr. 50. — [2]) 1854 abgebrochen. — [3]) Stammhaus Nr. 60a und Selde Nr. 41 sind den 21./22. November 1839 abgebrannt. Nr. 60 ist auf dem ehemaligen Gärtchen wieder aufgebaut, Nr. 41 mit Nr. 42 vereinigt worden.

Hirtenthor, welches durch einen davorstehenden Schlagbaum versperrt werden konnte, führte sie dann entweder in der Richtung auf Lucienfeld (die alte Bamberg-Nürnberger Straße) oder am Brauhause rechts abbiegend zwischen dem kleinen und großen See hindurch, ungefähr die Richtung der jetzigen Straße einhaltend (Märrners Weg), nach Mellrichstadt-Würzburg.

An den Schürrweg grenzte das untere Schloß (1558 erbaut) mit seinem großen Hofe. Zwischen diesem und dem 1738 neugebauten Gemeindehause (Nr. 35) [1] und seiner Hofstatt lag das Keidelhaus, welches mit der Rückseite an den unteren Gutshof sich lehnte. Zwischen seiner Vorderseite und dem Gemeindehause war ein schmaler tiefer Hohlweg. Bei der Anlegung der Chaussee wurde dasselbe weiter hinaus links der Straße gegenüber der Heinzenhofstatt verlegt und hat dorthin auch seine alte Hausnummer 34 mitgenommen. Neben dem Gemeindehause etwas zurück stand die Kebshütte (Nr. 31). Weiter nach der oberen Dorfstraße herauf stand am Ostgiebel nach dem Dorfplatze, durch ein Vorgärtchen von demselben, der damals etwa 10 Schritte länger war, getrennt, ihn selbst nach Westen abschließend das alte Pfarrhaus (Nr. 28). Die Nordseite des Marktplatzes, auf welchem eine mächtige alte Linde stand, bildete ein bis an die Einfahrt zum Gutshof ziehender, von einer die Burg fast verdeckenden Lindenallee gekrönter, nach außen abgeböschter, nach innen senkrecht aufgemauerter Wall [2], auf dessen Böschung dem Gemeindehause gegenüber das alte Wachthaus [3] stand. Durch diesen Wall führte dem unteren Schlosse gegenüber ein gewölbter Thorweg in den Burggraben, welcher noch in diesem Jahrhundert teilweise mit Wasser gefüllt war und als Pferdeschwemme diente. Dem Pfarrhause gegenüber lag auf der Höhe des Gutshofes an Stelle des jetzigen Pachterhauses der Jagdstadel, in welchem die Jagdgerätschaften aufbewahrt wurden, und mehr nach der Kirche zu, ziemlich unten an der Dorfstraße an Stelle des jetzigen Schafstalles, das Hofhaus mit Brennerei. Dahinter zog sich die Straße entlang rechts der in drei Terrassen ansteigende Lustgarten mit dem an der Straße stehenden Lusthause [4] und links bis zum Kirchhofe, von diesem nur durch eine den Berg hinabziehende Gasse getrennt, der Pfarrgarten. Der von 1492 bis 1503 erbauten Kirche gegenüber lag rechts an der Ecke der Reuschengasse das Pfeffergut (Nr. 27, Emilius Wachs), darüber das Zimmererhardsgut und zwar erst die Selde (Nr. 26), dann das Stammhaus (Nr. 25 Floßmann). Es folgte das Thomasgut („die alte Mang" Nr. 24,

---

[1] Das alte war 1659 gebaut worden. — [2] 1838 wurde derselbe abgetragen. Es sollen damals eine Menge wohlerhaltener Gebeine namentlich Schädel in der Wallböschung gefunden worden sein. — [3] 1838 wurde dasselbe neben die Auffahrt zum Gutshofe verlegt und bei Erbauung des Pachterhauses (Nr. 30) kam es an seine jetzige Stelle gegenüber dem Kirchbrunnen. — [4] An dem Lusthause befand sich nach der Dorfstraße zu ein

jetzt eingelegt), darüber an der Friedhof stoßend die Morschhäusergutshofstätte (Nr. 23 Frauenberger).¹)

Die untere linke Ecke der Reuschengasse bildete das Kempiengut und zwar an der oberen Dorfstraße das Stammhaus (Nr. 12 Limpert und Hölzer), darüber in der Reuschengasse die Selde (Nr. 13 Meier). Dann folgte die Kanngießershofstätte und zwar erst das Stammhaus (Nr. 14), dann die beiden Selden, von welchen die erste (Nr. 15 Ebert) nach der Reuschengasse, die andere (Nr. 16 Gottl. Limpert) nach der Hirtengasse gebaut war. An diese stieß in der Hirtengasse die Wolframshofstatt, jetzt Garten, und dahinter das Hirtenhaus (17a). Diesem und der Wolframshofstätte gegenüber lag die Hofstätte des Propregutes, aus welchem drei Hofstätten gemacht worden waren (Nr. 17b Friedrich Dies, Nr. 18a jetzt abgebrochen und Nr. 19b Tobias Kriegsmann). Davor nach der Reischengasse zu lag der Romeneihof (Nr. 19a Wilhelm Roth), mit seiner Selde (Nr. 18b Martin Dehn) an das Propregut stoßend. Oberhalb des Romeneihofes lag die Dresselhofstatt (Stammhaus Nr. 22 Natalie Freißlich) mit ihrer Selde (Nr. 20 August Bader).

Neben dem Kempiengutshause lag an der oberen Dorfstraße die Kellershofstatt, das Stammhaus an der Straße (Nr. 9 Casp. Ludwig Höhn), die Selde dahinter (Nr. 10 Ad. Breitung), daneben das Haukmichelgut (Schorrhaus Nr. 8), an dieses grenzend, aber nach der unteren Dorfgasse ziehend, die Klausenhofstatt (Nr. 6 Grenbel und Nr. 4 Simon). Gegenüber der Kellers- und Haukmichels-hofstatt lag der Spanshof mit der oberen Vicarei (Nr. 11) und deren Selde (Nr. 7, jetzt niedergelegt)²) und der unteren Vicarei (Nr. 88a—c)³). Hinter

___

Wasserspeier mit Brunnenschale. Auf der Gartenseite war ein Stein mit folgender Inschrift angebracht:

Der Herr Obristwachtmeister von Wißleben
Hat durch diesen Garten eben
Sich ein Denkmal zugericht,
Den er kurz vor seinem Sterben
Denen edlen Bibers Erben
Lust und nutzbar angelegt.
Er ein Held von Klugheits Gaben
Liegt dort in der Kirch begraben,
Hab nun seine Gartenfreud
In der frohen Ewigkeit 1691.

Wasserspeier und Denkstein sind am neuen Stallgebäude mit angemauert worden, aber verwittert.

¹) Auf dieselbe wurden 1847 zwischen Nr. 24 und 23 die Häuser Nr. 102 und 103 eingebaut. — ²) Als dieselbe 1883 eingelegt wurde, fanden sich zwei Dachziegeln, von denen die eine die Jahrzahl 1623, die andere dieselbe Jahrzahl und den Spruch An Gottes Segen ist Alles gelegen trug. — ³) Jr der Unterschlagsmauer des jetzigen Hauses, welches auf der Stelle der alten wegen Baufälligkeit in den ersten Jahrzehnten dieses Jahr-

dem Spanshof lag gegenüber der Klausenhofstatt das Thorgütlein (Nr. 5
Henrich) mit seiner Selde (92a Gust. Seifert). Hinter der Klausenhofstatt lag
der Schafbrunnacker. Darauf sind angesiedelt: Nr. 2a Wilhelm Fritz, Nr. 2b
Caspar Hölzer, Nr. 3a Caspar Ludwig Hartmann, Nr. 3b Eleonore Jäger,
Nr. 1 Ludwig Albrecht, Nr. 97a Adolf Diez und Nr. 97b Nikolaus Höfel,
sämtlich erst in diesem Jahrhundert angebaut.

Dem Schafbrunnacker gegenüber lag der Schafhof und zwischen diesem und
dem Nordheimer Steig die Grethüterehofstatt (Nr. 95 Pohl). Vom Nordheimer
Weg zog der große Pfeffergutsgarten längs der unteren Dorf- oder Wassergasse bis zur Klausenhofstatt (Nr. 90 Albert Werrbach), Nr. 89 Beruh. Limpert),
welche ihrerseits wieder an die zum Gute gehörige Verwaltershofstatt stieß
(Nr. 87 Beruh. Wachs, Nr. 88a Ad. Henneberger, Nr. 86b Martin Dorn).
Dieser gegenüber lag, mit der Rückwand an die Ringmauer des Kirchhofes
gelehnt, das alte Schulhaus [1]). Der Hohlweg trennte die Verwaltershofstatt
von der 2. Katzröderhofstätte (Nr. 104 Herbert), welche ihrerseits an die 1. Kät-
röderhofstätte grenzte (Nr. 81 Jakob Hölzer, Nr. 79 Philipp Höhns Kinder),
welche von der Wassergasse die Kempfengasse rechts hinaufzog und oben an die
Bastianshofstatt (Nr. 78 Engelhard Thomas) stieß. Dieser gegenüber zog das
Beckmichelsgut (Nr. 77b Reinhard Fritz, Nr. 73b Just Schorr, Nr. 74 Adolf
Floßmann) bis an den Riedweg. An das Beckmichelsgut grenzte, ebenfalls
von der Kempfengasse bis zum Riedwege ziehend, die Fritzenguthofstätte (Nr. 75
Mühsam) und an dieses das Cyriaks- oder Ziehrgut (Nr. 77a Ferd. Albrecht)
mit seiner Selde (Nr. 76a Maifahrt). Die linke Seite der unteren Dorfgasse
bildete gegenüber der alten Schule das Straubenhaus (Nr. 82b Porz) mit seiner
Selde (Nr. 83 Dietr. Jäger). Neben dem Straubenstammhause lag die Suppen-

hunderts eingelegten Vicarei, von welcher nur die westliche Giebelmauer teilweise stehen
bleiben konnte, erbaut worden ist, ist ein Stein aus der alten Vicarei eingemauert, welcher
in der linken Ecke einen nach rechts springenden Biber zeigt und in fünf Zeilen, von
welchen die oberste fast ganz verwittert ist, folgende Inschrift trägt: De bibra . . . . . . ps .
(erat episcopus?) | laurentius olim altaria | fundator erat dom. Kilian Andreas reuther
mellerstatinus | alumnus (?) hoc opus exstruxit primus | possessor ab uno 1518. Es
bezieht sich die Inschrift offenbar auf die Stiftung, welche Dr. Kilian von Bibra zur
Gründung einer Vicarie kurz vor seinem Tode (den 4. Februar 1494) gemacht hatte.
Während der Regierung des Bischofs Lorenz wurde, nachdem die Kirche vollendet war, der
betreffende Altar errichtet und für den Inhaber dieser Vicarie, welcher damals Andreas
Reuther von Mellrichstadt war, von diesem diese Wohnung 1518 erbaut. Ob alumnus
richtig gelesen worden ist, bleibt dahin gestellt. Ab uno in der letzten Zeile ist sehr deutlich
geschrieben. Der Sinn beider Worte ist unklar; wahrscheinlich soll es heißen: ab anno.

[1]) Zum Bau eines neuen Schulhauses wurde 1826 ein Stück vom Pfarrgarten
abgetreten, wofür die Pfarrei durch eine kleine Erweiterung des Pfarrgartens nach dem
Marktplatz zu entschädigt wurde.

hofſtatt und zwar erſt die Selde (Nr. 82a Levi Matz), dann das Stammhaus[1]) (Nr. 80 Emil Hölzer). Neben dieſem die Schmiedsguthofſtätte (Nr. 32 Auguſt Höhn) und an dieſe grenzend die Hölzershofſtätte (Nr. 33).

Den Riedweg entlang lag alſo rechts die Selde zum Ziehrgute (Maiſahrt), die Fritzenhofſtatt (Rübiam), die Selde des Beckmichelgutes (Floßmann). An dieſe grenzte, durch den in die Hofgärten führenden Gemeindeweg von ihr getrennt, die Heinzenhofſtatt (Nr. 109 Ziegler) und an dieſe die Ehringshofſtatt, welche wie die hinter beiden in den Hofgärten liegende, zum Lampertshoſe gehörige Lampertshofſtatt noch wüſt liegt. Links des Riedweges, der Ziehrgutsfelde gegenüber lag die Kolbenhofſtatt (Nr. 71), daneben die Petershanſenhofſtatt (Nr. 69 Herm. Höhn) und noch weiter hinaus das Diezenhäuschen (Nr. 72a, jetzt abgebrochen) mit ſeiner Hofſtätte (darauf jetzt 73a Abelheid Simon und 72b Joh. Jäger).

Gegenüber dem unteren Schloßhofe den Hirtenthorweg entlang lag neben dem Kolbengute das Stummengut (Nr. 70 Mansfeld und 68b Gottlieb Hölzer) und weiter draußen zwiſchen dem herrſchaftlichen Bräuer und den Badewieſen das Hirtenthorhaus.

Vom Hirtenthorwege die untere Gaſſe entlang nach dem Judenthore zu lag rechts die Badgutsfelde (Nr. 68a Höhn's Geſchwiſter), das Badguthaus (Nr. 67 Im. Thomas), die Badſtubenhofſtatt (Nr. 65 „die Mang“, Färber Stoll), die Seifertshofſtatt (Garten und Nr. 64), die Heymenhofſtatt (Garten), das Storatsſtammhaus (Nr. 63 Albert Hartmann), die Storatsfelde (Nr. 62 Simon Wolf), welche der Möhlersbrunnweg von der Schrödershofſtatt trennte. An dieſe (Nr. 61 Chriſtian Ziegler) ſtieß die Mühlfelderhofſtatt (Nr. 60b Hirſch Frank und Nr. 59 Ferd. Hölzer), das Pfarrgütlein (Nr. 58 Mich. Sachs), das Philippsgut (Nr. 56 Otto Höhn), das Erhardgut (Nr. 90 und 55 Weißbacher), das Altbreitungsgut (Nr. 54 Kahn), das Kieſelgut (Nr. 53 Alex. Höhn), das Gabelgut (Plannummer 244 ¹⁄₂ z. Z. Garten), das Funkenhaus und das Judenthorhaus.

Das Storatsgut wird 1702 als Dürergütlein, das Cyriaksgut als Ziehrgut, das Hölzersgut als Schwarzhanſengut, das Netzengut als Stephansgut bezeichnet. 1669 fanden ſich folgende Güterbezeichnungen: Gabel-, Kieſel-, Philippſen-,

---

¹) Daſſelbe, 1849 eingelegt, ſoll ein großer, ſchöner Holzbau geweſen ſein, die Decken in den Stuben getäfelt, die Träger ſchön ausgeſchnitten. Es geht die Rede, es ſei das alte Pfarrhaus, und der aus dem jetzt Katz'ſchen Hofe zwiſchen den Schulſtallungen und Stadel führende verſteinte Weg ſei der alte Kirchweg der Pfarrer geweſen. Die Sage hat inſofern einen ſicheren Hintergrund, als das Haus und Gut Eigentum des Pfarrers Johann Supp (1602–35) geweſen iſt, wie daraus erhellt, daß 1630 den Steinſetzern aus der Kirchlaſſe eine Vergütung gegeben wurde „von einem Stein zwiſchen der Pfarre und Herrn Johann Suppen Bebauung“ zu ſetzen. Der Pfarrer ſcheint demnach damals nicht in der Pfarrei, ſondern in ſeinem Privatbauſe gewohnt zu haben.

Mühlfelder-, Storats-, Eyrings-, Lamperts, Bechmichels-, Ketzershof-, Zier-
(Ziegern-), Spanshof-, Kempfen-, Zimmererhardts-, Morshäuser-, Mauerwolfen-,
Alt-, Pfarr-, Stummen-, Bastians- und Streckengut. Erwähnt werden außer-
dem noch von Lorenz Spieß: des Niclas Mißtig, des Bernt von Bohlen, des
Hausstephen sein Gut, das Jörgheiten, das Petersrummelsgütlein, des Herrn
Pfarres sein Gütlein, das Ruden-, Hirtenfritzen-, das Steffenreschengütlein.
Hierzu noch folgende Häuser: das Schorrhausen-, das Singsrowen-, das
Schneiters-, das Matel Christen-, das Ulrichs Marten-, das Herr Pfarrers-,
das Kochs-, das Barbajergen-, das Clas am Thore, das Klasschreiners-, das
Kaspar Erleins-, das Braunschweigers-, das Stoffelhausen-, das Batershausen-,
das Schustern-, das Kleinmichels-, das Spans-, das Dummspeters-, das
Schulmeisters-, das Caspar Thens- und der Heffnerin Haus.

Den das Dorf in politischer und strategischer Beziehung ehemals völlig be-
herrschenden Mittelpunkt bildete die Burg („das Schloß"). In einem nach der
nordwestlichen Ecke sich etwas verschiebenden Quadrat angelegt, ist sie auf jeder
Ecke und in der Mitte jeder der 4 Seiten mit einem Turme versehen, von
denen die 4 Eck- und der nördliche und südliche Mittelturm von fast gleichem
Durchmesser sind, der westliche und namentlich der östliche [1]) aber, durch welchen
ehemals der einzige Eingang über die Zugbrücke in die Burg führte, einen
bedeutend größeren Umfang haben. Die Mauern der Ecktürme ragten um
Stockwerkhöhe über die Umfassungsmauer empor, die der Mitteltürme hatten
mit derselben gleiche Höhe. Innerhalb der Ringmauer standen ringsum Gebäude, sodaß nur ein verhältnismäßig kleiner Hofraum frei blieb, auf welchem
links vom Eingang der tiefe Ziehbrunnen sich befand. Große, trockene Keller
boten genügenden Platz für die Unterbringung der in ernsten Zeiten etwa nötigen
Vorräte. Vor feindlichem Handstreich geschützt war sie durch einen tiefen und
breiten Graben, aus welchem die Burgmauern unmittelbar aufsteigen und der
auf der Nord- und Westseite durch Ausschachtung, auf der Ost- und Südseite
durch Aufschüttung mächtiger nach innen senkrecht aufgemauerter Wälle hergestellt
worden war, über welche die Ringmauer in doppelter Stockwerkhöhe hervorragte.

Erwähnt werden aus früherer Zeit: 1496 die neue Kemnate[2]), 1516 das
weiße Haus[3], 1597 und 1605[4]) 1) das Haus, welches ehedem Barbara
von Schrotzberg bewohnte, 2) eine Kemnate gegen den Brunnen rechts vom
Eingang, 3) die daran gelegene andere Kemnate von Christian v. Bibra selig,
4) eine von Lamprecht herrührende, 5) eine Kemnate am Eingange zur linken
Hand, 6) ein Haus, das mit dem Mittelturm nach dem Arnsberg zu verbaut
werden sollte, 7) der hohe weiße Turm am Eck nach Meiningen, 8) das kleine

---

[1]) In demselben befand sich die Kapelle. — [2]) Gesch. d. Frb. I. 89. — [3]) l. c. 86 —
[4]) l. c. II. 163 und 64.

Türmlein in der Mitte gegen den Hinterhof, 9) der Mittelturm gegen Lucienfeld, 10) der mittlere Turm gegen den Arnsberg, 11) der große Mittelturm
über der Kirche, 12) der Turm am Eck gegen die Linde, 13) und 14) ein
Zieh- und ein Springbrunnen. Bei der 1605 den 20. Dezember stattfindenden
Abteilung zwischen Beruth. von Bibra einer- und Hans und Georg andererseits
wurde gestattet, zur Abgrenzung der beiden Teile in eine östliche und westliche
Hälfte durch den Hof eine Mauer zu ziehen¹). Vielleicht infolge davon ist der
2. Eingang auf der Westseite angelegt worden, dessen Bogen jetzt noch im
Mauerwerk zu erkennen ist, und zu dem man mittelst einer über 2 im Burggraben aufgemauerte steinerne Pfeiler²) gelegten hölzernen Brücke gelangte,
welche erst 1840 durch die jetzige steinerne Brücke ersetzt worden ist.

Abgesehen von den Verwüstungen des 30jährigen Krieges, auf welche die
1669 noch vorhandenen 14 wüsten Hofstätten zurückzuführen sind, scheint der
Ort von größeren Unglücksfällen verschont geblieben zu sein. Denn wenn auch
1669 ⁵⁄₄ Eimer Bier, welche „bei der Feuersbrunst" getrunken worden waren,
aus der Gemeindekasse bezahlt werden mußten, 1811 das Caspar Hartmanns
Haus, 1826 den 14. August die Scheuern auf dem jetzigen Gutshofe, 1840
den 13. Mai des Caspar Schorr Wohnhaus (Nr. 37), 1889 den 21. November
das Gehöfte des Ed. Thomas (Nr. 60a) und des Joh. Wolfram (Nr. 41) und
1890 die Scheuer des Simon Wolf (zu Nr. 62), letztere durch Blitzstrahl ent-
zündet, abbrannten, so waren das doch nur vereinzelte Vorkommnisse, durch
welche der übrige Ort nicht in Mitleidenschaft gezogen wurde.

Mit Wasser versorgt wird Bibra in genügender Weise durch die Judenbrunn-,
Köhlersbrunn- und Ried-, besonders aber durch die in den Ort geleitete auf
den sogen. 18 Äckern entspringende Quelle, von welcher drei öffentliche und der
Schloßbrunnen gespeist werden. Wann dieselbe gefaßt und hereingeleitet worden
ist, konnte nicht ermittelt werden, aber schon 1675 wurden 22 und 1676
44 Brunnenröhren gebohrt, 1682 ein hölzerner Brunnenkasten angeschafft und
1725 zum ersten Male „dem Brunnenleiter" 4 fl. als bedungener Lohn aus
der Gemeindekasse ausgezahlt.

Die Wege inner- und außerhalb des Dorfes mögen sich früher bisweilen in
einem für uns unglaublichen Zustande befunden haben, war doch anfangs dieses
Jahrhunderts eine Fahrt nach Meiningen öfters noch mit Schwierigkeiten verbunden
und das Steckenbleiben in den ausgefahrenen Fahrwegen etwas ganz Gewöhn-
liches. Wohl lag Bibra an zwei Hauptstraßenzügen, denn hier ging nicht bloß

---

¹) l. c. II. 164. — ²) Der eine derselben wurde, als 1884 die Futtermauer des Wall-
grabens in der Nähe eingestürzt war, eingelegt, um dadurch das nötige Material zum
Aufbau der Mauer zu gewinnen.

die alte Nürnberger=, auch Hoch= oder Weinstraße¹), sondern auch die eine²) der beiden Straßen von Meiningen nach Mellrichstadt=Würzburg (Kärrnersweg) durch), und daß dieselben stark befahren waren, dafür zeugt, daß 1486 als besonderer Akt kaiserlicher Gnade den Herren v. Bibra das Zoll= und Geleitsrecht verliehen wurde. Wenn aber auch mancher Lastwagen hier durchfahren und mancher Schilling Wege= und Geleitsgeld erhoben werden mochte, an eine Aufbesserung der Wege in Dorf und Gemarkung dachte niemand. Erst 1782 fing man an, den Fußweg vom Wirtshause bis zum Hofhause zu pflastern, womit 1788 den Lustgarten entlang bis zum Kirchthor fortgefahren wurde. 1798 wurde der steinerne Pfad vor dem Hirtenthore angelegt, 1847 die Gasse unter dem Wirtshause und der Hirtenthorweg bis zu der schon 1690 über die Bibra gebauten Schopfenbrücke, 1849 der Weg vom unteren Schlosse bis zum Pfarrhause chaussiert, wozu Staatsminister Otto v. Bibra 100 fl. schenkte, nachdem bereits 1829 die Chaussee nach der Hainmühle zu abgesteckt und 1843 vom Wirtshause bis nach Rentwertshausen teils auf Gemeinde=, teils auf Staatskosten eine neue Fahrstraße hergestellt worden war. Die Chaussierung des Röbelsweges wurde 1859 begonnen und 1863 vollendet, 1867 wurde der Anfang mit dem Bau eines Weges vom Schafhofe in der Richtung auf Käßerode gemacht, aber leider bald wieder damit aufgehört und 1888 der Chausseebau nach Bauerbach in Angriff genommen, der seiner Vollendung entgegengeht. Wird dann erst noch, wie geplant, der Röbelsweg seinen Anschluß an die Züchsen=Lucienfelder Straße gefunden haben, so wird sich Bibra im Vergleich zu früheren Zeiten einer nach allen Seiten hin vortrefflichen Verbindung erfreuen, umsomehr als dasselbe durch den 1870—74 ausgeführten Bau der Meiningen=Schweinfurter Eisenbahn in den Weltverkehr gezogen worden ist.

¹) Diese zog vom Baunachgrund über Milz, Bibra, Käßerode, quer durch den Sülzegrund über das Dreißigackerer Plateau durch die Haßfurt nach Walldorf. Brückner, Landeskunde II. 108, 194. — ²) Die andere ging schon früher über Henneberg, scheint aber weniger frequentiert gewesen zu sein.

III.
Bewohnerschaft.

Die Zahl der Einwohner Bibras kann für die früheren Jahrhunderte, wo man auf statistische Angaben wenig Gewicht legte, nur annähernd angegeben werden.

Nach dem Bauernkriege besaßen nach Gropp. coll. nov. III.[1]) die Herren von Bibra 506 Hintersassen, von welchen nach Brückner, Landeskunde II. pag. 179 Anm. 2 50 auf Bibra gekommen sein sollen.

Nach Schultes' histor. Schriften I. pag. 321 hatten die Herren von Bibra im Jahre 1530 568 Hintersassen[2]), davon in Bibra Hans 2, Berthold 1, Wolf —, Christoph —, Christoph und Fritz 1, Michel (Gemeine von Bibra) 41.

Zu der Zeit, als die Güter noch ungeteilt waren, gab es außer dem Rittergute 43 Güterhofstätten[3]) und 10 Einzelhäuser, also etwa 53 Haushaltungen. Juden waren damals noch nicht vorhanden.

Nach dem vom Pfarrer Seyffart 1650 aufgestellten Schuldnerverzeichnisse der Kirchkasse scheint es unmittelbar vor dem Kriege 86 Einzelhaushaltungen gegeben zu haben, von welchen, wie sich später zeigen wird, vielleicht nur 26 den Krieg überdauerten.

Als 1659 der Schulmeister von Gleicherwiesen geholt und wegen Geldmangels in der Gemeindekasse eine 1 Batzen-Umlage bei den Nachbarn erhoben

---

[1]) Hans von Bibra besaß 131 Wolf 28, Michel 25, Christoph 27, Christoph und Fritz 16, Berthold 8, Lamprecht 8, gemeinsam 268. Nach Franken, Geschichte Frankenlands p. 305 belief sich die Zahl der v. Bibra'schen Hintersassen auf 503, von welchen auf Hans 131, Wolf 25, Michel 25, Christoph 28, Christoph und Fritz 16, Berthold 7, Lamprecht 3 kamen, 268 waren gemeinsam. — [2]) Dieselben verteilten sich wie folgt: Hans 131, Wolf 52 (5 in Krolbshausen), Michel 66 (25 in Gemünd, Gemeine von Bibra 41), Christoph 27, Christoph und Fritz 16, Berthold 8, Jörg von Bibra 268. — [3]) 3 Morichhäuser, 35 Bibraer Bauerngüter, das Pfarrgut, 3 Höfe und das Spropregut.

werden mußte, ergab dieselbe 39 Batzen. Es belief sich also die Zahl der Nachbarn („Männer und Wittweiber") auf 39; daneben gab es seit 1657 3 Judenfamilien.

1704 giebt Pfarrer Voytt in dem von ihm verfaßten Adelsspiegel (pag. 20) die Zahl der Nachbarn auf 50 an.

1713 wurde an 52 Nachbarn Holz ausgeteilt.

1775 gab es 79 Häuser, also wohl ebenso viele Haushaltungen, daneben im alten Wirtshause und Judenthorhause 14 Judenfamilien mit 77 Seelen.

1799 [1]) gab es 82 Häuser, 342 christliche und 68 jüdische Einwohner.

1833 war die Einwohnerzahl auf 524, 1840 auf 526 (414 Christen und 112 Juden), 1875 auf 631 (118 Juden) in 111 bewohnten Gebäuden gestiegen. Die Volkszählung von 1880 ergab in 137 Haushaltungen 632 Bewohner, darunter 106 Juden, und 1885 wurden in 124 bewohnten Gebäuden 137 Haushaltungen mit 663 Familiengliedern gezählt, von welchen 525 Evangelische, 4 Katholiken und 134 Israeliten waren. 1890 war die Zahl der Wohnstätten auf 116, der Haushaltungen auf 134, der Gesamtbevölkerung auf 620 gesunken.

Wenn so auch fast bis zur Gegenwart ein stetiges Wachsen der Bevölkerung stattgefunden hat, so sind doch die alten Familien wiederholt verschwunden und neue an ihre Stelle getreten, wie sich aus den verschiedenen in Kirch- und Gemeindekassenrechnungen und Steuerverzeichnissen erhaltenen Namensregistern ergiebt, von denen sich freilich nicht behaupten läßt, daß darin sämtliche Familien aufgezählt sind. So finden sich in der Kirchkassenrechnung von 1549 folgende 22 Namen von zinspflichtigen Ortsangehörigen:

Barbara vorm Thor, Jacob Breytting, Baltin Glucker, Kaspar Funk, Andreas Ortloff, Klas Bader, Margreth Rudin, Kaspar Bickert, Klas Falk (Folk), Wolf Breytting, Kaspar Fink, Hans Gumerth, Adam Heyl, Bartholomäus Latermann, Jacob Weber, Georg Fritz, Barbara Forster, Kaspar Fritz, Bernhard Pfeffer, die Mitzlerin, Jacob Weyß, Philipp Glucker.

1555 sind Klas Gottschalk und Lamprecht Eyringl Heiligenmeister und Wolf Zeul, Heinrich Strauch, Christoffel Schröter Zeugen bei der Rechnungsvorlegung.

Von den genannten Namen finden sich 1612 nur noch die Breytting, Pfeffer, Fritz, Eyringl, Schröter, Bickert (damals Bickhardt geschrieben), Folk (damals Volk geschrieben) und die „vorm Thor", welche damals jedoch den Namen „am Thor" (Amthor) führten; die übrigen sind verschwunden [2]). 1612 waren nämlich zinspflichtig:

---

[1]) Bundschuh, geograph. Lexikon für Franken 1799 Bd. 1. — [2]) Ein Beweis, daß Bezeichnungen wie Funkenhaus, Eyringls- und Schrötersgut, als Breitungsgut sehr alten Ursprungs sind. Sämtliche Güterbezeichnungen stammen offenbar aus der Zeit vor dem dreißigjährigen Krieg.

Hans Kißling, Wendel, Paul Fid, Sigmund Schopp, Chriacus[1]) Sternberger, Kaspar Binderich, Kaspar Moring, Barchel Eyring, Stoffel Kempf, Peter Breyding, Hans Schröter, Georg Pfeffer, Hans Hölzer, Hans Storat, Lorenz Müller, Barchel Tröstel, Anna Schultheß.

Erb= und Wachszins hatten im gedachten Jahre zu entrichten folgende 45 Personen:

Peter Kempf, Hans Pfeffer, Wolf Reiß oder Keß, Erhard Weigand, Pommer Hans, Nicol Kempf, Lorenz Schmidt, Marie Balbermann, Hans Hand, Georg Müller, Georg Gebelmann, Kaspar Graf, Hans Lauterbach, Hans, Kaspar und Peter Breitting, Klaus Henring, Peter Moring, Peter Gabelmann, Baltin Breiding, Veit Herbart, Otto Volk, Baltin Fidel, Zimmer Anne, Linhard am Thor, Baltin Albert, Hans Volk, Johann Supp, Hans Fritz, Sebastian Balbermann, Baltin Eyring, Michael Osenblas, Michael Wenzel, Augustin Zimmer, Eucharius Braun, Hans Wehr, Oswald Reiß, Eucharius Mönig, Bernhard Braun, Michael Otto, Hans am Thor, Else Streck, Eucharius und Martin Bickhardt, Georg Müller.

Almosentuch erhalten 1612 aus der von Heinrich von Bibra zu diesem Zwecke mit 200 fl. gemachten Stiftung: Peter Ludwig, Michael Herbert, Johann Gottschalf, Johann Storat, Johann Reiß, Paul Binderich, Linhard Breiding, Johann Fidel, Bastian Gottschalf, Johann Moring, Georg Breiding, Paul Wachs (?), Martha Weber, Adolf Christian Rob, Katharina Volkin, Eucharius Lauterbach, Jakob Knmohl, Lorenz Schmidt, Peter Kleffel, Elsa Breidingin, Martha Rößlerin, Hans am Thor.

Von diesen Familien finden sich in dem von Pf. Seyffart 1630 aufgestellten Schuldnerverzeichnisse, welches 86 Namen Ortsangehöriger nennt, nicht: die Kißling, Wendel, Fid, Schopp, Sternberger, Binderich, Schröter, Schmidt, Balbermann, Graf, Lauterbach, Henring, Herbart, Albert, Fritz, Wenzel, Otto, Ludwig, Wachs, Kleffel, Knmohl, Lauterbach. Neu hinzugekommen sind dagegen: von Bohlen oder Böhlen, Herr, Haydn, Anding, Jäger, Spieß, Ruß, Seyffart, Vogler, Erl, Span, Dörrer (Türer), Dehn, Krieg, Schorr, Kißrich, Gauß, Groß, Stal, Eul, Merkel, Bors, Büttner, Grießmann, Halbig, Lint, Raab, Günther, Grempel. Das Verzeichnis lautet:

Herr Jakob Span[2]) (derselbe war aber schon lange tot), Bernhard von Böhlen, Michel Grempel, Christoph Kempf, Wendel Eyring, Balthasar und Adam Hartmann, Michael Breyding, Kaspar Breiding, Hans Moring, Hans

---

[1]) Davon Zier=, Ziebr=, Ziegerngut. — [2]) Er zahlte der Kirchkasse 1612 4 fl. und 1616 uff Walpurgis 30 fl. Pension von den sechshundert gulden hauptsumma so ehemals zu Rabenbauien bei Junker Ulrich von Maßbach gestanden und nun uff H. Jacob Span kommen.

Bickhard, Bernhard Seyfert, Baltin Strack, Hans Storat, Anna Streit, Baltin
Erk, Barthel Vogler, Jakob Reß, Sibylle Pfeffer, Georg Gabelmann, Kasp.
Herr, Wolf Dienblas Erben, Paul Gottschalk Kinder, Kaspar Latermann,
Georg Lang, Balten Brell, Simon Tröster, Kaspar Zink, Peter Tröster,
Barthel Schultheß, Nicolaus Eyring, Linhard am Thor, Balthasar Stal,
Valentin Volk, Elisabethe Nößler, Michael Gauß, Michel Grempel, Hans
Debs Erben, Wendel Eyring, Georg Müller, Eckers (Eucharius) Braun, Dö=
wald reß, Oswald Voll, Michel Binkhardt, Hans Wehr, Hans Groß, Hans
Eul, Sabine Merkel, Valentin Hauck, Kaspar Breiding, Hans Hartmann,
Bors Anne, Nicolaus Grell, Paulus Am Thor, Peter Büttner, Bernhard
Sopp, Linhard Fickel, Hans Förster, Erhard Weigand, Hans Grießmann,
Valentin Bien, Barbara Schnupp, Valentin Kanngießer, Hans Zimmer, Eckers
König, Marth die Häßnerin, Martin Welz, Georg Hauck, Veit Abesser, Georg
Volk, Michel Eyring, Wolf Ebert, Hans Storat, Peter Eyring, Hans Schad,
Kaspar Kanngießer, Ziegmund Marterstecken, Hans Günther, Hans Georg
Gauß, Wendel Volk, Georg Gäber, Matthias Holzer, Susanne Moring,
Martin Reß, Peter Moring, Michael Mob, Kaspar Link. Da jedoch über die
Hälfte der mit diesen Namen verbundenen kleinen Kirchkassekapitalien als un=
gangbar bezeichnet und am Anfang des folgenden Jahrhunderts überhaupt aus
der Kirchkasserechnung gestrichen werden, so dürfte der größte Teil der oben
Genannten den Krieg nicht überlebt haben. Als zahlungsfähige Schuldner
wurden bezeichnet, waren also wohl bestimmt ortsanwesend folgende 26: Baltzer
Hartmann, Bernhard von Böhlen (v. Bollu), Michel Breyding, Susanne Herr,
Jörg Haydn, Wendel Eyring, Hans Moring, Hans Storat, Katharine Schultheß,
Augustin Anding, Simon Jäger, Klaus Am Thor, Peter Spieß, Steffen Reß,
Hans Seyfert, Klaus und Baltin Merkel, Eva Hauckin, Kaspar Breyding,
Hans Vögler, Adam Hartmann, Hans Dörrer, Stoffel Kempf, Kaspar Dehn,
Baltin Kriegl, Hans Schorr, Niclaus Ritzdich.

Ein Umlageverzeichnis von 1659 nennt folgende 34 Namen:

Hans Schorr, Stoffel Kempf, Simon Muth der Schmied, Maria
Köhlerin, Niclaus Ritzdich, Hans Storat, Herr Pfarrer, Steffen Reß,
Sibille Am Thor, Susanna Herr, Bernhard von Bollen, Hans und
Michel Seyfert, Hans Kuck, Jörg Lang, Adam Hartmann, Elster Spieß,
Hans Storat der Weber, Anna Römerin, Hans Jeger, Peter Tauß, Peter
Wolframb, Hans Kempf, Niclaus Schreiner, Mayer der Jud, Kaspar Dehn,
Linhard Köber, Dorothea Eyringin, Simon Jeger, Jörg Haydn, Hans
Ellring, Michel Breyding, Peter Rummel, Hans Moring.

Einzugsgeld bezahlten:

1658 Jörg Hoffmann, 1669 Hans Voidt, Jörg Hölzer, Hans Langloß,
1670 Kaspar Streit, 1674 Hans Breitung, Schnster, 1675 Bastian Leiber.

1679 Jakob Schnupp, 1680 Kaspar Lang, 1681 Hans Pfister, Georg Floß=
mann, Hans Seiffart, Hans Spuhrer, 1683 Jakob Hartung, Klaus Straub,
1685 Martin Keidel, 1689 Hans Koch, Georg Heim, 1694 Hans Nagel=
knopf, 1695 Hans Weigand Hans Martin Ebert Schneider, 1696 Hans
Rußwurm, Margarethe Bader, 1698 Hans Michel Köhler, Baltin Diettmar,
Hermann Gerlach.

1700 führt die Nachbarschaft folgende Namen:

Baltin Dietmar Martin Hartmann, Laurentius Spieß Schultheiß, Dietrich
Schorr, Leonhardt Breitung, Hanß Jörg Schorr, Caspar Streit, Elisabethe
Reßin, der Häfner, Nicol Wolfruhm, Caspar Breitung, Margarethe Baaderin,
Elisabethe Langlotzin, Hanß Kempf, Herrmann Gerlach, Caspar Gänßler,
Conrad Hartmann, Hanß Caspar Schreiner, Jacob Schnupp, Barth. Hölzer,
Hanß Breitung, Martin Keitel, Just Werrbach, Peter Rommel, Hanß
Nagelknopff, Hanß Conrad Jäger, Hanß Jäger, Hanß Michel Köhler,
Heinrich Schorr, Hanß Voit, Henß Stephan Schorr, Hanß Jörg Schorr,
Hanß Manger, Jörg Heym, Hanß Jörg Werrbach, Friedrich Hartmann,
Leonhardt Rud, Hermann Gerlach, Hanß Martin Eberdt, Hanß Pfister,
Kilian Krell, Baltin Hölzer, Hanß Rußwurm, Bastian Leiber, Elisabethe
Straubin, Anna Hartmännin, der Hayn Müller, Hanß Thomaser Erben,
Baltin Gänßler, Hans Friedrich Hemmelmann.

Einzugsgeld bezahlten von 1700—1749:

1707 Baltin Weygand, Georg Krell, Hans Büchold, Hans Baltin Weiß,
1708 Simon Brell, 1714 Hans Georg Pohl, Hans Michel Rother,
1715 Jörg Bucherdt, 1717 Jakob Weyland, 1719 Georg Höhl, 1723 Peter
Möller, Andreas Heym, 1725 Adam Köhler, 1738 Joh. Emanuel Illiger,
Joh. Gorner, 1742 Gottfried Paul, 1743 Nicol Kirchner, 1747 Georg Roth.

1750 entrichteten folgende 63 Ortseingesessene Rittersteuer:

Friedrich Jägers Wittwe, Claus Schorr, Susanne Marie Pfister, Anna
Elisabeth Pfister, Kaspar Breitung, Peter Hartmann jun., Gottfried Paul,
Ludwig Ernst Schorr, Johann Streit, Adam Köhler, Peter Hartmann sen.,
Johann Baltin Langlotz, Michel Hartmann, Johann Martin Hartmann,
Andreas Schreiner, Dietrich Krell, Thomas Breitung, Johann Krell,
Sabine Rußwurmin, Andreas Spieß, Johann Gorner, Georg Breitung,
Johann Baltin Prell, Johann Rußwurms Erben, Kaspar Pfister, Andreas
Pfister, Caspar Holland, Dorothea Nagelknopf, Johann Georg Pohl,
Andreas Jäger, Georg Werrbach, Georg Schorr's Wittwe, Baltin Weigand,
Philipp Hölzer, Johann Schorr sen., Ludwig Ernst Breitung, Karl Lud=
wig Schorr, Johann Schorr jun., Georg Sebastian Schemrich, Jakob
Krelle Wittwe, Friedrich Caspar Hölzer, Georg Floßmann, Friedrich
Werrbachs Wittwe, Georg Heymens Erben, Georg Werrbach, Johann

Michael Hartmann, Caspar Wolfrums Erben, Friedrich Büchel, Johann Werrbach, Georg Floßmann, Dietrich Jäger, Johann Georg Roth, Friedrich Ebert, Johann Hölzer jun., Johann Kämpf, Johann Hölzer sen., Johann Werrbach sen., Friedrich Werrbach, Caspar Straub, Georg Hölzers Wittwe, Elisabethe Krellin, Johann Georg Stein, Caspar Ruck.

Einzugsgeld bezahlten von 1751—1800:
1752 Adrian Wachs, 1753 Georg Krell, 1756 Johann Caspar Leib, 1759 Johann Daniel Ungerecht, 1760 Johann Eckhold, Johann Mich. Bittorff, 1763 Johann Georg Krieg, 1764 Michael Helmerich, 1765 Adrian Weyer, Adam Höhn, Martin Seyfert, 1766 Martin Reeb, Georg Diez, 1771 Martin Pohl, Andreas Baumann, Peter Lindemann, 1778 Manger Naumann, 1779 Andreas Albrecht, 1780 Nicolaus Ansorg, 1782 Baltin Seyfert, 1787 Johann Kaspar Supp, Schäfer, 1788 Pachter Hofmann, Christian Amthor, 1792 Philipp Reuninger von Aubstadt, 1794 Johann Dorn, 1796 Georg Ungerecht.

Die jetzt hier existierenden Familien treten nach Ausweis der Kirchenbücher in folgender Reihenfolge auf:

Werrbach (jetzt 2 Familien), Hans, pontificius, 1662 (Taufregister).

Jäger (4 F.), Hans, 1664 (Tfr.).

Hartmann (5 F.), Hans, 1670 (Trauregister).

Schorr (3 F.), Hans Nicol., 1675 (Trr.)

Breitung (1 F.), Hans, Schuster, 1675 (Tfr.)

Floßmann (2 F.), Jörg, „aus Boirenland", pontif., 1677.

Baber (1 F.), Melchior, Schäfer, 1679 (Tfr.)
    Johann Mich., Schäfer aus Jüchsen, 1763 geb.

Wolfram (1 F.), 1680 (Trr.).

Hölzer (13 F.), Bartholomäus, aus Ritschenhausen, 1681 (Trr.):
    „Soviel Hölzer in dem Holz unser Hölzer hat gehauen,
    Soviel Glücke müssen auch ihm in seiner Eh' anschauen."

Hellmuth (1 F.), Ludwig Ernst, Schullehrer, 1697 (Tfr.).

Krell (2 F.), Simon, zahlt Einzugsgeld 1708,
    Georg, getraut 1710.

Roth (1 F.), Johann Georg, aus Gumpertshausen, 1747 (Trr.).

Wachs (4 F.), Johann Georg, Schäfer; s. Sohn Adrian, 1746 (Tfr.)

Freißlich (1 F.), Christian Emanuel, Pfarrer, aus Salzungen, 1748.

Eckhold (1 F.), Johann, 1760.

Höhn (10 F.), Johann Adam, 1766.

Thomas (5 F.), Georg, 1769 (Tfr.).

Kriegsmann (2 F.), Tobias, 1752 (Trr.).

Diez (3 F.), Johann Georg, aus Nordheim, 1767.

Limpert (4 F.), Johann Valentin, nachgeborener Sohn des verstorbenen Schulmeisters zu Wölfershausen Johann Ludwig Limpert, hier geb. 1769.

Naumann (1 F.), Johann Christoph, Färber aus Bitterfeld, 1778.

Albrecht (4 F.), Johann Kaspar, von Einhausen, 1779.

Seyfarth, Seifert (2 F.), Baltin, aus Einödhausen, 1781.

Dorn (2 F.), Johannes, Calvinist aus Elm, 1795 (Irr.).

Ziegler (3 F.), Johann Christoph, aus Haselbach, 1800.

Maisarth (1 F.), Ludwig Ernst, Chirurg aus Meiningen, 1814 (Irr.).
    Maisarth-Fischer, Ludwig Ernst, aus Zeilfeld, 1882.

Fehringer (3 F.), Johann Lorenz, aus Henneberg, 1815.

Henneberger (3 F.), Valentin, Schmied, aus Behrungen, 1836.

Ebert, Rosalinde, Tochter der Marie Elisabeth Jäger, 1837 (Irr.).

Herbert (3 F.), Ferdinand, Sohn der Margarethe Reim, 1847 (Irr.).

Porz (1 F.), Johann Friedrich, Sohn der Margarethe Straub, 1841 (Irr.).

Luck (1 F.), Friedrich, Sohn der Barbara Straub, 1849 (Irr.).

Braun (1 F.), Christian, aus Ostheim, 1854 (Irr.).

Rübsam (1 F.), Hugo, aus Barchfeld, 1859 (Irr.).

Pohlig (1 F.), Wilhelm, aus Oberndorf, 1862 (Irr.).

Pohl (1 F.), Wilhelm, aus Lucienfeld, 1864 (Irr.).

Maisch (1 F.), Julius, Sohn der Margareth Thein, 1865 (Irr.).

Reinhard (1 F.), Friedrich, Gastwirt, aus Schwarza, 1865 (Irr.).

Simon (1 F.), Georg Adam, Sohn der Anna Marie Wohlfart, 1866 (Irr.).

Baumbach (1 F.), Michael (katholisch), aus Kirchhasel, 1867.

Stoll (1 F.), Ludwig, Färber, aus Heinrichs, 1869 (Irr.).

Voll (1 F.), Joseph (katholisch), aus Althausen, 1875 (Irr.).

Röhner (1 F.), Bernhard, aus Wölfershausen, 1875 (Irr.).

Greubel (1 F.), Ambros (katholisch), aus Nüdlingen, 1875 (Irr.).

Schleicher (1 F.), August, Schneider, aus Wölfershausen, 1876 (Irr.).

Teuschler (1 F.), Hugo, 1878 (Irr.).

Heinrich (1 F.), Richard, aus Lucienfeld, 1880 (Irr.)

Frauenberger (1 F.), Maurer, aus Reuwertshausen, 1884 (Irr.).

Herder (1 F.), Reinhard, aus Schwickershausen, 1887 (Irr.).

Schaumberger (1 F.), Reinhold, Verwalter, aus Weißenbrunn, 1887 (Irr.).

Pfister (1 F.), Louis, aus Reuwertshausen, 1889 (Irr.)

Roth (1 F.), Joseph (katholisch), aus Jpthausen 1890 (Irr.).

Die Judenschaft erscheint zum ersten Male 1658 mit 3 Familien, Salomon,
Susmann und Mayer, 1668 ist ihre Zahl auf 4, 1673 auf 5 gestiegen:
Joseph, Salomon, Jakob, Samuel und Jerem. 1678 giebt es schon 8,
1689 9, 1719 10, 1720 12, 1734 13, 1739 18 Familien, deren Häupter
folgende Namen führen: Moses, Maul, Gump, Mattig, Löser, Marum,

Salomon, Auscher, Hirsch, Jesel, Getalie, Baruch, Arndt, Jezig, Herz, Joseph, Salom der kleine Jüd und Nähemi. 1771 waren sie wieder auf 12 Familien gesunken und 1795 zählten sie in 14 Haushaltungen 77, 1840 116, 1875 118, 1880 106 und 1885 134 Köpfe.

1818 erscheinen sie zum ersten Male in der Gemeinderechnung mit Familiennamen, sie heißen: Aaron Chau, Aaron Mayer, Marem Mayer, Simson Frauf, Moses Fischmann, Schmuhls Mayer, Enfik Frauf sen., Enfik Frauf jun., Moses Frauf, Moses Perez Tannenbaum, Mayer Michel, Heinemann Michel, Izig Gassenheimer, Simon Strauß, die Judenwittwe Bela.

Jeder jüdische Hausvater hatte jährlich zur Gemeindekasse 7 Bß. 8 ¹⁄₂ Pf. oder 10 ggl. 6 Pf. zu entrichten, die aber sehr oft in Rückstand blieben, sodaß z. B. 1710 3 fl. 11 Pf. in Ausgabe gesetzt werden „wegen Irmel un Enzig Judens restierender Nachbargebühr, weil dieselben gestorben und nichts zu hoffen", 1711 13 fl. „wegen Käber Judens vielfältiger mitgeführter Nachbargebühr, als zu welcher Zahlung keine Hoffnung zu machen" und 1726 von der Gemeinde 24 fl. 14 Bß. 12 Pf. rückständige Judennachbargelder der Kirche „zum Genuß übergeben und verehret worden". Erwähnt sei außerdem noch eine Verfügung Joseph Hartmanns von Bibra, welcher, nachdem bereits den 18. Novbr. 1796 den Juden, die fast ausschließlich im alten Wirtshause (Judenbau) und Judenthorhause wohnten, befohlen worden war, ihr Trinkwasser nur am Judenbrunnen zu holen, den 21. Jan. 1797 dieses Gebot zwar wieder aufhob, dafür aber ihnen bei 5 Thlr. Strafe oder ¹⁄₂ Tag „Loch" verbot, während der Kirchenzeit überhaupt Wasser zu holen, sowie schmutzige Wäsche, Trink- und andere Gefäße oder gar Eingeweide am Brunnen zu waschen, und behufs Herbeiführung größerer Reinlichkeit in den Häusern anordnete, daß der herrschaftliche Hausvogt jeden Monat die herrschaftlichen Judenwohnungen auf ihre Reinlichkeit untersuchen und über den Befund Bericht erstatten solle.

Für 8 große Steine, welche an den 4 Hauptausgängen des Ortes „der jüdischen Religion halber" aufgerichtet waren, hatte von 1826 an die Judenschaft längere Zeit 3 fl. 3 Bß. jährlich zur Gemeindekasse zu entrichten, bis die Steine schließlich wieder entfernt wurden.

Die Eheschließungen der Juden pflegten noch im 1. Viertel dieses Jahrhunderts auf der Straße vor dem unteren Schloß unter einem von 4 Stangen getragenen Himmel abgehalten zu werden.

Wer in die Gemeinde einziehen wollte, hatte Einzugs- und Nachbargeld zu zahlen und eine Dorfcaution zu stellen. Das Einzugsgeld für 1 Paar Eheleute betrug bis 1717 sechs Gulden, von welchen 2 Drittel der Herrschaft und ein Drittel der Gemeindekasse zufiel, 1717 wurde es auf zwölf, 1735 auf fünfzehn und 1795 auf Antrag der Gemeinde auf 45 fl. erhöht, welche in gleicher

Weise wie früher zwischen Herrschaft und Gemeinde getheilt wurden. Die Dorfs-
caution, welche bis dahin 100 fl. betragen hatte, die deponiert wurden, bis der
Eigentümer dafür ein Haus oder ein Grundstück zu erwerben Gelegenheit hatte,
wurde gleichzeitig auf 200 fl. erhöht.

IV.
Lasten und Abgaben.

Die Lasten und Abgaben der Gemeinde Bibra zerfielen in 3 Klassen, solche
an Kaiser und Reich, solche an die Herrschaft und solche an die Pfarrei.

Die Abgaben an Kaiser und Reich wurden unter den verschiedensten Bezeichnungen, z. B. 1675 als brandenburgisches Monatsgeld, kaiserliches Quartier-
geld, 1722 als Charitativ-, Contributions und Türkensteuer, Breisacher Schanz-
geld, kaiserliches Wahlgeld (1742), Reichshofrathsbaukosten (1732), gewöhnlich
als Rittersteuer [1], und je nach Bedürfnis in verschiedenen Terminen von den
Gemeinderechnungsführern erhoben und nach verschiedenen Orten, nach Oitheim,
Enßenhausen, Aschenhausen, Helmershausen, gewöhnlich nach Schweinfurt, wo
der Sitz der ritterschaftlichen Behörden war, abgeliefert. Einer säumigen Ent-
richtung wurde wohl auch durch die Entsendung event. Einquartierung eines
ritterschaftlichen Renters auf Kosten des Einnehmers nachgeholfen. Als Maß-
stab der Veranlagung galt die von einer ritterschaftlichen Commission in Schweinfurt wiederholt vollzogene Einschätzung sämtlicher Häuser, Hofstätten, Äcker,
Wiesen, Riedstätten, Krautgärten, Gärten u. s. w., wobei es für Äcker und
Wiesen nur 3 Wertklassen gab, für die Äcker mit 8, 4 und 1½, seit 1706
mit 2 Gulden, für die Wiesen mit 16, 8 und 4 Gulden. Im Jahre 1682
betrug der Gesamtanschlag aller bäuerlichen Besitzungen (die adligen und

---

[1] Die Rittersteuern führten auch den Namen Römermonate. Es scheint sich diese Bezeichnung aus jener Zeit erhalten zu haben, wo die deutschen Kaiser nach Rom zu ziehen
pflegten, um sich dort vom Papste krönen zu lassen. Es hatten dazu die deutschen Reichs-
fürsten auf etliche Monate eine gewisse Umlage zu zahlen. Mit Karl V. hörten die Rom-
züge zwar auf, gleichwohl wurden die Römermonate als Reichsbesteuerung beibehalten.
Sie wurden nach ihrer Zahl vom Reichstage bewilligt und nach der Matricularanlage
von 1521 entrichtet. Ein einziger Römermonat ertrug 83964 fl. Es war dabei ein Heer
von 20000 Fußsoldaten und 4000 Reitern zu Grunde gelegt, wozu jeder Reichsstand in
seinen Verhältnissen entsprechender Weise beizutragen hatte. Schultes, stat. Beschreibung 334.
Bibra hatte (l. c. 295) 2 Ritterpferde zu stellen, für deren jedes 12 fl. (Stein, Gesch.
Frankens) zu entrichten waren. Soviel Römermonate verwilligt waren, soviel mal 24 fl.
hätte also Bibra zum Ritterkrubenamte zu entrichten gehabt. Es stimmt das aber nicht
ganz mit den wirklichen Verhältnissen.

Kirchengüter waren steuerfrei) in Bibra 6375 Gulden, 1706 7290 Gulden, 1750 8563 Gulden, 1755 8713 Gulden. Die Höhe der Abgaben wechselte jedes Jahr je nach Bedürfnis zwischen 44 fl. anno 1726 und 529 fl. anno 1705. Die Durchschnittsleistung von 1705—1750 betrug jährlich 210 Gulden, von 1751—1777 jährlich 234 Gulden, von 1788—1794 waren 3 Simpla mit jährlich 334 fl. 30 kr., von 1795—1811 vier Simpla mit 446 fl. zu entrichten, von welchen zwar 1795 zwei Simpla mit 223 fl. wegen erlittenen Wetterschadens erlassen wurden, zu denen aber 1811 noch 2½ Simpla Kriegssteuern mit 278 fl. 45 kr., also in diesem Jahre zusammen 734 fl. 45 kr., gezahlt werden mußten. Es waren das keineswegs geringe Steuern, wenn man den damals bedeutend höheren Geldeswert berücksichtigt und außerdem die bedeutende Einquartierungslast in Anschlag bringt, für welche es nur in den allerseltensten Fällen Entschädigung gab und die beispielsweise für die Jahre 1756 bis 1763 von der Gemeinde auf 6500 Gulden berechnet wurde.

Als nach dem Zusammenbruche des deutschen Reiches 1803 die Reichsritterschaft noch kurze Zeit ihre Selbständigkeit bewahrte, wurden die Rittersteuern 1804 nach Obbach und 1805 nach Tann entrichtet. Als 1806 die reichsritterschaftlichen Orte hiesiger Gegend an Bayern kamen, wurde für dieselben ein Distriktscommissariat in Münnerstadt errichtet, an welches die Rittersteuern gezahlt werden mußten. Als 1807 Bibra für das Großherzogtum Würzburg in Besitz genommen worden war, wurden die Steuern an das Großherzogl. Rentamt in Mellrichstadt abgeliefert, welches außerdem auch „das Rauchpfund", 17½ kr., von jeder Familie erhob. Nach der Übergabe des Ortes an das Herzogtum Meiningen (20. Juni 1808) wurden die Steuern von der Herzogl. Sachs. Meiningischen Steuereinnahme zu Meiningen erhoben.

Die Abgaben und Lasten der Herrschaft gegenüber waren teils Naturalleistungen, teils Geldabgaben.

Nach dem Erb- und Lehnbuch von 1670 und 1776 hatten die Einwohner von allen Kauf- und Erbveränderungen als Handlohn den zwanzigsten Gulden, also 5% des Wertes, zu entrichten. Jedes einziehende Ehepaar hatte, wie schon erwähnt, Einzugsgeld zu zahlen, von welchen die Herrschaft zwei und die Gemeinde ein Drittel erhielt, bei allen Erbgängen fiel der Herrschaft ein Mindestteil zu. Überdies war Kauf- und Lehngeld zu entrichten, eine ungemessene Fron gegen herkömmliche Vergütung[1]) zu leisten und war die Bewohnerschaft

---

[1]) Das Getreide wurde um den 16. Haufen geschnitten. Beim Haferrechen erhielt die Person für den Tag 1 Pfd. Brot und 4½ Pfennige, der Binder 2 Pfd. Brot und 6 Pf., beim Heu- und Grummetmähen für ½ Tag 1 Pfd. Brot, Käs, 1½ Maß Bier und 21 Pf., beim Heu- und Grummetmachen täglich 1 Pfd. Brot und 4½ Pf., bei Flachsarbeit für ½ Tag 1 Pfd. Brot, beim Flachsbrechen und Hecheln volle Verköstigung, bei Gartenfron für

„der Herrschaft erbhuldigungs-, reis-, folg- und dienstpflichtig und ihrer vogteilichen Gerichtsbarkeit unterworfen".

Nach der Fronordnung mußte das Getreideschneiden, Haferrechen, Heu- und Grummetmachen, Acker- und Gartenarbeit, Botengänge bis nach Würzburg und Bamberg, Kalk- und Ziegelfuhren, sowie die Beihülfe zur Jagd zur Fron gethan werden. Es konnte nicht ausbleiben, daß diese ungemessene Frone zu Unzufriedenheit führte, weil dadurch der Willkür der herrschaftlichen Bediensteten Thür und Thor geöffnet war, namentlich, wenn, wie es in der letzten Hälfte des vorigen Jahrhunderts der Fall war, die Herrschaft sich nicht selbst im Orte befand und von etwaigen Ungerechtigkeiten nicht auf der Stelle sich überzeugen konnte. So kam es, daß, obwohl bereits 1765 eine kurze Fronordnung aufgestellt und auf Grund des Herkommens 1776 eine ausführlichere in das neue Erb- und Lehnbuch aufgenommen worden war, doch fortwährend Klagen erhoben wurden. Vollends glaubte man sich in seinem Rechte verletzt, als 1777 auf Grund alter Rechte mehrfach Fronfuhren nach Bamberg, wo damals der eine der beiden Besitzer von Bibra als Domcapitular sich aufhielt, geleistet werden mußten, für welche die Gemeinde allerdings einen Aufwand von 390 Gulden gehabt hatte, auch anstatt Jagdfronfuhren Brennholz- und Blochfuhren gefordert wurden. Überdies war damals ein Mann, der Färber Naumann, in der Gemeinde, welcher, vielleicht angesteckt von den revolutionären Ideen, die damals namentlich in Frankreich um sich gegriffen hatten und auch weiter ihre Kreise zogen, noch in anderer Beziehung die Gemeinde, wie schon früher erwähnt, zu Widersetzlichkeiten aufstachelte. Es kam schließlich zu einem Prozeß zwischen der Gemeinde und der Herrschaft, welcher, nachdem er vom Herbst 1783 an gespielt und viele Weitläufigkeiten verursacht hatte, den 8. Oktober 1796 durch einen Vergleich beigelegt wurde, in welchem Joseph Hartmann von Bibra für sich und seine Nachkommen auf das ihm zustehende Recht der Transportfreiheit, so oft er in administrativen Angelegenheiten nach Bibra kommen mußte, sowie auf die schon seit 1670 übliche ungemessene Frone verzichtete, eine neue Fronordnung aufstellte, auch die Gemeinde von der Frone an den von ihm 1791 an die Irmelshäuser Linie verkauften Hof Aroldshausen losgab, wogegen die Gemeinde ihm 200 Gulden für die Aroldshäuser Frone und 200 Gulden Prozeßaufwand auszahlte. Nichts destoweniger hörten die Irrungen nicht auf, man versuchte fortwährend an der Fronordnung zu rütteln

---

¼ Tag 1 Pfd. Brot, bei Hopfenbergarbeit für ½ Tag 1 Schilling, bei Botengängen für jede Meile 12 Pf. und 1 Schilling für Brot und Bier, bei Niederjagdfronen Bier und Brot oder 1 Schilling, bei Hochjagdfuhren 1 Maß Bier, bei Kalk- und Ziegel-, Bauholz- und Brennholzfuhren für das Paar Ochsen 2 Schilling. Für die Zaspel Flachs zu spinnen 3 Pf. laut Lehnbuch 1776.

und leistete die geforderten Fronen nur widerwillig, so daß es schließlich wohl für beide Teile gut war, daß die Gemeinde sich 1828 entschloß, sich für 3000 fl. auch von der dem Bibraer Gute zu leistenden Spann- und Handfrone los zu kaufen [1]).

An Naturalien, sogenannten Gülten, waren nach dem Feldbuche von 1776 von den Bauern zu entrichten alljährlich von Bibra: 15 Fastnachtshühner, 8 Martinsgänse, 69 Erntehähne, 1½ Schock Ostereier, 4 Maß Erbsen, 2 Malter ½ Maß Weizen, 22 Malter 5 Maß Korn, 25 Malter 5 Maß Hafer; und von Lampertshausen: 4 Malter Korn, 4¼ Malter Hafer, zusammen 59 Malter; außerdem „flürlich" d. h. alle drei Jahre: 65 Maß Weizen, 6½ Maß Korn und 79 Maß Hafer. Diese Gülten wurden 1851 abgelöst mit 7693 Gulden.

An Erbzinsen waren 1776 von Häusern und Gütern 73 Gulden 12 ggl. 7¼ Pf. von Bibra, 5 Gulden 16 ggl. 3 Pf. von Lampertshausen, zusammen 79 Gulden 9 ggl. 10¼ Pf. zu entrichten, welche 1851 mit 2196 Gulden abgelöst wurden.

Auch der Kauf- und Erbhandlohn wurden in demselben Jahre mit 2021 fl. abgelöst.

Der Pfarrei hatte die Gemeinde und das Rittergut, und zwar letzteres von allen Grundstücken, erstere mit gewissen Beschränkungen, den Zehnt zu entrichten, der wohl ein Teil des alten Würzburger Capitelzehntes war. Urkundlich erwähnt ist derselbe zuerst den 11. Februar 1386, an welchem Tage bestimmt wurde, daß behufs Aufbesserung der Domherrnpfründen an dieselben neben dem Zehnten von Wolfmannshausen, Zelle, Bauerbach und Teffertshausen (Tebertshausen) auch ein Theil des Zehntes zu Bibra abgegeben werden solle. 1437 wurde vom Capitel in Würzburg der große und kleine Zehnt zu Bibra, Zelle, Debertshausen, Bauerbach, Rentwertshausen u. s. w. für 2100 fl. baare Zahlung den Gebrüdern von Bibra als Pfand gegeben.

Der Zehnt bildete einen Hauptbezug der Pfarrei und betrug in den Jahren 1749—1770 nach Aufzeichnung des damaligen Pfarrers durchschnittlich: 25½ Schock Korn, 2 Schock Weizen, 1½ Schock Weizengemang, 6 Schock Gerste, 2 Schock Gerstengemang, 9½ Schock Hafer. Der Körnerertrag davon wird angegeben auf 38 Malter Korn, 2 Malter Weizen, 1 Malter 5 Maß Weizengemang, 5 Malter 3 Maß Gerste, 2 Malter 4 Maß Gerstengemang, 26 Malter 6 Maß Hafer, 3 Maß Linsen, 1 Malter Erbsen, 1 Malter 3 Maß Wicken und Bohnen, 1 Malter 5 Maß Lein, was zu Gelde angeschlagen einen Wert von 530 fl. repräsentierte. Eine schon 1636 feststehende Zehntordnung vermochte nicht, den mit der Erhebung dieser Abgaben verbundenen Verdrieß-

---

[1]) Das Ablösungscapital wurde 1896 ausgezahlt.

lichkeiten vorzubeugen, abgesehen davon, daß man jede sich darbietende Gelegenheit, so namentlich die Einführung neuer Fruchtarten z. B. der Kartoffeln Mitte vorigen Jahrhunderts benutzte, um sich der Verpflichtung zu entziehen. Es war daher ganz zeitgemäß, daß man sich 1841 zur Ablösung des Zehntes einigte, welche mit 11000 fl. derart stattfand, daß dem Stelleinhaber eine Rente von 440 fl. zugesichert wurde.

Erbzinsen an die Pfarrei waren von den im Pfaffenstrich liegenden Grundstücken zu entrichten, welche, nach den Namen der Grundstücke zu urteilen, vielleicht kurz vor dem dreißigjährigen Kriege in Erbpacht gegeben waren. Die Abgabe betrug jährlich 11 Maß Wintergetreide, 11 Maß Hafer und 11 Hähne.

Michelszinsen 71½ Schillinge ruhten auf dem Seiferts-, Bastians- und Beckmichelsgute und dem Gumpeskrautgarten.

Sackgülten entrichteten 6 Äcker und zwar alle 3 Jahre 12 Maß Wintergetreide. Erbzinsen, Michelszinsen und Sackgülten wurden 1853 mit 249 fl. abgelöst.

Außerdem hatten neben einer kleinen Geld- und Eierabgabe noch 2 Güter der Pfarrei zu fronen, und zwar das eine 1½ Tage, das andere 9 Tage. aber schon 1748 war davon abgesehen worden, weil die Besitzer nur höchst widerwillig ihrer Verpflichtung nachkamen.

Die Gesamtgrundlasten der Gemeinde wurden demnach abgelöst mit 26359 fl., von welchen 11249 fl. an die Pfarrei [1]) und 15110 fl. an die Herrschaft bezahlt wurden, und zwar, von dem geringen Betrage für die Aroldshäuser Frone abgesehen, in 25 Jahren, von 1828—1853.

Zu Gemeindezwecken wurden von 1658—1882 nur ein einziges Mal Abgaben erhoben, nämlich 1659 eine Umlage von 3 Batzen aufs Gütlein und 1 Batzen aufs Haus behufs Aufbringung der Kosten der Abholung des neuen Lehrers Peter Reinhard von Gleichenwiesen. Die Gemeindekasse war eben bei einer Gesamteinnahme von 27 Gulden 21 Schilling 1 Heller, nachdem der Bauaufwand für das vormalige Gemeindehaus mit 12 Gulden 5 Schilling 2 Pfennig abgegangen war, zu schwach, um die sich auf 4½ Gulden belaufenden Kosten für 3 Wagen aus ihren Mitteln zu bestreiten. Erst dem Jahre 1883 war es vorbehalten, die Gemeinde mit Umlagen, Schulgeld, welches bis dahin auch nicht entrichtet worden war, und anderen Abgaben zu belasten.

---

[1]) 3290 fl. davon zahlte die Gutsherrschaft als ihren Anteil an der Zehntablösung.

V.
Rechtsverhältnisse.

Ursprünglich hatte der Gaugraf auf der Malstatt bei Mellrichstadt das Gaugericht im Namen des Königs über die Insassen des Westerganes [1]), zu welchem Bibra gehörte, gehalten, aber schon Karlmann († 755) hatte für Franken das judicium provinciale dem Bischof Burkhard von Würzburg († 754) für sich und seine Nachfolger übertragen, in deren Namen fortab das Gericht gehegt wurde. Als jedoch im Laufe der Zeit die alte Gauverfassung immer mehr zerbröckelte, traten an Stelle der Gaugerichte unter Vorsitz des Gaugrafen mit Berücksichtigung der alten militärischen Einteilung des Landes in Hundertschaften (Centen), welchen der centenarius als Anführer über 100 daraus zu stellende Krieger vorstand, die Centgerichte, an welchen unter Aufsicht des Grafen von dem vom Bischof mit „Bann und Stab" beliehenen Centrichter oder Cent=

---

[1]) Das Ostfränkische Reich war in 16 Gaue eingeteilt, von denen einer als das Grabfeld bezeichnet wird, welcher das ganze Land vom Main bis zum Thüringer Wald und von der Sinn und Ulster bis zur Steinach umfaßte und in das östliche und westliche Grabfeld zerfiel, von denen das erstere, unsere Gegend, wieder in 11 Untergaue geteilt war: Banzgau, Haßgau, Gozfeld, Werngau, Saalgau, Aufeld, Sinngau, Baringau, Tullifeld (Kaltennordheim), Westergau und das eigentliche Grabfeld.

Die Grenzen des Westerganes, zu welchem Bibra gehörte, werden verschieden angegeben. Müller, Die Cent Mellrichstadt p. 7., bezeichnet als seine Grenzpunkte im Süden Leutershausen, im Westen Wächterswinkel, im Norden Walldorf, im Osten Westenfeld. Es grenzte somit der Westergau im S. an den Saalgau, im W. an den Baringau, im N. an das Tullifeld, im O. an das Grabfeld im engeren Sinne.

Das Gauheiligtum, die Malstatt, befand sich (l. c.) bei Mellrichstadt, da wo außerhalb der Malpforte in der Nähe des Malbaches das von großen Linden beschattete Marienkapellchen auf dem Großenberge (ehemals Roßberg) steht, nahe am Bahnhofe. Zwischen der Stadt und dem Malbache zieht sich eine sanft ansteigende Ebene, ehemals der Sammelplatz der Gauinsassen und als solcher Eigentum des Gaues, deshalb auch später mit dem Fronhofe vereinigt. Auf der Höhe dieser Ebene befand sich rechts vom Wege nach Henneberg der Gerichtsplatz, links die Richtstätte.

grafen Recht gepflegt wurde. Ein solches Centgericht hatte seinen Sitz zu Mellrichstadt. Sein Bezirk umfaßte die Ortschaften Mittelstreu, Fridenhausen, Ostheim, Willmars, Stedtlingen, Hermannsfeld, Eußenhausen, Mühlfeld, Schwickershausen, Nordheim, Bibra, Wolfmannshausen, Sondheim, Hendungen, Bahra, Oberstreu, Mellrichstedt, Hainhof, Stockheim, Uttenhausen, Ellenbach (bei Eußenhausen) und Serrach mit ihren Gemarkungen. Au grenzten die Centen Meiningen, Themar, Römhgshofen, Saal, Neustadt und Fladungen. Als die früheren Untergrafen des Westergaues, welche sich, seit Konrad der Salier 1037 die Reichslehen für erblich erklärt hatte, nach ihrer Burg „von Henneberg" genannt hatten, immer mächtiger wurden und die Gerichtsbarkeit ganz an sich zu bringen suchten, sah sich der Bischof Konrad veranlaßt, seine Rechte zu wahren, was zu einer für die Henneberger Grafen unglücklichen heftigen Fehde führte, infolge deren sie 1230 das Aufsichtsrecht über das Mellrichstädter Centgericht verloren, und dasselbe an benachbarte und im Bezirk angesessene Edele wie die von der Kere, von Stein und von Bibra verliehen wurde, welche dann als bischöfliche Amtleute[1]) ihren Wohnsitz wohl selbst zu Mellrichstadt nahmen und neben der Aufsicht über das Centgericht auch im Namen des Bischofs die vogteiliche Gerichtsbarkeit über die zum bischöflichen Amte Mellrichstadt gehörigen Unterthanen ausübten. Im Laufe der Zeit hatten aber doch die Henneberger wieder sich einigen Einfluß zu verschaffen gewußt und es war ihnen das Recht zugestanden worden, einen „Horcher" beim Centgerichte zu halten, welcher die Rechte der Hennebergischen Grafen und ihrer Unterthanen zu wahren verpflichtet sein sollte, ohne jedoch ein Stimmrecht zu haben[2]).

Von den Centorten waren die vier hohen Rügen Diebstahl, Mord, Brand und Notzucht vor das Centgericht zu bringen, sowie von den nicht ritterschaftlichen Orten alle Vergehen, welche nicht von dem Dorfgerichte gerügt werden konnten. Bibra rügte keinen Centfall, wenn es nicht zugleich den Thäter zur Cent liefern konnte. Es hatte den Thäter selber zu ergreifen und nebst dem

---

[1]) 1572 betrug die Besoldung des Amtmannes (Müller l. c.) 150 fl. fr., 40 Mltr. Korn, 80 Mltr. Hafer, 1 Fuder Wein und Stroh für 1 Pferd und sonst noch kleine Bezüge von den Centorten; vom Bitra 1 Haselhuhn. — [2]) Schultes, histor. Schriften p. 195. Das Mellrichstädter Weistum v. 1523 sagt darüber: Item die Herrschaft von Henneberg soll haben ein Horcher, der soll beider Herrschaft von Henneberg (Schleusingen und Römhilder Linie) zu Gut dasitzen. Doch ba- ihn Grave Wilhelm allein zu setzen, der soll dasitzen und hören und ob der Würzburgischen fürnehmen wider die Herrschaft von Henneberg oder ihre Unterthanen weren, so hat er Macht die Hennebergischen Schöppen heißen aufzustehen." Durch Vertrag wurde bestimmt, daß die Abgaben an Holz, Hühnern, Heu und Hafer, welche die censpflichtigen Dörfer zu leisten hatten, in 3 Teile geteilt werden sollten, von welchen 2 dem Bischof oder seinem Amtkeller zufallen, der dritte aber zwischen dem Würzburger Centgrafen und dem Hennebergischen Horcher geteilt werden solle.

gestohlenen oder geraubten Gute bei Strafe von 10 Pfd. Heller[1]) einzuliefern. Das Schloß war wie die übrigen adligen Schlösser im Centbezirke centfrei.

Den Vorsitz führte beim Centgerichte der aus dem Bürger- oder Bauernstande gewählte und vom Bischof als dem Centherrn mit Bann und Stab beliehene Centgraf, dessen Amt aber seit 1686 vom bischöflichen Amtskeller mit versehen wurde. Als Besoldung bezog er den 6. Teil aller Gerichtsgefälle und Bußen, sowie 1 fl. fr. bei jeder peinlichen Aburteilung, 20 fl. fr., 6 Mltr. Korn, 20 Mltr. Hafer und 2 Hofgewänder aus der Amtskellerei in Mellrichstadt, außerdem noch feststehende Bezüge von den einzelnen Centorten. Von Bibra erhielt er 15 Schilling und 6 Pf., welche von 25 Bauerngütern mit je 6 Pf. zu entrichten waren.

Das Centgericht war nur beschlußfähig bei Anwesenheit aller Centschöffen, 14 an der Zahl, von welchen 5 von den würzburgischen und 9 von den hennebergischen Orten gestellt wurden. Sie wurden von den betreffenden Gemeinden auf die Zeit ihrer Tauglichkeit gewählt und vom Ortsschultheißen beim Petersgerichte dem Centgrafen vorgestellt, welcher, falls sie nicht verworfen wurden, sie in Eid und Pflicht nahm. Kein Schöffe durfte ohne stichhaltigen Grund, bei Strafe von 2½ Pfd., ausbleiben. Bibra stellte keinen Schöffen.

Außer den Schöffen hatten die einzelnen Centgemeinden ihre Vierer d. h. 4 Männer, welche alle im Orte und der Gemarkung vorkommenden Centfälle dem Centgerichte anzuzeigen hatten und die gleichfalls am Centpetersgerichte von dem Centgrafen verpflichtet wurden. Von den Güterbesitzern mußten aus Bibra jährlich vier dieses Amtes walten, während die Hofstätten frei waren. Sie hatten, wenn eine Execution vollzogen wurde, als Ausschösser dabei anwesend zu sein, und, wenn ein Centfall am Orte sich ereignete, die der Cent Verfallenen nach Mellrichstadt zu transportieren. Sie erhielten, so oft sie Gefangene abzuliefern oder sonst beim Gerichte zu erscheinen hatten, die Zehrungskosten aus der Gemeindekasse vergütet, außerdem beim Centpetersgerichte einen bestimmten Betrag, 1658 9 Schilling 3 Pf., 1673 7 Schilling, später 14 Schilling.

Als Centschreiber diente der jeweilige Stadtschreiber von Mellrichstadt, der aber als solcher besonders vom Centgrafen verpflichtet wurde[2]).

Der Landknecht, Freibote oder Centbüttel hatte alle die Cent betreffenden Gänge und Dienste zu besorgen, die Gefangenen zu verwahren und in Ermangelung des Nachrichters bei peinlicher Befragung Handdienst zu thun. Außer

---

[1]) 1 Pfd. Heller 5¼ Schilling 30 Pfennig 13¾ fr. 39 Reichspfennig; 1 fl. fr. 1 fl. 15 fr. rh. 2 Mark 14 Pf., oder 20 ggl.; 1 ggl. = 24 Heller 48 halbe Heller. — [2]) Sein Gehalt betrug nach Müller, C Mel., 30 fl. fr., 4 Pfd. 18 Pf. Geld, 8 Malter Korn, Sporteln und Diäten.

einem Besoldungsbezuge aus der Amtskellerei[1]) hatte ihm jeder Nachbar in den Centorten einen Zweibotenlaib zu geben, welcher aber mit Geld oder Getreide abgelöst werden konnte. Der Laib war mit 3 Pf. veranschlagt. Von Bibra hatten 25 Hofstätten je 3 Pf. zu entrichten, außerdem erhielt er von der Gemeinde noch 10½ Pf., zusammen 10 Schilling 4½ Pf. (nach Müller 2 Pfd. 3 Pf.), wofür er, wenn die Vierer beim Centpetersgericht ihm diese Gebühr aushändigten, denselben eine Kanne oder 2 Maß Bier einschenken lassen mußte.

Als Anerkennung ihrer Unterwerfung unter das Centgericht hatten die Centgemeinden dem Centherren eine jährliche Abgabe, den sogen. Cent-, Vogt- oder Satzhafer zu entrichten, im ganzen 49 Mltr. und etwas Geld. Bibra war von dieser Abgabe frei, es lieferte aber dafür dem Amtmann 1572 ein Haselhuhn oder 2 Pfd. 3 Pf., „welche der Schultz dafür giebt wegen dessen er das Flecklein Wiese am Steg inne hat". Später wurden „10½ Pf. Centgeld von der Schultzenwiese" gezahlt, welche 1774 im Flurbuch) zur Besoldung des Landknechtes gerechnet sind[2]).

Das Centgericht wurde bei günstiger Witterung vor dem oberen Thore bei Mellrichstadt abgehalten. Unter einer uralten, erst Ende vorigen Jahrhunderts abgestorbenen Linde stand dort der Heiligenstock mit dem Centstuhle, welcher aus 4 im Rechtecke aufgestellten Bänken bestand (2 lange Seitenbänke für die Schöffen, auf der Westseite eine kurze Querbank für den Centgrafen und ihr gegenüber auf der Ostseite eine kurze für Kläger und Beklagte, um welche herum der sogenannte Satz einen Cordon bildete, außerhalb dessen das Volk oder der Umstand Raum hatte. Bei Ungunst der Witterung fand das Gericht im Rathause oder einem der Schlundhäuser statt.

[1]) Nach Müller betrug derf. 1572: 11 fl. fr., 5 Pfd. Geld, 1 Gewand, 2 Mltr. Korn, 1 Viertel Most jeden Tag, an welchem gekeltert wurde, und 1 Viertel zu Martini. — [2]) Feldbuch v. Bibra 1774: „25 Bauerngüter und Hofstätten sind nach Mellrichstadt cent- und zinsbar; giebt jedes Gütlein und hierzu gehörige Hofstätte jährlich ein Schilling zum Centpetersgericht, nämlich 6 Pf. das Gütlein und 3 Pf. die Hofstatt Von diesen 25 Sch. bekommt der Herr Amtskeller 15 Sch. 6 Pf. und 10 Sch. 4½ Pf. der Landknecht und müssen jährlich die Besitzer dieser Gütlein zum Centpetersgericht kommen, die Hofstätten aber sind dahin zu geben frei. Diese Vierer genannt sind das Jahr schuldig, wenn eine Execution vorgeht als Auslösser dabei zu dienen, weilen die Cent über den ganzen Bibraschen Flur nach Mellerstadt gehört, und wenn ein Centfall derzeit zu Bibra sich ereignet, dieselbigen Vierer die in die Cent Verfallenen dahin transportieren. Diese Vierer bekommen beim Centpetersgericht 14 Sch. vor ihren Gang von der Bibraschen Gemeinde, auch muß diese Gemeinde die 10½ Pf., sofern an den Gerichtsgebühren fehlen, auch darauflegen und bezahlen. Und wenn die Vierer dem Landknecht seine Gebühr bei dem Centpetersgericht geben, so muß derselbe den Vierern eine oder 2 Maß Bier wiederum zurückbezahlen oder einschenken lassen." — Die 10½ Pf. Centgeld von der Schultzenwiese wurden noch 1826 unter gleicher Bezeichnung nach Meiningen bezahlt, 1837 ist daraus geworden „3 kr. Zehndgeld."

Gerichtstage wurden in den älteren Zeiten regelmäßig neun, später noch vier, um Mitte Januar, Mai, Juli, Oktober gehalten, doch konnte der Centgraf, wenn nötig, alle 14 Tage Gericht anberaumen.

Der Centgraf mußte dazu früher bewaffnet erscheinen und hatte noch bis in die letzte Zeit als Zeichen seiner Würde den Centstab, einen weißen Stab, welcher unten mit einer eisernen Spitze und oben mit einem Knopf versehen war, auf welchen eine kleine Streitaxt oder ein 6 Zoll langer Spieß mit den Buchstaben C. M. (Cent Mellrichstadt) gesteckt werden konnte. Diesen Stab stieß der Centgraf vor sich in die Erde und ließ an ihm die Schöffen und Vierer angeloben.

Die Schöffen mußten gleichfalls bewaffnet erscheinen und kamen noch in späterer Zeit mit Äxten und Beilen.

Die Centhalsgerichte wurden 3—6 Tage vorher vom Centboten beschrieen, d. h. in den Ortschaften bekannt gemacht. Die Schöffen erschienen sodann tags zuvor zum Vorgerichte, in welchem der Fall untersucht wurde und man sich über das Urteil einigte. Zum eigentlichen Gerichte mußte aus jedem Orte eine bestimmte Anzahl von Männern erscheinen, aus manchen Orten die ganze wehrbare Mannschaft, um als „Satz" das Gericht zu beschützen. Der Vater konnte dazu seinen zwölfjährigen Sohn schicken, alle aber mußten mit ihren besten Wehren erscheinen. Bibra sendete nur die Vierer.

Die Enthauptungen und Verbrennungen fanden auf dem jetzigen Turnplatze statt, links von der Henneberger Straße. Der Galgen mit steinernem Unterbau stand am Galgenturme an der Straße nach Eußenhausen. Er war 20' hoch und 6' im Dreieck und wurde neu errichtet 1500, 1574 für 89 fl., 1595 für 103 fl., 1664 für 38 fl. und 1 Eimer Wein. Die Kosten hatte der Fürstbischof als Centherr zu tragen. Das Holz wurde vom Rate zu Mellrichstadt angewiesen, von den 13 Müllern zu Mellrichstadt, Stockheim, Ober- und Mittelstreu auf den Galgenplatz gefahren, dort von den Zimmerleuten der centpflichtigen Orte beschlagen und unter Beihülfe von 54 Männern, sechs aus jedem Dorfe, Sondheim und Hendingen ausgenommen, der Galgen aufgerichtet. Die Arbeitsleute zogen mit Pfeifer und Trommelschläger auf den Platz. Als am 8. April 1664 ein neuer Galgen aufgerichtet wurde, waren von Bibra dabei: Hans Werrbach, Hans Jäger, Hans Kempf, Peter Rummel, Martin Hartmann, Stephan Reeß, welche 1667 „auf Befehl gnädiger Herrschaft" dafür 6 Eichen aus der Gemeinde erhielten.

Der Pranger war auf dem Marktplatze aufgestellt. Den Diebsstock hatten die Queienfelder zu fertigen und zu schicken. Der Malefizturm stand auf dem Platze des jetzigen Rentamtes.

Die höchste Geldbuße betrug 20 gute oder 40 neue Pfd. und gehörte dem Bischofe allein, die gemeine Buße betrug 5, 10 und 20 Pfd., von welchen der

Centgraf ein Drittel bezog. Bei den 4 großen Rügen wurde nach dem Straf-
mandat verfahren. Blieb eine Gemeinde oder Partei ohne genügenden Grund
aus, so konnte sie nach Belieben gestraft werden. Ein Schöffe hatte in diesem
Falle 2½ Pfd. verwirkt. Wer irgend eine centbare Sache verheimlichte, Schöffe,
Vierer oder ganze Gemeinde, hatte 20 Pfd. zu entrichten.

Bei geringen Anlässen klagte die rechtsuchende Partei beim Schulzen, welcher
die Vierer kommen ließ und in ihrer Gegenwart die Klage entgegennahm.
Hierauf wurde der Verklagte vernommen und beim nächsten Centgericht der Fall
von den Vierern zur Rüge gebracht, worauf der Centgraf den Verklagten durch
den Landboten zum nächsten Gerichte vorladen ließ. Für Bibra jedoch hatte
das keine Geltung, da hier nur die vier hohen Rügen vor das Centgericht
gehörten.

War solch ein schwerer Fall vorgekommen, so hatte jeder Centverwandte
insbesondere die Vierer die Pflicht, den Verbrecher zu ergreifen und einzuliefern.
Das war namentlich in Bibra der Fall, welches, wie schon bemerkt, seine Verbrecher selbst einliefern mußte, während in anderen Orten der Centgraf mit dem
Landboten einfiel, welchem auf seine Aufforderung jeder centpflichtige Unterthan
zur Ergreifung des Verbrechers Beistand leisten mußte. Fielen Wegelagerer in
die Centorte ein, so hatte zu ihrer Ergreifung die waffenfähige Mannschaft aller
Centorte dem Centgrafen „zu reisen und zu folgen" und im Notfalle Wagen
und Pferde zu stellen. Nur die Bewohner der Adels- und Klosterhöfe waren
von dieser Reis und Folge frei.

War ein Verbrecher eingeliefert worden, so wurde er in Gegenwart des
Amtmannes, Kellers, Centgrafen, zweier Schöffen, des Centschreibers und Land-
büttels verhört und bei Verweigerung offenen Geständnisses peinlich befragt.
Das Geständnis, „Urgicht", wurde vom Centschreiber in Reinschrift an die
fürstliche Kanzlei oder das Malefizamt in Würzburg eingeschickt. Jeder Partei,
Kläger wie Beklagten, wurde auf Verlangen ein Fürsprecher aus den Schöffen
gegeben. Die Zeugen aus den Centorten hatten persönlich zu erscheinen. Hennebergische und Sächsische Unterthanen dagegen hatten ihre Aussage vor ihrem
Vogtherren abzugeben, welcher das Protokoll dann einschickte. Die Juden
hatten dabei einen besonderen Eid, den „Judeneid", abzulegen. Appelliert wurde
an das Centgericht in Neustadt.

War die Untersuchung des Centfalles abgeschlossen, die Akten revidiert und
der Angeklagte für schuldig befunden, so wurde ein peinlicher Gerichtstag angesetzt, die Schöffen durch den Landknecht geladen und der Satz zur Wache ein-
berufen. Tags vorher versammelten sich die Schöffen zur Vorberatung, auf
welche Art der Delinquent vom Leben zum Tode zu bringen sei. Das Gericht
vollzog sich dann genau nach hergebrachten, feststehenden Formen. War das
Todesurteil gefällt, so wurde der arme Sünder eine Zeit lang in den Stock

6*

geſetzt d. h. an der Rathausecke am Markt auf einem Holzſtocke ſitzend mit einem eiſernen Halsbande angefeſſelt, und ihm dann noch 3 Tage zur Vor-bereitung auf den Tod gelaſſen. Am Hinrichtungstage wurde der Delinquent nochmals unter Begleitung der bewaffnete Satzmannſchaft zum Stock geführt und kurze Zeit dort dem Volke vorgeſtellt, ſodann zum Centſtuhle geleitet, wo der Centgraf, welcher in früheren Zeiten dabei in voller Waffenrüſtung zu er-ſcheinen hatte, das Bekenntnis und Todesurteil vorlas, einen weißen Stab mit ſeinen weiß behandſchuhten Händen zerbrach und ihn dem Verurteilten vor die Füße warf, worauf der Zug zum Richtplatze ſich in Bewegung ſetzte, der Centgraf zu Pferd voran, den Gerichtsſtab in der Hand haltend, hinter ihm der Nachrichter mit dem Schwerte oder ſein Knecht mit der Galgenleiter, ſodann der Verurteilte, von der Satzmannſchaft umgeben, welche bis nach Vollſtreckung des Urteils am Richtplatze Wache zu halten hatte. Wurde ein Verurteilter auf dem Wege zum Richtplatze von einer unbeſcholtenen Perſon zur Ehe be-gehrt, ſo mußte die Hinrichtung verſchoben und der Beſcheid des Fürſtbiſchofs eingeholt werden. Die Execution vollzog der Scharfrichter von Würzburg, welcher dafür 5 fl. fr. erhielt. Im ganzen beliefen ſich die Koſten auf 46 fl., welche auf die einzelnen Gemeinden ausgeſchlagen wurden. Bibra ſcheint aber nach den Gemeinderechnungen, welche derartige Ausgaben nicht nachweiſen, dabei frei ausgegangen zu ſein.

Hatte ſich jemand entleibt, ſo wurde durch den Centgrafen, 2 Schöffen, den Centſchreiber und den Bader die Beſichtigung der Leiche vorgenommen, wofür die Angehörigen 4 fl. 3 Pfd. 24 Pf. zu entrichten hatten. Der Leich-nam mußte zur Cent geliefert werden, wo er auf dem Centrichtplatze in Beiſein des Centgrafen vom Nachrichter verbrannt und die Aſche in die Streu geworfen wurde. Die 4 Klaſtern Holz und, was ſonſt dazu nötig, hatte, wenn das Vermögen des Entleibten nicht dazu ausreichte, der Centherr zu tragen, bei Begüterten wurde das übrige vom Stifte confisciert.

Aus den Centprotokollen u. ſ. w. iſt für uns noch folgendes beſonders intereſſant: den 2. Juli 1525 mußten die Cent- und Amtsverwandten, nachdem die Anführer des Bauernaufſtandes hingerichtet worden waren, ihren Herren von neuem huldigen.

Den 29. Juli 1572 entleibte ſich Peter Welz, ein Metzler zu Bibra, durch fünf Stiche in die Bruſt, aber „weil er vorher einige Zeit phantaſiert und irre geredet, alſo zu vermuthen, daß er ſich aus Unverſtand ſeiner Sinne entleibt, wurde er an ein ſonder Ort mit Rath des Pfarrherrn zu Bibra neben den Kirchhof, doch ohne Geleut, begraben". Den 5. Febr. 1574 zeigten die Vierer von Bibra auf Befehl des Junkers Heinrich von Bibra an, daß am vorher-gehenden Tage nachmittags um 2 Uhr ein Landsknecht von Oberlay, Baltin

Büttner, einen anderen Landsknecht im Wirtshause zu Bibra erschossen, sich flüchtig gemacht und entlaufen sei.

1586 auf Freitag nach Ostern, den 11. April, hat Baltin Fritz, ein Mit-nachbar zu Bibra, zu Mellrichstadt im Wirtshause mit einem Lanzknechte, „der im Lande hin und wieder zeucht und kartet, gespielt und demselben einen königl. Thaler abgewonnen. Der Landsknecht hat den Fritz gebeten, ihm einen Ort (¼ fl.) wieder zu leihen, solches aber derselbe verweigert. Wie nun nach solchem ge-meldter Fritz nach Bibra anheims gehen wollen, ist ihm der Lanzknecht nach-gefolgt und hat ihn im Malbach, außerhalb der Stadt fürsetzlicher und muth-williger Weise verwundet, geschossen und schwer geschädigt und ist dann eilends davongelaufen. Der beschädigte Fritz ist alsbalden gen Mellrichstadt zum Balbier zu verbinden und zu heilen verschafft worden, aber auf Samstag den 19. April in der Nacht gestorben und am folgenden Sonntag auf der Cent durch zween Schöpfen, Centgrafen, Gerichtsschreiber und Landknecht besichtigt und an seinem Kopfe drei Wunden, am linken Arm ein Stich, auf der linken Seite ein Stich und auf der linken Seite zur Brust hinein ein Schuß gefunden und erkannt worden, daß gemeldter Fritz solcher beschwerlichen Beschädigung halber ge-storben sei."

Während der Zeit des 30 jährigen Krieges, namentlich von 1631 an, konnte trotz vieler Mord- und Greuelthaten kein Gericht gehalten werden. Erst 1660 fand das erste Gericht wieder im Freien statt. 1632–34 hatte, da das Herzog-tum Würzburg von Gustav Adolf an Bernhard von Weimar geschenkt worden war, Cent und Amt Mellrichstadt sogar schwedische Beamte, und funktionierte Johann Caspar von und zu Bibra während dieser Zeit als königlicher Majestät von Schweden wohlbestellter Amtmann.

1664 den 8. April wurde, wie bereits erwähnt, ein neuer Galgen auf-gerichtet, wobei auch sechs Männer aus Bibra thätig waren.

1680 den 10. December wurde Anna Wieber von Wölfershausen, welche ihr außereheliches Kind sogleich nach der Geburt im Schlosse zu Bibra erstickt hatte, in Mellrichstadt durch den Kitzinger Nachrichter enthauptet.

1708 erhielten die Vierer außer ihrem gewöhnlichen Bezuge von 10 Schilling 6 Pf. zum Centpeinsgerichte den gleichen Betrag, als sie zur Hinrichtung der Müllerstochter von Enssenhausen mußten.

1712 konnten wegen Völkermarsches Berkach, Frickenhausen und Wolfmanns-hausen nicht auf der Cent erscheinen.

1730 wurden Zigeuner von Bibra zur Cent geliefert und

1773 wurde Andreas Kreb von Bibra wegen Diebstahls von 8 Männern nach Mellrichstadt transportiert.

Die Wüstung Lampertshausen gehörte zum Centgerichte Themar, welches von Sachsen mit „Bann und Stab" beliehen war. Die drei Rittergüter und die fünf Güter ritterschaftlichen Lehens waren abgabenfrei, die neun ehemals hennebergischen, später sächsischen Lehnsgüter dagegen hatten zum Landgerichts= termin Martini 9 Maß Themarer Gemäß Centhaber nach Themar zu liefern. Von 1731—1751 war dieser Centhafer in Rückstand geblieben. Durch Ver= trag vom 9. Juli 1752[1]) wurde festgesetzt, daß die Besitzer der Wüstung Lampertshausen denselben unweigerlich am Gallustage liefern wollten. Dagegen sollte der Lampertshäuser Rüger nur vermittels Handschlages an Eidesstatt vom fürstl. Amte verpflichtet, vom bibraischen Gerichte aber nicht am Erscheinen auf dem einmal zu haltenden Landgerichte verhindert werden. Er sollte rügen die vier hohen Rügen, sowie alle Vergehen, auf welche die hennebergische Landesordnung Leibes= und Lebensstrafe oder Landesverweisung setzte. Der Wüstungsschultheiß und der Landbote erhielten zu ihrer Gebühr beim Land= gerichte 5 Schilling.

Bis zur Separation führte von Lampertshausen in der Richtung auf Themar ein versteinter Weg, der „Centweg", auf welchem die der Cent Verfallenen, namentlich auch die Selbstmörder oder sonst eines zweifelhaften Todes Gestorbenen, nach Themar an die Cent transportiert zu werden pflegten.

Die niedere oder vogteiliche Gerichtsbarkeit übten über Bibra und Lamperts= hausen die Herren von Bibra durch ihren Vogt oder Gerichtsverwalter, welcher früher wohl auch in Bibra wohnte, seit Mitte des 18. Jahrhunderts aber ein in Meiningen, Maßfeld oder Römhild angesessener richterlicher Beamter war und jährlich mindestens zweimal, zum Petersgerichte und der Michelsrechnung oder dem Zehntgerichte an Ort und Stelle erschien, wobei die Gemeinde für den Transport zu sorgen und namentlich beim Petersgericht die Verköstigung zu gewähren hatte. Das Petersgericht war überhaupt im Dorfleben ein äußerst wichtiger Akt, zu dessen würdiger Abhaltung nach Ausweis der Gemeinde= rechnungen es unerläßlich gehörte, daß seitens der Gemeindekasse der versammelten Gemeinde etwas Erhebliches zu verzehren gegeben wurde. Hauptgegenstand der Verhandlung war die Verlesung der Gemeinderechnungen, welche, wahre Zwerge gegenüber den Folioheften der Gegenwart, auf wenigen schmalgebrochenen Blättern Einnahme und Ausgabe des Jahres, von Petri zu Petri gerechnet, enthielten und vom Gerichtshalter an Ort und Stelle geprüft und justificiert wurden; sodann wurden etwaige neue Nachbarn vorgestellt, etwaige Änderungen der Dorfsordnung oder sonstige Erlasse bekannt gemacht, die das Jahr über vorgekommenen Unordnungen, Flurdiebstähle u. dergl. „gerügt", — über die Beitreibung der Strafen gab der mit der nächsten Gemeinderechnung vorzulegende „Anschneidezettel" Auskunft —, die Gemeindediener -- Schmied, Dorfsknecht,

---

[1]) Schultes, statist. Beschreibung 326 u. 554.

Hirt [1]) — gedingt, sodann auch die Kirchrechnung vorgelesen und approbiert, weshalb auch der Pfarrer, der Lehrer und die beiden Kirchrechnungsführer an der für den Gerichtshalter angerichteten Mahlzeit teilnahmen, wofür sie jedoch später wie jene mit einer noch heute zu beziehenden kleinen Geldentschädigung abgefunden wurden. Gerichtshalter waren: 1665 Johann Bernardi zu Roßrieth, 1667 Hieronymus Philippi, 1673—1718 Balthasar Groß, wohnhaft zu Bibra, 1713 S. A. W. Evmes, 1718 Joh. Casp. Lotz aus Meiningen, 1720 Göschel, 1737 Amtmann Schubert, Sohn des damaligen Pfarrers, kurze Zeit in Bibra, 1746 Schroth, ebenfalls in Bibra, 1753 Amtmann Erk von Meiningen, Gerichtsverwalter Dürer, 1773 Amtmann Schubert, später Renninger, 1803 Rat Gruner von Römhild, 1807 Koch, 1808 Hofrat Heym, 1814 Amtmann Meßler.

In früheren Zeiten wurde diese vogteiliche Gerichtsbarkeit von den verschiedenen an Bibra teilhabenden Geschlechtsvettern gemeinsam ausgeübt. 1572 einigten sich die Herren von Bibra aber dahin, daß jeder über die ihm allein zustehenden Unterthanen die Gerichtsbarkeit selber ausüben und sie nur über die in gemeinschaftlichem Besitz befindlichen Häuser und Höfe von einem gemeinschaftlichen Vogt ausgeübt werden solle. In schwierigen Rechtsfragen, in welchen das bibraische Gericht sich nicht für maßgebend erachtete, wurden die Akten entweder einer juristischen Facultät oder einem reichsstädtischen Magistratscollegium zur Begutachtung vorgelegt. Waren die Parteien mit dem Entscheide des bibraischen Gerichts nicht zufrieden, oder hatte man gegen die Herrschaft selbst Klage zu führen, so klagte man bei „einer kaiserlichen Commission“, oder dem hochlöbl. Ritterortsvorstande des Cantons Rhön-Werra in Schweinfurt. Selbst zu dem Reichskammergericht nahm man seine Zuflucht, wie es in dem Prozesse mit Georg von Diemar auf Walldorf wegen eines vor dem 30jährigen Kriege geliehenen und nach dem Kriege abgeleugneten Kirchkassecapitales in den Jahren 1704 bis 1711 geschah. Man hatte davon aber viele Kosten und keinen Erfolg.

Als Strafmittel galten in der Bibraischen Rechtspflege: Geldstrafen, die zum Teil recht empfindlich ausfallen konnten, „Loch“, das schon ein schauderhafter Aufenthalt gewesen sein muß, wenn 1797 ein halber Tag Loch einer Geldstrafe von 5 Thalern gleich geachtet wurde, und Pranger. Das dazu nötige Halseisen befand sich an dem auf der abgetragenen Wallböschung dem Gemeindehause gegenüberstehenden alten Wachthause.

---

[1]) Der Gemeindeschmied hatte freie Wohnung im halben Gemeindehause, Benützung des zu demselben gehörigen Hofes, 1 Acker 96 ☐ Ruten Wiese, 30 ☐ Ruten Krautgarten. Zur Besoldung des „Flurknechtes“ gehörte freie Wohnung im Hirtenthorhause, 3 Acker Wiese, 18 ☐ Ruten Krautgarten, die Hälfte eines Zehntels vom Pfarrzehnt. Der Kuh-, Ziegen- und Schweinehirt hatte außer dem Hirtenschutte freie Wohnung im Hirtenhause, 50 ☐ Ruten Krautgarten, 2 Acker 88 ☐ Ruten Wiesen.

Daß Ungehörigkeiten unter Umständen scharf geahndet wurden, zeigt die Thatsache, daß, als 1704 eine Petition zu Gunsten des bedrängten Pfarrers Wonn an die Herrschaft gerichtet und wider Willen der hier anwesenden Glieder derselben eine Abschrift von 2 Abgesandten der Gemeinde dem älteren Herren v. Bibra in Würzburg überbracht wurde, jeder derselben bei seiner Rückkehr für jede Meile Weges 1 Stunde Loch erhielt, die Petenten aber je nach Vermögen von 8 bis 1 Reichsthlr. gestraft wurden. Klassisch aber ist, daß, als 1738 eine Ehefrau ehebrecherischer Weise ein Kind empfangen, der Ehemann aber das nicht angezeigt, sondern seine Frau gleichwohl behalten hatte, „deren Vater die Strafe für sie erleget, nämlich 150 Reichsthlr. der gnädigen Herrschaft und 20 Reichsthlr. der Kirche, der Thäter aber, weil er nichts im Vermögen hat, ¼ Jahr im Schloßgarten schanzen müssen". - Mochte da und dort wohl auch Willkür mit unterlaufen, wie das ja in den Zeitverhältnissen lag, so zeigt sich doch auch mancher schöne Zug treuer Fürsorge für die Ortsangehörigen, wie in jener Verfügung im Jahre 1756, nach welcher die Nachbarn ihre Söhne zum Handwerk anhalten und ihre Töchter in Dienste bringen sollten, von den mancherlei im Laufe der Zeit zu Gunsten der Armen und der Kirche gemachten Stiftungen ganz zu schweigen.

Die Gerichtskosten, wie sie gegen Ende des 17. und Anfang des 18. Jahrhunderts zur Zeit des Verwalters Balthasar Groß (1673—1718) erhoben wurden, specificirten sich folgendermaßen: „Von einem einfachen Kauffbriefe, wenn die Kauff Summa gleich baar bezahlt wird 1 Reichsthlr. Dergleichen in duplo da die Kauffsumme zu verschiedenen Jahresfristen bedinget, 2 Reichsthlr. Von einer consentirten Schuld obligation und Pfandverschreibung gerichtlich zu verfertigen, was 10, 20, 30 biß auf 50 fl. erreichet, 6, 8, 12 Batzen biß höchstens wann die Summa über 50 fl. steiget, 1 fl. Was aber unter 10 fl. capital, so viel Gulden, so viel Groschen Zuschreibegeld im sogenannten Höchheimer Feld-Buch, so viel numeri in dem Indice denen Erben oder Käuffern geändert werden, von jedem numero 2 Batz. Bey Erbfällen, wann die Kinder unmündig und die Güter nicht gleich vertheilet werden, trägt es so viel Kinder, so viel Schreibgelder. Wann aber nachgehends die Kinder uff Herrschaftliche Erlaubnis die Güter unter sich vertheilen, wird jedem sein Erbtheil weiter umbsonst und ohne fernere Bezahlung zugeschrieben. Es sey dann, daß sie einander aufkauffen, solchenfalls der Kauffende theil das Zuschreib Geld vor seinen Namen bey jedem numero Indicis auch zu entrichten pflegt. Von einer Klag und gerichtlichem Verhör, sambt dem Bescheid, Kläger 3 Btz. und Beklagter 3 Btz., da der Succumbirende theil dem obtinirenden theil in Zahlung der Uncosten mit vertretten mus, so zwar allezeit beym arbitrio judicis beruhet. Von einem Zeugen Eydlich abzuhören 1 fl. Wo aber der Zeuge nur bey bloßem Handstreich vernommen wird, ½ fl. oder nachgestalt der Sachen geringheit nur etliche Batzen. Von einem Ehegerichte oder Scortations-actie 1 fl. Von einer Vormunds-Rechnung abzuhören 7 Schilling".

Im Jahre 1840 wurde, nachdem bereits seit Auflösung der Reichsritter= schaft und Säkularisierung des Stiftes Würzburg die hohe Gerichtsbarkeit auf die damals kurz hintereinander wechselnden Landesherren übergegangen war, auch die niedere Gerichtsbarkeit gegen Entschädigung abgetreten unter der Bedingung, daß jedes Vierteljahr ein freier Gerichtstag im Orte gehalten werden solle, was jedoch seit Einführung der neuen Gerichtsordnung weggefallen ist.

Die eigentlichen Dorfs= und Gemeindeangelegenheiten hatte das aus dem Schultheißen und den Schöppen bestehende Dorfsgericht wahrzunehmen. Die Zahl der letzteren betrug in früherer Zeit wie überall so auch in Bibra wahr= scheinlich 12, und wenn 1455 die Herren von Bibra sich mit dem Pfarrer Heuschreck dahin vertrugen, daß zu dem neu errichteten Dorfsgerichte die Herren von Bibra 6 d. h. jeder der Besitzer eines Sechsteiles am Schlosse einen, der jeweilige Pfarrer aber den siebenten Schöffen stellen sollte, so wurden die übrigen 5 von der Gemeinde gewählt. Noch 1686 werden die Zwölfer erwähnt, aus welchen auch die Gemeinderechnungsführer, „die verordnete Dorfsvorsteher oder Kastenmeister" (je 2 auf 2 Jahre, doch so, daß jedes Jahr einer abging), gewählt wurden. Erst zu Anfang des vorigen Jahrhunderts schmolzen sie auf „Sechser" zusammen, aus welchen 1840 der Ortsausschuß hervorging.

Zu der Ortsbehörde gehörten außer Zwölfern oder Sechsern auch die Stein setzer, welche, von dem Vertrauen der Gemeinde zu ihrem Posten berufen, die Grenzen der Grundstücke festzustellen und auf ihre Beobachtung zu halten hatten.

Führte die Gemeinde einen Prozeß, so wählte sie einen Syndicus, welcher als ihr Bevollmächtigter die Sache zu führen und die Gemeinde in jeder Weise zu vertreten hatte.

Von den Gemeindebeamten [1]) hatte nur der Schultheiß einen feststehenden Besoldungsbezug, die Nutznießung der Schulzenwiese (66 ☐ Ruten). Die Rechnungsführer erhielten nichts, nahmen aber mit den Sechsern an der den Gerichtspersonen am Petersgerichte darzureichenden Mahlzeit teil, wofür sie später einen kleinen Geldbetrag erhielten. Die Steinsetzer wurden nach der Anzahl ihrer Flurgänge bezahlt. Ein gelegentlicher Trunk auf Gemeindekosten galt im übrigen als genügende Entschädigung für etwaige Mühewaltung. Sämtliche Gemeindebeamte bis zum Schulzen hinauf konnten von der Herrschaft abgesetzt und die Gemeinde zu einer Neuwahl veranlaßt werden, deren Bestätigung der Herrschaft zustand.

[1]) Jetzt erhält der Schultheiß 285 Mk, der Rechnungsführer 105 Mk.

Schultheißen waren: 1668 Georg Voit, 1701 Lorenz Spieß, 1710 Hans Spieß, 1725—1740 Johann Nicolaus Spieß, 1740—1744 Johann Jakob Weyland, Petri 1746 1757 Johann Hölzer, 1757 bis Petri 1770 Peter Hartmann, 1770 1774 Joh. Erhard Schorr, 1774—1787 Johann Hölzer, 1787—1800 Erhard Schorr, 1800—1803 Joh. Hölzer, 1803—1808 Johann Schorr, 1808—1814 Ernst Friedr. Naumann, 1814—1826 Joh. Martin Wolfram, 1826—1847 Kaspar Albrecht, 1847—1849 Karl Philipp Thomas, 1849—1856 Karl Werrbach, 1856—1876 Gustav Roth, seit 1876 ist es Friedrich Floßmann.

Frühzeitig wendete man seine Aufmerksamkeit auf die Feuerpolizei. Schon seit 1657 wurden alljährlich ein oder mehrere Male die Feuerherde von den Dorfsmeistern oder 4 dazu verordneten Männern besichtigt[1]), was um so not= wendiger sein mochte, als bis in die Mitte des vorigen Jahrhunderts viele Häuser keine oder nur bretterne Schlöte hatten. 1705 wurde zum ersten Male das Fegen des Schlotes im Hirtenhause erwähnt. 1755 wurde das Fegen der Schlöte an den Römhilder Schlotfeger verdingt. Am Anfang dieses Jahr= hunderts gehörte Bibra zum Bezirk des Mellrichstädter Schlotfegers, welcher sich 1808 darüber beschwerte, daß durch den Austausch der Orte Berkach, Nordheim, Bibra und Wolfmannshausen an Meiningen sein Einkommen um 167 fl. geschmälert werde.

Auch auf die Bewältigung des etwa entfesselten Elementes nahm man Bedacht. Schon 1703 war man zu diesem Behufe mit 2 Feuerhaken, 2 Feuerleitern und einer hölzernen Feuerspritze versehen, eine Ausrüstung, die aber, wohl wegen der geringen Leistungen der letzteren, doch zu ungenügend erscheinen mochten, weshalb man 1709 drei neue hölzerne Feuerspritzen anschaffte. Als aber auch diese im Laufe der Zeit dienstunfähig geworden und überdies auch auf diesem Gebiete wesentliche Fortschritte gemacht worden waren, kaufte man 1766 von dem Glockengießer Joseph Kistner zu Mellrichstadt für 205 fl. eine neue, welche laut Attest das Wasser 100 Schuh weit und hoch warf. Damit es ihr im Notfalle an dem nötigen Wasser nicht mangele, wurden 1780 auf herrschaft= lichen Befehl 25 Feuereimer, jeder zu 1 Reichsthaler, angeschafft. Neue Feuer= leitern waren bereits 1768 erworben und zu ihrer Aufbewahrung das Dächlein am Gemeindehause angebracht, für die Spritze aber ein Spritzenhaus gebaut worden.

[1]) Die Dorfsmeister hatten auch jedes Frühjahr dafür zu sorgen, daß den Kühen vom Gemeindeschmied die Hörner abgeschnitten wurden.

VI.
Ökonomische Verhältnisse.

Der gesamte zu Bibra gehörige Grund und Boden umfaßt nach dem Separationsrecesse 993,55 ha, davon gehören zur Flur Bibra mit Morshausen 443,49 ha, zur Wüstung Lampertshausen 230,34 ha, zur Gemarkung Gutswald 319,72 ha. Von dem Gesamtareale gehören zum Rittergute 430,59 ha, nämlich die erwähnte Gutswaldung und 110,87 ha Artland und Wiese. Auf die Gemeinde entfallen 563 ha. Davon sind 138,71 ha Waldung, von welcher 51,30 ha der politischen Gemeinde Bibra, 6,80 ha der Kirche und Pfarrei, 80,62 ha den Lampertshäuser Nachbarn und der Gütergemeinde gehören. Die Gemeindeländerei von Bibra umfaßt 38,12 ha, das Pfarrgut 15,26 ha, die Schulländerei 1,61 ha, die Lampertshäuser Gemeindeländerei 11,70 ha. Es kommen somit von dem Gesamtareale an der Landwirtschaft dienendem Grund und Boden auf die bäuerlichen Besitzer 357,60 ha.

Der nicht zum Rittergut gehörige Grundbesitz zerfiel früher[1]) in der ehedem von Bibra getrennten Wüstung Morshausen in drei Güter:

    das Morschhäusergut 35 ²⁄₁₆ Acker[2]),
    „ Thomassengut 12 ⁸⁄₁₆ Acker,
    „ Dresselgut 14 ¹⁵⁄₁₆ Acker,

in der Feldmark Bibra mit Ausschluß des zur Pfarrei gehörigen Pfarrgutes in drei Höfe, das Propregut und 35 Bauerngüter. Es gehörten

    zum Spanshof 64 Acker,
    „ Lampertshof 115 Acker,
    „ Kätzröderhof 96 ⁸⁄₁₆ Acker,
    „ Propregut im Kätzröder Felde[3]) 61 ⁷⁄₁₆ Acker,
    „ Komeneigute 12 Acker in der Komenei,

---

[1]) Feldbuch von 1774. — [2]) 1 Acker = 160 ☐Ruten, 1 Rute = 144 ☐Schuh. — [3]) Dasselbe lag ganz jenseits des bibra'schen Gutswaldes im Kätzröder Felde und wurde auf Antrag der jetzigen Besitzer, der Herren von Türcke auf Kätzerode, 1889 mit Zustimmung der politischen Gemeinde Bibra aus der Bibraer Gemarkung ausgeschieden und der Gemarkung Kätzerode einverleibt. Die Zugehörigkeit zur Parochie Bibra hat dadurch jedoch keine Änderung erlitten.

zum Gabelgut 9 $\frac{4}{16}$ Acker,

„ Altgut 28 $\frac{2}{16}$ Acker,

„ Erhardsgut 10 $\frac{6}{16}$ Acker,

„ Philippsengut 10 $\frac{3}{16}$ Acker,

„ Pfarrgütlein¹) 9 $\frac{3}{16}$ Acker,

„ Mühlfeldergut 10 $\frac{1}{16}$ Acker,

„ Schrötersgut 16 $\frac{1m}{16}$ Acker,

„ Storats- oder Dürergut 22 $\frac{9}{16}$ Acker,

„ Seyfertsgut 10 $\frac{3}{16}$ Acker,

„ Babgut 12 $\frac{3}{16}$ Acker,

„ Stummengut 14 $\frac{2}{16}$ Acker,

„ Kolbengut 9 Acker,

„ Fritzengut 10 $\frac{2}{16}$ Acker,

„ Cyriaks- oder Ziergut 10 $\frac{1}{16}$ Acker,

„ Beckmichelsgut 8 Acker,

„ Bastiansgut 11 $\frac{1}{16}$ Acker,

„ Grethüteregut 9 $\frac{1m}{16}$ Acker,

„ Hankmichelsgut 10 Acker,

„ Kämpfengut 8 $\frac{5}{16}$ Acker,

„ Schmiedsgut 13 $\frac{13}{16}$ Acker,

„ Hölzers- oder Schwarzhansengut 16 Acker,

„ Retzen- oder Stephansgut 8 Acker,

„ Wernersgut 16 $\frac{5}{16}$ Acker,

„ Streckengut 10 Acker,

„ Maurengut 11 $\frac{1}{16}$ Acker,

„ Kieselgut 14 $\frac{1}{2}$ Acker,

„ Petershansengut 13 $\frac{10}{16}$ Acker,

„ Hainzengut 9 $\frac{4}{16}$ Acker,

„ Eiringsgut 13 $\frac{13}{16}$ Acker,

„ Zuppengut 9 Acker,

„ Thorgut 16 $\frac{7}{16}$ Acker,

„ Kanngießergut 12 $\frac{6}{16}$ Acker,

„ Zimmererhardsgut 6 $\frac{11}{16}$ Acker,

„ Pfeffergut 7 $\frac{11}{16}$ Acker.

25 nach Mellrichstadt abgabenpflichtige Güter.

gaben nichts nach Mell- richstadt.

Die Flur war nach der alten Dreifelderwirtschaft eingeteilt in das Über-schaarfeld, Reisigfeld und Arnsbergsfeld, in denen mit Ausnahme des Propre-

---

¹) Nicht zu verwechseln mit dem oben erwähnten zur Pfarrei gehörigen Grundbesitze dem „Priestergute"; jedenfalls ehemaliger Privatbesitz eines Pfarrers, vielleicht des Pfarrers Seyffart, welcher 1668, als eine 3 Batzenumlage auf die Güter gelegt wurde, diese ent-richtete. Als Ortspfarrer wäre er von derselben frei gewesen.

und Nomeneignetes jedes Gut feinem Umfange entſprechend begütert war. Außer dem ſonſtigen Beſitze an Feldern und Wieſen gehörte zu jedem derſelben im Reiſigsfelde eine Steinbachsſattel von 123—160 ☐Ruten und eine Hürbigs= ſattel (44 ☐Ruten), ein Krautgärtlein im Steinbach (30 ☐Ruten), „eine Orbels Maß" (Wieſe, 25 ☐Ruten) und eine Riedſattel (21 ☐Ruten). Außerdem gehörte zu jedem Heuſe, Sölde wie Stammhaus, ein neuer Krautgarten[1]) am Reiſig, Hürbig oder im oberen Steinbach und ein Riedgärtlein.

Die Lampertshäuſer Flur zerfiel in 17 Güter und war nach der Dreifelder= wirthſchaft eingeteilt in das untere, mittlere und obere Feld. 5 Güter waren ritterſchaftlich und hatten nach der Anlage Rittergelder, Charitativgelder u. ſ. w. zu geben, waren auch der Herrſchaft zinsbar. 3 Güter (Nr. 15, 16 und 17) waren reichsfrei, zum Rittergute gehörig und deshalb aller Abgaben ledig, die übrigen 9 ſogen. ſächſiſchen, nach Themar centpflichtigen Güter gaben keine ordentliche Ritterſteuer, ſondern nur Charitativ=, Kriegs= und Einquartierungs= gelder. Die Güter waren bedeutend größer, als die Bibraer und hielten

Nr. 1 und 2, zum Käßröder Hof gehörig, 47⁷⁄₁₆ Acker Land und 16 Acker Wald.

Nr. 3, das Grethüteregnt, 25¹²⁄₁₆ Acker Land, 8 Acker Wald[2]),

Nr. 4, Petershauſengut, 32 Acker Land, 8 Acker Wald.

Nr. 5, Breitungsgut, 36¹⁴⁄₁₆ Acker Land, 8 Acker Wald.

Das Eigengut[3]), welches ein Auszug aus den 3 reichsfreien herrſchaftlichen Gütern war und Ritterſteuer u. ſ. w. zahlen mußte, 14⁹⁄₁₆ Acker Land. — Wald.

Die drei ritterſchaftlichen Güter Nr. 15, 16 und 17 79²⁄₁₆ Acker Land, 24 Acker Wald.

Die neun ſächſiſchen Güter: die „drei Güter" Nr. 6, 7 und 8, das Schmiedsgut Nr. 9, das Baumgartengut Nr. 10, das Kämpfengut Nr. 11, das Reßengut Nr. 12, das Lampertsgut Nr. 13, das Erhardsgut Nr. 14, hatten zuſammen 213 Acker Feld und ſcheinen gleich groß geweſen zu ſein, ſodaß auf jedes 23³⁄₄ Acker Land kämen, wozu noch für jedes ebenfalls 8 Acker Wald entfielen[4]). Außerdem beſaß die Wuſtungsgemeinde 91 Acker Wald.

---

[1]) Dieſelben waren 1771 ausgeteilt worden. — [2]) In dem zum Grethüteregut gehörigen Walde geht der gewöhnliche Weg nach Jüchſen durch einen kleinen Hohlweg. Auf der nach Lampertshauſen zu liegenden Böſchung desſelben findet ſich eine von Raſen und Wald= blumen entblößte Stelle, an welcher für ein mit der Sage bekanntes Auge deutlich erkenn= bar die Figur eines mit ausgeſtreckten Armen daliegenden Menſchen in den Boden ein= gegraben iſt. Es ſoll dort vor vielen Jahren ein Jude, nach anderer Erzählung ein Balſamträger meuchlings erſchlagen worden ſein. Auffallend iſt, daß die Stelle immer unbewachſen bleibt und die Figur, wenn einmal vom Regenwetter verwaſchen, doch immer wieder ausgegraben wird, ohne daß man ſagen könnte, wer ſich dieſe Mühe giebt. —
[3]) „Schloßgut". — [4]) Feldbuch von 1774, S. 333: „Dieſe neun güter ſeyn in Anlag kommen vor 1080 fl., nemlich das Guth 120 fl. — Sie beſtehen jedes Guth in 3 Feldern, Wieſen und etwa 8 Acker gehölz an unterſchiedl. Orten".

„Wenn an Holz oder Reisig davon etwas ausgeteilt wird, wird solches nach den 17 Gütern in 17 gleiche Teile geteilt und zwar bekommen die ersten fünf Güter fünf Teile, die neun Sächsischen oder Themeraner Güter neun Teile, einen Teil das Eigengut, zwei Teile die Herrschaft auf zwei Güter."

Die Güter waren ursprünglich geschlossen und erst nach dem dreißigjährigen Kriege auf dem Erbschaftswege geteilt worden[1], sodaß sie schließlich in Zwei-undbreißigtel, Vierundsechzigtel und selbst Zweiundsiebzigtel zerfielen. Nach dem Feldbuche von 1774 zählte die Flur Bibra mit Morschhausen 1058 Par-zellen, von welchen das Gut 123, die Gemeinde 935 besaß, und in Lamperts-hausen bestanden die 5 ritterschaftlichen und 3 Rittergüter allein aus 205 Par-zellen. Die Zersplitterung nahm aber immer mehr zu, sodaß schließlich die Fluren Bibra und Lampertshausen zusammen aus 6101 Parzellen bestanden, welche durch die Separation für Bibra auf 905 und für Lampertshausen auf 301, zusammen also 1206 Parzellen, reduciert wurden.

Schon zu jener Zeit, da die Güter noch geschlossen waren, befand sich der Bauernstand hier nicht in besonders guten Verhältnissen, da doch nur das Pfarrgut und die drei Höfe einen einigermaßen respectabeln Grundbesitz repräsentierten. Um den bäuerlichen Grundbesitzern ein wenig in die Höhe zu helfen, wurden daher in verschiedenen Zeiten in Gemeinbesitz sich befindende, öd liegende Grundstücke urbar gemacht und verteilt, worauf die zu jedem Gütchen gehörigen gleich großen Steinbachs-, Hürbigs- und Miedsatteln zurückzuführen sein mögen. Auch die außerhalb des Güterverbandes sich befindenden walzenden Grundstücke mögen in gleicher Absicht urbar gemacht worden sein. Dieselben sind: der Finken-, Lerchen-, Kastanien-, Distel-, Malkosen-, Steinrücken-, Schlehnstrauch-, Schlecht-, Rangenacker an der Fischgrube auf der Renthwertshäuser Grenze; die Scharrschmiederslehne, der Dölzen-, Jockels-, Pohlsche-, Denkel-, Spillingsacker auf dem vorderen Grubenhückel, der Elsenbeer- und Vogelheerdsacker auf dem Arnsberge bis ans neue Engelland, der Reeben- und Steigacker unter dem Arnsberge, der Schäfersacker und die Gründleinsabwandung am Schafhofe, der Hunds-, Katzen-, Mausacker am Hundshand; der Brunnstub, Köhlers-, Leuß-kolben-, Leußbusch-, Floßmanns-, Meisterjörgen-, Zimmerfritzen-, Hamsteracker

---

[1] 1701 war der Lampertshof unter 4, der Spans- und Käßröberhof und das Altgut unter 3, das Gabel-, Mühlfelder-, Evrings-, Thor-, Stephans-, Fritzen-, Petershäuser-, Erhardsgut unter 2 Besitzer geteilt, die übrigen 26 Güter befanden sich noch in Einer Hand. Es besaß Lorenz Spieß das Haukmichels-, Kolben-, ½ Gabel-, ¼ Altgut; Hans Brendung das Schwarzhansen- und Morschhäuser-, Steph. Schorr das Schröters-, ½ Mühlfelder-, ¼ Evrings-, Friedrich Hartmann das Zimmererhards- und Kanngießer-, Herr Johann Pfister das Bad-, Beckmichels- und Zier-, Barthel Hölzer das Schmieds- und Heinzen-, Sebastian Leber das Suppen- und Kämpsengut und ¼ Lampertshof. Es gab damals nur 34 bäuerliche Besitzer.

am Lensberg, der Töpfers- und Hackelkammacker im Romeneifelde, der Rommels-, Löbers-, Kämpfen-, Weylandsspitzen-, Leibers-, Kilgen-, Vezel-, Schemrichsfledleinacker vor der Überschaar, der Schneiders-, obere und untere Besenreisigacker am Schopfen, der Frösch-, Gemeinde-, Kaulroggen-, Fisch-, Wachtel-, Fledermaus-, Schindangersacker im neuen Steinbach.

Andere Grundstücke waren von dem Rittergute abgegeben worden und waren deshalb steuer- und soldatenquartierfrei: der Windmühl-, Adams-, Giebel-, Schnecken-, Büchel-, Huthechelacker auf den Grubenhückeln, der Friedrichs-, Tobisen-, Vogelheerds-, Werrbechs-, Rothe-, Jägersacker an der Kärrnersleite und die 26 Morschhäuser Bergäcker, welche, weil sie im Walde lagen, jeder zu 170 ☐ Ruten gerechnet waren und jedes erste Jahr ein Maß Weizen, das zweite ein Maß Hafer, das dritte nichts, aber jedes noch ein Erntehähnlein geben mußten.

Auch die Pfarrei hatte einige Äcker im Pfaffenstrich gegen geringe Abgabe in Erbpacht gegeben: den Zollstock-, Streit-, Hansvoiten-, Priesters-, Rußwurms-, Deutschnickelsacker, Holandsstück und die Pfisterswiesen.

Gegen Mitte des vorigen Jahrhunderts wurden die der Gemeinde gehörigen wüstliegenden Grundstücke an der Landwehr über der Haimmühle und hinter dem Höhn verpachtet, im letzten Jahrzehnt ein bedeutender Complex am Kätzröberwege und Reisigschlage zu Kartoffelland unter 61 Nachbarn verteilt, nachdem bereits 1771 die neuen Krautgärten abgegeben worden waren, 1847 der Reisigschlag vollends gerodet und als Kartoffelland zunächst nach der Erwerbzeit des Nachbarrechtes auf Lebenszeit den Nachbarn übertragen [1] und seit 1881 verpachtet. 1870/71 erblich der Lampertshäuser Fuchszehl, ehedem ein dünn bestandener Birkenwald, urbar gemacht.

Angebaut wurden nach den alten Zehntordnungen Korn, Weizen, Dinkel, türkischer Weizen, Gerste, Hafer, Reis, Hirse, Erbsen, Linsen, Bohnen, Flachs, Hanf, weiße Rüben oder Hayden, Kraut, gelbe Rüben, Futterwicken, Hopfen und Wein. Kartoffeln, Esper, Klee, Luzerne sind erst gegen Mitte vorigen Jahrhunderts eingeführt worden. Sie werden, da damals noch unbekannt, weder als zehntbare, noch als zehntfreie Fruchtarten in den Zehntordnungen angeführt, und ihre Einführung gab deshalb zu mancherlei Zehntstreitigkeiten Veranlassung.

Vom Weinbau zeugen die in ihrer Anlage zum Teil noch wohl erkennbaren Weinberge in Lampertshausen. Wie überhaupt in hiesiger Gegend der Weinbau vor dem 30jährigen Kriege nicht unbedeutend war, durch den Krieg und auch wohl durch veränderte klimatische Verhältnisse aber mehr und mehr in Verfall

---

[1] Gegen Abgabe von 49 kr. jährlich.

geriet, so mag es auch bei uns der Fall gewesen sein, und ungünstige Erträg-
nisse mögen die Lust vollends genommen haben, die verwilderten Weinberge
wieder in Ordnung zu bringen. An Stelle des Weinbaues trat der Hopfenbau,
welcher, wie die Flurbezeichnung Hopfenberg am Arnsbergskopf bezeugt, nicht
ganz gering war, aber wohl nicht über den eignen Bedarf hinausgegangen ist[1]).
Felder und Wiesen waren mit wenigen Ausnahmen hutpflichtig. Der Acker,
welcher nach dem Dreifeldersystem mit besömmerter Brache bewirtschaftet wurde,
wobei als Regel galt, daß die Felge erst nach Michaelis vorgenommen wurde
und daß außerdem zur Bestellung mit Stoppelrüben, Erbsen, Senf rc. nach
der Ernte von jedem Nachbar nur ein halber Acker verwendet werden durfte,
unterlag zu offenen Zeiten, d. h. wenn er nicht bestellt oder mit Wiesen bestanden war, der gemeinschaftlichen Behütung durch die Schafherde des Rittergutes, durch die Rindvieh-, Schweine-, Ziegen- und Gänseherde der bäuerlichen
Besitzer, nachdem zuvor auf den Stoppelfeldern durch das Anspannvieh der
Bauern eine dreitägige Vorhut in der Feldmark Bibra und eine eintägige in
der Wüstung Lampertshausen ausgeübt worden war. Die Wiesen wurden
sämtlich zweischürig benutzt und unterlagen in Bibra der Frühjahrshut bis zum
11. April incl. durch die Schafherde des Rittergutes und der Herbstweide durch
die Rindvieh- und Ziegenherde der bäuerlichen Besitzer, nachdem nach abge-
erntetem Grummet eine dreitägige Vorhut durch das Anspannvieh der Bauern
ausgeübt war.

In Lampertshausen wurden die Wiesen nur im Herbst mit Rindvieh und
Ziegen behütet, nachdem das Anspannvieh der Bauern eine eintägige Vorhut
ausgeübt hatte.

Den Schäfereibesitzern zu Neubrunn hatte man auch eine Koppelhuts-
berechtigung mit ihrer Schafherde zugestanden. Nachdem diese aber schon
früher abgefunden worden waren, wurde die Schäfereiberechtigung des Rittergutes anläßlich der Separation in der Gemarkung Bibra mit 3600 Mk., in
Lampertshausen mit 1200 Mk., die Ziegenhut der Bloßhäusler und Einmieter
mit 546 Mk. abgelöst, die gegenseitige Hütungsberechtigung der bäuerlichen
Besitzer ohne gegenseitige Entschädigung aufgehoben.

Der Wert des bäuerlichen Grundbesitzes war nach unseren jetzigen Begriffen
ein sehr geringer, doch ist der ehedem bedeutend höhere Geldwert nicht zu über-
sehen. 1581 wurde der Wert eines Ackers Artland zu Bibra auf 7, zu Lampertshausen auf 6, zu Aroldshausen auf 4, der Acker Wiese in Lampertshausen
auf 20 fl. fr. angeschlagen[2]). Im Jahre 1682 waren die sämtlichen Häuser,

---

[1]) Noch im Jahre 1776 war nach dem Lehnbuche neben anderen Fronen „Hopfenbergarbeit und Hand-Fron" zu verrichten, für welche jeder Person für ½ Tag 1 Schilling
vergütet wurde.   [2]) Gesch. d. Fr. II. 163.

Hofstätten, Äcker, Wiesen, Rießfatteln, Krautgärten, Gärten u. s. w. behuis
Veranlagung der Steuer, welche darnach ausgeschlagen wurde, mit 6375 fl.
(Lampertshausen mit 1080 fl.), 1706 mit 7290 fl., 1730 mit 8503 fl.,
1755 mit 8713 fl. veranschlagt. Äcker und Wiesen waren dabei in 3 Klassen
eingeteilt: „Gut, Mittel, Böß", und der Äcker Feld gut mit 8 fl. kr., der Äcker
Feld mittel mit 4 fl., Böß 1682 mit 1½ fl., später mit 2 fl., der Äcker
Wiese oder Krautgarten dementsprechend mit 16, 8 und 4 fl. kr. eingeschätzt.

Erwähnt sei noch, daß 1548 an der Reutwertshäuser Grenze, da wo die
alte Nordheimerstraße in der Grube von dem Reutwertshäuserwege rechts abbog
(jetzt Ökonomieweg), ein steinernes Kruzifix gestanden hat.

Lassen die schon oben erwähnten Namen der walzenden Grundstücke zum
Teil auf die geringe Ergiebigkeit derselben schließen, so geben die Flurbezeich-
nungen mehrfach Hinweise auf die frühere Beschaffenheit oder Bodenbenützung
der betreffenden Flurstriche. Die Flurnamen sind in der Bibraer Feldmark:

Badwiesen, Schopfengrund, Höhn, Gründlein, Zwanzig Äcker, Steig,
Langes Gewend, Hopfenberg, Grube, Orbel, Orbelstücke, Ried, Eichenwiesen,
Dammeller, Großer See, Kleiner See, Schopfen, Steinbach, Steinbachsleite,
Tännig, Neuer Rasen, Fuchszehl, Hinter dem Höhn, Vor dem Höhn, Höhn-
grund, Beim steinernen Kreuz, Gemeindeschlag, Überscharfeld, Sandäcker,
Seedämme¹), Kommenei, Erlig, Arnsbergsfeld, Rosengarten, Länsberg,
(früher Lenß- auch Leisberg), Morschhausen, Pfaffenstrich.

In der Lampertshäuser Feldmark finden sich folgende Flurnamen: Hörbig,
Malm, Fuchszehl, Reisigiec, Oberer und unterer Kopf, Granloch, Kesselbrunn²),
Gemeindebaum, Graulache, Beckmann, Im Buch, Kupferstück, Langer Strich,
Alberg, Fichtig, Weinberg, Kirscheneller, Neubrunner Weg, Leimengrube, Sand-
äcker, Röhrig.

¹) Die Dämme zweier übereinander liegenden ehemaligen Fischteiche sind in den dortigen Wiesen noch deutlich zu erkennen. Auch die Wiesflächen des großen und kleinen Sees
waren ehemals Fischteiche. Der am Flurstrich Reisigiec im Lampertsbäuser Güter-Walde
jetzt mit Erlen bestandene, in seinem Umfang noch deutlich erkennbare „Teich" diente demselben Zwecke. Die Fischzucht wurde offenbar ehemals stark gepflegt. — ²) Es gibt folgende
Sage: Es gab vor vielen Jahren in Bibra einige Männer, welche gern reich werden
wollten, ohne viel zu arbeiten. Sie hatten gehört, daß in der Lampertsbäuser Flurmark
noch von jener Zeit her, als da droben das Dörflein gestanden, ein Schatz vergraben sei,
und diesen zu heben war ihr sehnlichster Wunsch. Nach langem vergeblichen Suchen hatten
sie endlich mit der Wünschelrute die richtige Stelle gefunden. Nächtlicher Weile gingen
sie an das schwierige Werk. Nach langer, angestrengter lautloser Arbeit waren sie endlich auf einen Kessel gestoßen, aus welchem beim Schein der Laterne eine Menge Gold
und Silber ihnen entgegen leuchtete, und mit verdoppeltem Eifer waren sie darüber, Gestein
und Erdreich vollends mit Pickel und Schaufel aus der tiefen Grube, die sie schon gegraben
hatten, herauszuschaffen und ihren Schatz in Sicherheit zu bringen. Schon als sie ihre Arbeit
begonnen, waren von Jüchsen über den dunklen Wald herüber bei der Stille der Nacht

Sehr nachteilig für die an sich nur wenig ergiebige Landwirtschaft war nicht bloß die ehedem ungemessene Frone, nach welcher der Pachter oder Guts= verwalter die Bauern in beliebiger Anzahl, und wenn es ihm gerade paßte, zur Fronarbeit bieten lassen konnte, wobei es oft genug vorkommen mochte, daß die Leute erst bei ungünstiger Witterung an ihre eigne Feldarbeit kamen, sondern auch der gewiß bedeutende Wildstand. Denn nicht bloß, daß bei den verschiedenen Erbteilungsverträgen unter den Gliedern der Familie von Bibra, denen das Jagdrecht zustand, auf die Ausübung desselben ein großes Gewicht gelegt wurde, so konnten auch 1580, als durch Vertrag zu Marisfeld lange Jagddifferenzen zwischen den damaligen 3 Besitzern von Bibra und dem alten Grafen Georg Ernst von Henneberg wegen der hohen Jagd in den Waldungen um Bibra dahin beigelegt wurden, daß dem Grafen für seine Person und Lebenszeit auf einem Teile der zu Bibra gehörigen Waldungen allein, auf dem anderen aber gemeinschaftlich mit denen von Bibra zu jagen zustehen solle, wo= für er auf jedes Jagdrecht zu Bauerbach, Wölfershausen und Ritschenhausen Verzicht leistete, die Herren von Bibra versprechen, ihm dafür 15 Stück Hoch= wild zu liefern. Das zu Bibra gehörige Jagdgebiet umfaßte damals außer den schon genannten Fluren auch Teile der Reutwertshäuser, Queienfelder und Jüchsener, sowie die Aroldshäuser Markung und reichte von Bauerbach bis zum schwarzen Stocke. Dem Umfange des Jagdgebietes entsprach auch der Jagdapparat. Noch 1797 wurde vertragsmäßig festgesetzt, daß bei der hohen Jagd die Geschirr= halter, so oft die Reihe an sie kam, das Jagdzeug aus= und einzufahren und das erlegte Wildbret mit nach Hause zu nehmen, die Hintersiedler aber das abgeladene Zeug zu tragen, aufzustellen, niederzulegen und in der Jagdscheune aufzuhängen hatten, daß jeder Fröner sich während der Jagd mit Garn und Spieß am Zeuge anzustellen und, falls er auf seinem Platze ein Stück Wild= bret erlege, als Jägerrecht Kopf und Hals, soweit die Ohren herunterreichen, zu bekommen habe. Zur Niederjagd in der Markung und auf der Koppel nach Hasen, Hühnern, Lerchen und Füchsen mußten die Federlappen und Garne hinausgetragen und aufgestellt, die eingelappten Büsche durchsucht, dann die aufgehobenen Lappen nebst dem erlegten Wilde nach Hause gebracht werden. Jeder Fröner hatte innerhalb der Gemarkung 8, außerhalb derselben 6 Bund Lappen zu tragen, wovon jedes 120—130 Schritte stellte. Die Garne und Lappen wurden anfangs der 30er Jahre dieses Jahrhunderts verkauft, die Jagdscheune 1884

deutlich vernehmbare Hammerschläge getönt; je weiter ihr Werk fortschritt, desto häufiger wurden dieselben, und als sie darüber waren, den Kessel vollends herauszugraben, entstand ein Hämmern und Klopfen, daß einer der Männer sich nicht mehr enthalten konnte, die unbedachte Frage zu thun: „Was die Jüchsener nur jetzt so zu klopfen haben?" Kaum hatte er mit seiner Frage das zu solch geheimnisvollem Thun nötige Schweigen gebrochen, da versank der Schatz vor ihren Augen. Seit jener Zeit heißt der Flurstrich „Kesselbrunn".

eingelegt, der letzte Hirsch, der angeschossen von der Reubrunner Markung herübergekommen war, Mitte der vierziger Jahre in Lampertshausen von einem Bauer mit der Hacke erschlagen. Jetzt findet sich in den Wäldern um Bibra von der hohen Jagd nur noch Rehwild und der vor wenigen Jahrzehnten viel häufigere, jetzt aber trotz aller Schonung infolge der veränderten Waldkultur immer seltener werdende Auerhahn.

VII.
Gemeinderechnungswesen.

Die noch vorhandenen Gemeinderechnungen von Bibra gehen in fast ununterbrochener Reihenfolge zurück bis zum Jahre 1658. Die ältesten sind in ein aus einem einzigen schmalgebrochenen Bogen gebildetes, 4 Blätter enthaltendes Heft geschrieben, von welchen das erste und vierte als Umschlag dienen, auf dem zweiten aber die Einnahmen und auf dem dritten die Ausgaben verzeichnet sind. Erst als man 1683 anfing, die Steuerregister mit den Gemeinderechnungen zu verbinden, wurden diese etwas umfangreicher, es reichten aber noch 2 bis 3 Bogen völlig aus. 1773, wo man, obwohl die Steuerregister weggeblieben waren, schon 8 Bogen brauchte, wählte man Quart-, und 1778 Folioformat. Geschrieben wurden die Rechnungen nach den Aufzeichnungen der „beiden verordneten Vorsteher" von dem Lehrer. Das Rechnungsjahr ging von Petri zu Petri. Beim Petersgerichte wurde die Jahresrechnung vor versammelter Gemeinde in Anwesenheit des Gerichtsverwalters verlesen und von demselben gleich an Ort und Stelle geprüft und justifiziert, was bei dem ehedem geringen Umfange ja keine Schwierigkeiten hatte.

1819 wurde zum ersten Male ein „verordneter beständiger Vorsteher" angestellt, aber schon 1822 kehrte man wieder zur alten Ordnung zurück, nach welcher zwar jedes Jahr ein neuer Vorsteher, aber mit 2jähriger Dienstzeit ernannt wurde, sodaß doch immer 2 fungierten, von welchen der dienstältere als Rechnungsführer, der andere als Beisitzer des Gemeinderechnungswesens zu walten hatten. Erst seit 1840 wird der Rechnungsführer auf je 6 Jahre gewählt und verpflichtet. Das Rechnungsjahr hatte man schon seit 1837 mit dem 1. Januar begonnen.

Durchlaufende, wenn auch nicht immer sich gleichbleibende Posten waren in den alten Rechnungen unter den Einnahmen die Nachbargebühren der Juden, unter den Ausgaben die Zehrungskosten für Gerichtspersonen, Schultheiß, Vorsteher und Zwölfer beim Petersgericht: was sonst bei verschiedenen Veranlassungen, deren es im Laufe des Jahres gar manche gab, „verzehret worden"

7*

oder „zu verzehren gegeben", was die 4 Männer, welche bei dem Mellrichstädter Centgericht erscheinen mußten, erhalten: was die Männer, als den Kühen die Hörner abgeschnitten und die Feuerherde besichtigt wurden, zu ihrer Gebühr bekommen; Dinggeld für den Hirten „über Kühe, Schweine und Gänse"; sowie was den Armen das Jahr über von Gemeindewegen verabreicht worden. Es wurde das bis 1692 nach den einzelnen Gaben, welche sich auf 1 gl., 9, 6 und 3 Pf. beliefen, verrechnet und ist da auffallend, welche Menge fahrenden Volkes, in manchen Jahren bis zu 25 Personen, die Unterstützung der Gemeinde in Anspruch nahmen, und zwar waren das nicht bloß Arme, Lahme, Blinde, Krüppel, mit der schweren Not Beladene, mit der hinfallenden Krankheit Behaftete, Brandbeschädigte, „Verbrandte", „vom Unwetter Schaden Erlittene", Soldaten und Handwerksgesellen, sondern auch vertriebene Schullehrer, vertriebene evangelische Pfarrer, arme Pfarrerwitwen, Arme von Adel, von Türken gefangen Gewesene, ein von den Türken beschädigter Lieutenant, nicht zu vergessen der Kollektanten für Kirchen= und Schulbauten.

Als Beispiel der, was die geringen Anforderungen an den Gemeindesäckel betrifft, im Gegensatz zu heute fast paradiesischen Zustände möge die von Hanßen Werrbach und Peter Rommel geführte Rechnung von 1667 1668 dienen:

„Einnahme anno 1667: 7 gl. 2 Pf. 1 Heller Sindt in anno 66 im Rest behalten worden. 1 fl. 4 gl. 6 Pf. hat dieses Jahr daß Anschneitgeld ertragen. 7 gl. Vor drey Eichen, Lorentz spieß bekommen, 1 fl. 10 gl. 6 Pf. ist Von den vier Juden daß jahr in die gemeint gegeben wordten. Summa Gemelter Einnahme dieses Jahres Thut 3 fl. 8 gl. 2 Pf. 1 heller. So Volget nun hierüber die Außgab anno 1667. 3 fl. auf die Petersrechnung Von der gemeint anno 66 Ver Zehret worden. 1 fl. 5 gl. Von den Zwölfern ver Zehret. 8 gl. 6 Pf. dem flor Knecht Von dem Anschneitgelt gegeben. 2 gl. 10 Pf. dem flor Knecht Zum Dinggelt. 2 gl. 10 Pf. der gänß Hirten tinggelt. 8 gl. 6 Pf. dem Kühhirten tinggeld. 4 gl. 3 Pf. dem Schweinhirten tinggelt. 5 gl. 8 Pf. Zu führlohn alß man den Hirten geholet. 4 gl. 3 Pf. einem Armen von Adel Und beßen Weib, Wie auch einem studirenten Pfarr Herrn gemeint Wegen Ver Zehret. 7 gl. 1 Pf. denjenigen, welche daß jahr Uber die feuer besehen. 2 gl. 10 Pf. dem Obermüller Vor Zwo schmahle Thiel in daß Hirtenhauß Zum stigen, Item 1 gl. 5 Pf. da Von ein Zu schneiden. 1 gl. Zu boten Lohn Balten Köhlern nach Wolfmuthshaußen Wegen der florschützen Wiesen. 8 gl. 3 Pf. denen So nach Meller Stadt gehen müßen Zum gericht. 4 gl. 3 Pf. dem Bronmeister Von Züchsen und 1 gl. Vor Bier Und Brodt. 6 Pf. Vor einen Strick Item 3 Pf. Vor ein Klein Stricklein zum Bron gebraucht. 3 gl. Vor ¾ Pfund flachs. Summarum Aller Gemelten Außgab Thut 7 fl. 8 gl. 5 Pf. Gegen Einander nun abgezogen So Ubertragt Außgab die Einnahm mit 4 fl. 18 gl. 2 Pf. 1 Heller". — 1669 war diese Mehrausgabe überwunden.

In den Jahren 1658—1700 beliefen sich die Einnahmen durchschnittlich auf 39½ fl., und zwar betrug die geringste Jahreseinnahme während dieser Zeit 3 fl. 8 gl. anno 1667, die höchste (1682) 99 fl. 13 gl. Die Ausgaben beliefen sich in der gleichen Zeit auf durchschnittlich 26 fl., und zwar die geringste 1674 auf 1 fl. 17 gl. 7 Pf. (1 fl. 10 gl. 6 Pf. Ist vorm Jahr den 15. Martii nach gehaltener Peters-Rechnung zu der Gemeind Antheil an den Zehrungskosten zugefallen und dem Wirth zahlt. 3 gl. 6 Pf. Nach Besichtigung der Feuer Heerd verzehret worden. 3 gl. 7 Pf. Alß den Kühen die Hörner abgeschnitten worden verthan), die höchste 1682 auf 82 fl. 9 gl., die durchschnittliche Mehreinnahme betrug im gleichen Zeitraume 13 fl.

1701—1750 betrug die durchschnittliche Jahreseinnahme 203 fl., die durchschnittliche Jahresausgabe 56 fl., die durchschnittliche Mehreinnahme 147 fl. Die geringste Einnahme hatte 1703 mit 64 fl., die höchste 1738 mit 405 fl. Die geringste Ausgabe betrug 1714 23 fl. 10 gl., die höchste mit 271 fl. brachte der Gemeindehausbau 1738.

1750—1800 betrug im Durchschnitt die Jahreseinnahme 636 fl., die Ausgabe 267 fl., die Mehreinnahme 369 fl. Die geringste Einnahme hatte in diesem halben Jahrhundert das Jahr 1769 mit 251 fl., die höchste 1796 mit 1428 fl. Die geringste Ausgabe hatte 1755 mit 39 fl., die höchste 1799 mit 1099 fl.

1800—1838 belief sich die durchschnittliche Jahreseinnahme auf 2001 fl., die Ausgabe auf 649 fl. Die niedrigste Einnahme hatte das Jahr 1807 mit 278 fl., die höchste 1836 mit 5539 fl. Die niedrigste Ausgabe das Jahr 1812 mit 195 fl., die höchste 1836 mit 4030 fl. Die Verhältnisse der Gemeindecasse waren damals glänzende, hatte sie doch von 1801—1837 eine Mehreinnahme von durchschnittlich 906 fl., die allerdings in den Kriegsjahren bedeutend herunterging, 1806 auf 18 fl., 1807 sogar bis auf 13 Pf., von da an aber fast jedes Jahr stieg bis sie 1831 mit 1981 fl. ihre höchste Höhe erreichte.

Von 1658—1838 hatte dennoch die geringste Einnahme das Jahr 1667 mit 3 fl. 8 gl., die höchste 1836 mit 5539 fl. Die geringste Ausgabe hatte das Jahr 1674 mit 1 fl. 17 gl., die höchste 1836 mit 4030 fl. Zur Vermehrung der Einnahmen trug namentlich bei der Ertrag ehemals wüstliegender, im Laufe der Zeit aber urbar gemachter Gemeindegrundstücke, der Erlös für verkauftes Obst und Holz. Die vermehrten Ausgaben sind zurückzuführen auf die von Jahr zu Jahr sich steigernden Anforderungen an das Gemeinwesen.

Bis zum Jahre 1837 war trotz der Kriegszeiten ein nicht unbeträchtliches Kapital gesammelt worden. Der Grund dazu wurde 1717 dadurch gelegt, daß alte Resten beigetrieben und verzinslich angelegt wurden. 1750 war das Kapital auf 189 fl., 1758 auf 323, 1765 auf 473, 1770 auf 508, 1783 auf

668, 1794 auf 953, 1799 auf 1089 fl. gestiegen und sank dann wieder bis auf 956 fl. Gegenwärtig beträgt dasselbe 7269 Mk.

Ein völlig verändertes Bild gegenüber den einfachen Verhältnissen vor 200 Jahren, wie sie die obenangeführte Rechnung von 1667/68 und der Ausgabenachweis von 1674 kennzeichneten, bietet die letzte, jetzt abgeschlossene Rechnung von 1890. Dieselbe weist nach eine Einnahme von 8871 Mk. und zwar 2044 Mk. Bestand von voriger Rechnung, 1481 Mk. aus der Waldung, 2091 Mk. aus landwirtschaftlichem Grundbesitz (1515 Mk. Pachtzins, 578 Mk. für verkauftes Gras, Obst, Steine ꝛc.), 85 Mk. aus Gebäuden (66 Mk. Gemeindeschmiede), 148 Mk. aus sonstigen Gemeindenutzungen (100 Mk. Jagdpachtgeld), 278 Mk. Kapital zinsen, 1515 Mk. 50% Gemeindeumlagen, 791 Mk. sonstige Gemeindeabgaben (198 Mk. Straßengeldanteil, 362 Mk. Bieralgabe von 3 Wirtschaften, 95 Mk. Schulgeld, 87 Mk. Hundesteuer), 37 Mk. Polizeistrafen, 270 Mk. aus Gemein (145 Mk. Beitrag der Nachbarn für das Faselvieh). Dieser Solleinnahme gegenüber steht eine Ausgabe von 6303 Mk. und zwar: 633 Mk. Besoldung der Gemeindebeamten (der Schultheiß 185 Mk., der Rechnungsführer 105 Mk., der Flurer 121 Mk., der Gemeindehirt 92 Mk., der Standesbeamte 55 Mk., der Stellvertreter 13 Mk. 75 Pf., der Gänsehirt 9 Mk., die Hebamme 26 Mk., Polizeidiener 25 Mk.), 509 Mk. sachlicher Aufwand, 1750 Mk. Gehalte bei dem Schulwesen (Besoldung für 2 Lehrer, 60 Mk. Fortbildungsschule, 17 Mk. Nähunterricht), 25 Mk. sachlicher Aufwand bei dem Schulwesen, 282 Mk. auf die Waldung, 10 Mk. Zinsen, 183 Mk. auf das Armenwesen, 1238 Mk. auf die Straßen, 734 Mk. auf sonstige Gemeindeeinrichtungen (106 Mk. für Brunnenarbeit, 43 Mk. dem Brunnenleiter, 34 Mk. dem Fleischbeschauer, 220 Mk. für den Eber, 325 Mk. für die Haltung des Bullen), 435 Mk. Steuern, Kreisumlagen (270 Mk.), Sporteln, 168 Mk. Erlasse, 280 Mk. ins Gemein. - Ein Überschuß von 2568 Mk. in Resten war zwar vorhanden, konnte aber nur erzielt werden durch Erhebung von 50% Umlagen. Dafür erfreuen wir uns aber auch außerordentlicher Fortschritte auf allen Gebieten, wir wollen nur erinnern an die zwei, welche allerdings der Gemeinde ganz besonders im Säckel liegen, Straßen und Schulen, welche vor 200 Jahren freilich noch niemanden belasteten, die aber heute doch wohl kein Mensch missen möchte.

Neben der Gemeinderechnung von Bibra führt die Lampertshäuser Waltungsgemeinde durch einen eigens dazu bestellten Rechnungsführer ihre besondere Rechnung, deren aus dem Ertrage der Lampertshäuser Gemeindewaldung und einiger Gemeindegrundstücke sich ergebenden Einnahmen die in der Hauptsache aus dem Beitrage zur Kreiskasse, der Besoldung für Schultheiß und Rechnungsführer und Holzmacherlöhnen bestehenden Ausgaben nicht unerheblich übertreffen, sodaß fast alljährlich die Überschüsse unter die Lampertshäuser Nachbarn nach Maßgabe ihrer Anteile an den ehemaligen Gütern verteilt werden können.

VIII.
Stiftungen bei der Gemeindekasse.

Mit der Gemeindekasse werden zwei Stiftungen verwaltet, über welche im Anschluß an die Gemeinderechnung Rechnung gelegt wird, das Popp'sche Legat und die Freiherrlich von Bibra'sche Stiftung für arme eheliche Wöchnerinnen.

a) Das Popp'sche Legat wurde durch die den 2. Mai 1851 in Bamberg verstorbene Gastwirtswitwe Kunigunde Popp, vormals in Adelhausen, durch Testament vom 25. Oktober 1850 in Höhe von 100 fl. gestiftet zu dem Zwecke, daß in Bibra ihrer, ihres Mannes und ihres Sohnes, welche ihr beide im Tode vorausgegangen waren, gedacht werde. Die Popp'schen Eheleute hatten hier nämlich längere Zeit die Gastwirtschaft gepachtet und dadurch den Grund zu einem bedeutenden Vermögen gelegt. Die damals zu Rechte bestehende Ortsarmenkommission, welche über das zu Armenzwecken gestiftete Kapital zu verfügen hatte, beschloß unter Genehmigung des Herzoglichen Verwaltungsamtes v. 7. Juli 1851, daß die Stiftung unter dem Namen „Popp'sches Legat" verwaltet und der Abwurf zur Unterstützung armer Kranker und zur Bezahlung der für diese nötig werdenden Medikamente verwendet werden solle. Ein Bestand von 33 Mk. 69 Pf., der sich im Laufe der Zeit angesammelt hat, soll zum Kapital geschlagen werden. Es würde dann der Kapitalstock 205 Mk. 12 Pf. betragen.

b) Die Freiherrlich von Bibra'sche Stiftung für arme eheliche Wöchnerinnen wurde begründet von dem damaligen Konsistorialdirektor Otto Freiherrn von Bibra, welcher 1842 50 fl. stiftete unter der Bedingung, daß dieselben von der Gemeindekasse getrennt verwaltet und von dem Zinsabwurfe arme eheliche Wöchnerinnen nach vorausgegangenem Vorschlage des Pfarrers und darauf erfolgter Genehmigung des Stifters oder dessen Nachkommen unterstützt werden sollten. 1844 fügte der Bruder des Stifters, Alfred Freiherr von Bibra, Oberamtmann zu Römhild, 50 fl. zu dem Stammkapital hinzu.

1846 schenkte Otto von Bibra nochmals die gleiche Summe, und ebenso 1874 sein Sohn Alfred von Bibra, damals Amtsgerichtsrat in Salzungen, z. Zt. Geheimer Justizrat in Meiningen, sodaß nunmehr das Kapital 200 fl. gleich 350 Mk. 86 Pf. betrug. Obwohl nun aus dem Abwurfe der Stiftung im Laufe der Jahre 66 Unterstützungen, in früherer Zeit in Höhe von 4 5 fl., neuerdings zu 12, 15, selbst 18 Mk. verwilligt worden sind, war doch das Kapital bis 31. Dezember 1890 auf 521 Mk. 43 Pf. gewachsen, während gleichzeitig ein verfügbarer Bestand von 81 Mk. nachgewiesen werden konnte. Anläßlich des am 4. März 1891 erfolgten Todes seiner Mutter Marie von Bibra geb. von Uttenhoven, welche s. Zt. die erste Anregung zu der Stiftung gegeben hatte, sah sich Herr Geh. Justizrat von Bibra veranlaßt, unter einigen die Verhältnisse der Stiftung näher bestimmenden Bedingungen weitere 100 Mk. zu schenken, sodaß gegenwärtig das Stiftungskapital sich auf 621 Mk. 43 Pf. beläuft.

IX.
Die Pfarrei Bibra.

Die Pfarrei Bibra gehörte in katholischer Zeit zu dem Rektorate, späteren Landdekanate Mellrichstadt und war durch die innerhalb des Parochialbezirkes liegende, als vielbesuchter Wallfahrtsort weit bekannte Kapelle Unserer lieben Frau auf dem Lucienberge i m Mittelalter für die ganze Gegend von hoher Bedeutung, welcher auch ihr Umfang entsprach, denn, ihr unterstanden in älterer Zeit Nordheim, Wolfmannshausen, Reurershausen, Lucienfeld, Wölfershausen, vielleicht auch Ritschenhausen, Sülzfeld und Henneburg. Zwar ist früher behauptet worden, Bibra sei in kirchlicher Beziehung von Ritschenhausen abhängig gewesen und erst im 14. oder 15. Jahrhundert zur selbständigen Pfarrei erhoben worden [1]. Allein dem widerspricht nicht nur der Umstand, daß bereits 1207 ein Pfarrer von Bibra urkundlich erwähnt wird [2], sondern auch die verhältnismäßig große Landdotation der Pfarrei [3], welche, nach ihrer früheren Flurlage zu schließen, wenn nicht vor, so doch mindestens gleichzeitig mit der Austeilung des bäuerlichen Grundbesitzes für die Pfarrei ausgeschieden worden sein muß; und daß der erste erwähnte Pfarrer als Kleriker des Bischofs bezeichnet wird, also offenbar eine Stellung am bischöflichen Hofe einnahm, dürfte wohl als sicherste Bürgschaft für die schon damals hohe Bedeutung der Pfarrei Bibra angesehen werden. Eher dürfte deshalb eine ursprüngliche Abhängigkeit der Pfarrei Ritschenhausen mit dem bis 1464 dazugehörigen Sülzfeld und der Henneburger Schloßkapelle von der Pfarrei Bibra, als umgekehrt stattgefunden haben: wann aber die Lösung des Abhängigkeitsverhältnisses in der einen oder anderen Weise stattgefunden hat, muß dahingestellt bleiben. Anstatt Ritschenhausens, dessen Beziehungen zu Bibra nicht nachgewiesen werden können, sind im 14. Jahrhundert

---

[1] Neue Beiträge zur Geschichte deutschen Alterthums. Herausgeg. von dem Henneb. alterthumsf. Verein, II. 260. — [2] Mon. boic. 37. S. 132. [3] Das Pfarrgut umfaßte 61 ½ Acker, bedeutend mehr als irgend eins der 34 Bauerngüter, und lag wie diese im Arnsbergs-, Reisig- und Überscharfelde.

Jüchſen mit ſeiner Kirche des h. Petrus und Paulus und Neubrunn Filiale
von Bibra geweſen, welche durch einen Kaplan von Bibra aus verſehen wurden,
ein Verhältnis, welches bis zur Einführung der Reformation beſtand, infolge
deren 1544—54 Jüchſen zur ſelbſtändigen Pfarrei erhoben und Neubrunn ihr
zugeteilt wurde. Aber noch 1555 klagte der Pfarrer Walther von Jüchſen,
daß die Gemeinde ſich mehr an den Bibraer Pfarrer halte und ihn nicht als
ihren Seelſorger anerkennen wolle [1]. Auch die Beſoldungsverhältniſſe der neuen
Pfarrei waren noch keine zufriedenſtellenden, denn noch waren die Anſprüche
des Bibraer Pfarrers Moritz Schatz an die Jüchſener und Neubrunner Gefälle
zu berückſichtigen, weshalb zuerſt der Pfarrer Adam Heyden und dann deſſen
Nachfolger Walther mit der Pfarrei Bibra einen Vertrag abſchloſſen, nach
welchem ihnen freilich nur die geringe Beſoldung des früheren Kaplans verblieb.
Nach dem im Frühjahr 1569 erfolgten Tode des Pfarrers Schatz von Bibra
wendete ſich der Pfarrer Walther an den Grafen von Henneberg mit der Bitte,
daß derſelbe die Pfarrbeſoldung von Jüchſen und Neubrunn feſtſtellen und das
Domkapitel zu Würzburg, welches die Pfarre zu Jüchſen als ſein Recht und
den Zehnten zu Neubrunn als ſein Gut anſehe, zu Rechte bringen möge [2].
Der Graf nahm ſich ſeines Pfarrers an und inhibierte ſowohl in Jüchſen wie
in dem benachbarten Lucienfeld, welches ſeit 1542 zugleich mit Meiningen aus
würzburgiſchem Beſitz in den ſeinen übergegangen war, die Leiſtung der bisherigen Gefälle an die Pfarrei Bibra.

Lucienfeld war ebenfalls das ganze Mittelalter hindurch Filial von Bibra
geweſen und von da aus durch Kapläne verſehen worden, denen an den Wallfahrtstagen noch der Pfarrer von Nordheim aſſiſtierte, wofür er 7 fl. von
Lucienfeld bezog. Als 1417 Wilhelm v. d. Kere ein Gut zu Zell bei Weſten-
feld der Kirche Unſerer lieben Frauen auf dem Lucienberge ſchenkte, wurde der
Pfarrer von Bibra ausdrücklich als Pfarrer von Lucienfeld bezeichnet. Nach
Einführung der Reformation wurde auch Lucienfeld von Bibra abgepfarrt und
in ähnlicher Weiſe wie bei Jüchſen ein Vertrag mit der Bibraer Pfarrei abge-
ſchloſſen, nach welchem derſelben gewiſſe Abgaben in Lucienfeld verbleiben ſollten,
aber ſchon Pfarrer Eping von Bibra hatte deshalb Irrungen mit Lucienfeld [3].
Unter Moritz Schatz ſcheint die Sache gütlich abgegangen zu ſein, aber bald
nach ſeinem Tode beantragte den 8. Februar 1569 wie der Jüchſener Pfarrer,
ſo auch Nicolaus Stenerlein von Lucienfeld, daß ſeine teilweiſe Beſoldung nicht
mehr von der Pfarrei Bibra in Anſpruch genommen werden möge. Er ſchrieb,
es habe der Pfarrer von Bibra den Zehnt von etlichen Äckern zu Lucienfeld,
obſchon derſelbe zur Ortspfarrei gehöre, bisher eingenommen, auch behaupte
dieſer, daß der Zehnt ein Stück des Würzburger Kapitelzehntes ſei und deshalb

[1] Neue Beitr. II. 202.   [2] Neue Beitr. II. 203. — [3] l. c. II. 164.

ihm zuſtünde. Dies alles aber ſei gegen die alten Urkunden. Er bäte um
Recht und Beiſtand[1]). Bereits den 26. Juli desſelben Jahres ſah ſich der
neue Pfarrer von Bibra, Joſua Loner, im Hinweis auf die nahe bevorſtehende
Ernte veranlaßt, folgende[2]) Beſchwerdeſchrift an die Gebrüder Stephan, Hans
und Heinrich von Bibra zu richten:

„Edle und Ehrenveſte, Mein gebet zu Gott ſampt ganz willigen und
gefliſſenen dienſten ſein E. E. zuvor. Großgünſtige liebe Junkern. Es tragen
E. E. gut wiſſen, welcher geſtelt ſie mich neulichen aus dem Churfürſtenthumb
Sachſen hierher gen Bibra zu einem pfarhern vocirt und beruffen, darumb das
ich alſo Gotteswort rein und lauter predige, die Sacramente nach Chriſti
einſetzung reichen, und alſo die pfarkinder zu rechtem Gottesdienſt, chriſtlicher
zucht und erbarkeit weiſen ſolte, wie ich denn, ohne Rhum, bisher nach ver=
mögen gethan und auch mit verleihung des Almechtigen furter treulich thun
wil, hette derhalben verhofft, es ſolte mir auch billich das verſprochene und
zugeſagte einkommen und jehrlich nutzung der pfarr, gleich meinem vorfarn
ſeligen rmiglichen gefolget ſein. So leſt es ſich doch anſehen, als ſolte mir die
nutzung, ſo einem pfarhern zu Bibra von altersher und allwegen gefolget, itz
aufgehalten werden, der ich mich doch gar nicht verſehen; dan ſo einem pfarher
zu Bibra entzogen werden ſolt, wie ich doch nicht hoffe, wurde es nicht allein
der pfar zu höchſter ſchmelerung gedeyn, ſondern auch mir, meinem weib und
kleinen unerzogenen kinderlein, deren ich dan, wie E. E. wiſſen, ein gutes
Heuflein habe, zu großem abbruch und ſchmelerung unſerer narung und unter
haltung gereichen. Iſt derhalben an E. E. meine ganz vliſſige bitte, ſie wolten
ſolchs nochmals bey dem Durchlauchtigen Hochgebornen Fürſten und Herrn zu
Hennenbergk u. ſ. w., meinem Gnedigen Herrn, gebürlich anſuchen. Bin der
tröſtlichen zuverſicht, ſein F. G. als ein chriſtlicher und löblicher Fürſt werde
den Ihren gar nicht geſtatten, das ſie einen armen pfarhern etwas wider ſo
alte ſtiftung und herkommen entziehen ſolten, ſondern werde dieſe billiche ver=
ſchaffung thun, das mir dasjenige, ſo mir an obgemelten beyden zehenden zu
Luchenfeld und Jüchſen jehrlichen einzunehmen gebürt, gleich meinem vorfahren
ſeligen rmiglichen volge und gereichet werden möge. E. E. wollen ſich hierinnen
günſtig erzeigen, in bedenken, das die liebe Ernde vorhanden und dieſe ſachen
keinen verzug leiden will, darumb E. E. mit meinem gebet zu gott und ſonſten
nach meinem geringen vermögen zu verdienen bin ich jeder zeit ganz willig und
gevliſſen.

Den 26. Juli anno 1569.

E. E. ganzwilliger
M. Joſua Loner pfarher zu Bibra.

---

[1]) Neue Beitr. II. 155. — [2]) Die betr. Schreiben befinden ſich noch im Pfarrarchive.

Die Junker von Bibra nahmen sich seiner an und machten Vorstellungen bei
dem Grafen. Bereits den 2. August kam es zur Verhandlung in Obermaßfeld,
bei welcher der Hennebergische Superintendent die Abfindung mit einer jährlich
zu zahlenden Geldsumme anstatt des Naturalzehntes vorschlug, worauf den
3. August ein Schreiben des Grafen an die Herren von Bibra erging, in welchem
es nach Erledigung einer anderen Sache heißt: „Daneben seindt wir diesen
Morgen von unseren Rethen, so wir gestrichs tags unseren pfarhen und underthanen
zu Queyenfelt und Jüchsen halben zu euch und den euern gein Obermaßfelt
geordnet, berichtet worden, was daselbst aus unserem Bevelch durch die
unsern und dan euers theils vorbracht.

„Wiewol wir uns nuhn gar keinen Zweifel machen, es werde aus Crafft der
unsern gestrichs tags in unserm Namen vorgebrachten ursachen, grundt und
Documenta kein vernunfftiger und unpartehischer uns mit fugen zumuthen können
noch sollen, das wir als des Orts unwidersprechlicher Landesfurst, dem die
Visitation auch Bestellung heilsamer notwendiger Sehlensorg der Unsern von
Gotts und Amtswegen gebührt und obliegt, die geringe Contributiones, So
unsere arme underthanen Niemandt anderst den ihren Sehlsorgern von Alters
zu geben Schuldig, mit noth, mangel und durstigkeit unser Kirchendhiener auswertigen,
und denen, so sich unserer Underthanen Sehlsorg des Orts im Allerwenigsten
nit annehmen, deren sich auch viel Jhar geeussert, in Wenigen oder
viel volgen zu lassen schuldig sein solten. Dieweil aller Vernunfft, billigkeit,
geistlichem und weltlichem Rechten nach Niemandt anders die Belohnung dan
dem, der die mühe und Arbeit tregt, gebühren mag. Dieweil aber dannocht
gestrichs tags durch unsern Superintendenten (doch uns in allewege unvorgegriffen)
in Vorschlagl geschehen, dessen dan du Heinrich von Bibra dich notturfftig zu
berichten, als erwarten wir hierauff, doch unbegeben unsers Rechtens, euerer
ereleruug. Alsdan seindt wir uns darauff und nach gelegenheit denselbigen also
zu ereleren erbüttig. Das Ihr zu Sparen(?) haben sollet. Wir seien aller
unbilligkeit entgegen und unholt. Welches wir euch zu gnediger Antwort nicht
wolten verhalten. Und seindt euch mit gnaden gewogen. Datum Kündorf am
3. Augusti Anno 1569“.

Eine Einigung fand vorläufig nicht statt. Nachdem 3 Jahre lang die
Zehnten von Queienfeld und Jüchsen vorenthalten worden waren und die Junker
von Bibra ihren Pfarrer mit Geld dafür entschädigt hatten, wendeten sie sich
an das Domcapitel in Würzburg mit folgendem Schreiben:

„Ehrwirdige Wolgeborne und Edle Herrn. Euer Ehrwirden und gnaden
seien unser underthenig willig dinste zuvor, gnedige Herrn. E. E. und G.
können wir auß erheischender unser Noturfft underthenig nicht Pergen, wie das
unß von dem durchleuchtigen hochgebornem unserm Gnedigen Fursten und Herrn
von Hennebergl von wegen zweyer Zehenden zu Juchsen und Queienfeldt, die

als Filialen ihn unter Pfar Bibra gehörig, eintragt geschieht. Also das solche
Pfar gerechtigkeit und nutzung unser Pfarr Bibra nuhmmehr drey Jar vorent
halten, und itzo die kunfftige nutzung auch vor der Handt. Und wie wohl wir mit
ihren Fürstlichen Gnaden unÿ. vor derselben geordneten Rethen ihn gutlich
underhandlung etlichmals eingelassen, Nach dem aber zwischen weilandt Herr
Moritzen Schatz, unserm alten Pfarherrn zue Bibra seligen, und dan den beden
Pfarherrn zue Jnchsen und Lucienfeldt nnmb Nachbarschafft willen Contract
aufgericht worden (davon E. E. und G. wir glaubwirdige Copeien hiben ver-
wart zusenden), sindt wir ihn Hofnung gewesen, Jhre fürstliche gnaden solten
dieselben gegen Naczvolgenden unserm Pfarhern widerumb haben renoviren und
ufrichten lassen, welches aber bey ihren fürstlichen Gnaden uf diese Stunden
keine Stad haben oder bewilligt werden wöllen, sondern nuÿ furgeschlagen,
das wir eine jerliche geldt Summa, daben es ewiglichen bleiben möcht, fordern
solten, darauf man sich ferner wolt Erkleren, welches wir aber ohne E. E. und
G. vorwissen und verwilligung nicht eingehen wollen, sondern unÿ uf die alten
Contract referirt und gezogen. Wir haben auch uf dem Ersten gutlichen under-
handlungstage, weil gerurt unser bitten und suchen nicht Stadt gefunden, umb
Arrest angelanget, welches also bewilligt worden; so ist doch solch Arre-
stirt gebraidt, nachdem sich die sachen ihn verlengerung gezogen, von den beden
bemelten Pfarhern zue Jnchsen und Lucienfeldt eingenommen und ihn ihren
nutz gewend worden und dem bewilligten Arrest nicht volg geschen, und haben
wir nichts destoweniger unserm Pfarhern zue Bibra zur berurte Zehenden ver-
schiener Jaren, sintemal ihm dieselben nicht gefolgt worden, darumb ahn geldt
ein abtrag thun mussen, dieweil dann, Ehrwirdige und gnedige Herrn, solches
gemeldter unser Pfar zue Bibra (die E. E. und G. leben) zue grossem merk-
lichen abbruch unde schmeleru ng geraicht, ohne welche nutzbarkeit sich auch ein
Pfarherr bey unÿ nicht wol erhalten kan, so gelanget An E. E. und G. unser
underthenig vleissig bitte, E. E. und G. wolten sich der sachen selbsten als derselben Lehensbeschwerung annemen, hochermeltem unserm Gnedigen Fursten und
Herrn von Hennenbergk darumb ihn schrifften ersuchen, und so viel muglichen
dahin handeln, das unÿ ahn gemelter unser Pfarr kein abbruch geschen, sondern
unÿ umb die drey ansstehende Jarsnutzung berurter Zehenden abtrag und
vergleichung ervolge, auch die itz kunfftig nutzung unserm Pfarhern gevolgt und
erstat werde, vorth n auch gerruich dabey bleiben möge. Das sindt umb E. E.
und G. wir ihn underthenigkeit zu verdienen willig und gevlissen. dat. den
5. Julii Anno 1572.

Steffen Hanß und Heinrich
alle von Bibra gebruder und Vettern."

Einen wesentlichen Erfolg scheint dieser Aurnf des Würzburger Domkapitels
für die evangelische Pfarrei nicht gehabt zu haben. Von Jüchsen und Neu-

bruun wurde gar nichts mehr abgegeben. Die zehntbaren Äcker in Lucienfeld dagegen gaben fernerhin bis in die neuere Zeit je 1 ggl.

Wölfershausen war schon ursprünglich nach Ritschenhausen gepfarrt und später, als es eine eigene Kirche erhalten, als Filial dazu gezogen worden, aber als eine Lösung zwischen Bibra und Ritschenhausen stattfand, als Filial nach Bibra gekommen, war also auf alle Fälle schon längst vor der Reformation bei Bibra. Weil jedoch der Bibraer Pfarrer sich den hennebergischen Visitatoren, zu deren Bezirk Wölfershausen gehörte, nicht zur Visitation stellen wollte, wurde 1555 Wölfershausen zu Ritschenhausen gezogen, war aber 1566 schon wieder bei Bibra¹). Als jedoch den 12. Dezember 1603, den 18. April und 11. Juni 1604 der damalige Pfarrer von Bibra, Johann Zupp, vergeblich vom Konsistorium zu Meiningen aufgefordert wurde, wegen seines Filiales Wölfershausen eine Zirkularpredigt zu Meiningen zu halten, da Bernhard von Bibra dem Konsistorium erklärte, es sei solches früher nicht geschehen, namentlich nicht unter dem Pfarrer Wenzel (1572—95), weshalb man es beim Alten lassen möge, wurde den 28. November 1604 Wölfershausen endgültig von Bibra abgetrennt und mit Ritschenhausen vereinigt²).

Rentwertshausen, in welchem die Herren von Bibra schon 1360 begütert waren, hatte bereits vor der Reformation eine eigene Kirche und eine besondere Vikarie, als deren Patron 1526 Kaspar von Bibra bezeichnet wird³) und die damals Moritz Schatz, der spätere Pfarrer von Bibra, inne hatte. Dieselbe unterstand unzweifelhaft der Pfarrei Bibra, welche auch nach der Reformation, als Rentwertshausen Filial von Ellingshausen geworden war, die Kinder zu taufen⁴) und auch sonst wohl manchmal den Ellingshäuser Pfarrer zu vertreten hatte, bis 1632 Rentwertshausen mit dem Filiale Wölfershausen auf kurze Zeit zur eigenen Pfarrei erhoben wurde. Die Pfarrei Bibra bezog auch noch Geldabgaben von Grundstücken, die aber später, als Rentwertshausen zu Lucienfeld geschlagen worden war, von den dortigen Pfarrern in Anspruch genommen wurden.

In Ellingshausen hatte der Pfarrer von Bibra nach den gelegentlich der Visitation 1555 gemachten Angaben der Gemeinde die Sakramente zu weihen und damit vorzustehen, wofür sie ihm nach Angabe des Pfarrers fünf Opfertage, nach ihrer eignen nur vier und ein wenig Heuzehnt zu geben hatte. Hieraus scheint sich zu ergeben, daß die Kirche zu Ellingshausen ursprünglich von Bibra abhängig war⁵).

---

¹) Neue Beiträge. II. 260. — ²) l. c. 159. — ³) Gesch. d. Frh. II. 138. — ⁴) Neue Beitr. II. 257. Bis 1614 begrub Rentwertshausen seine Toten auf dem Lucienberge, dann in Lucienfeld. Seit 1632 hat es einen eignen Friedhof. — ⁵) Neue Beiträge. II. 255.

Nordheim war schon in katholischer Zeit eine selbständige Pfarrei, zu welcher Wolfmannshausen als Filial gehörte. Auf frühere Abhängigkeit derselben von der Pfarrei Bibra weist nicht bloß der Umstand, daß der Pfarrer von Nordheim an den Wallfahrtstagen die bibraischen Kapläne bei dem Gottesdienste auf dem Lucienberge zu unterstützen hatte, wofür er 7 fl. erhielt, sondern ganz besonders auch, daß bis zur Reformation dem Pfarrer von Bibra bezüglich der Pfarrei Nordheim das Kollaturrecht zustand, wie durch die die Abpfarrung der Kirche zu Wolfmannshausen von Nordheim betreffende Urkunde von 1488 und den Landkapitelbericht des Dechanten Pfnörr von Mellrichstadt 1526 bezeugt wird, in welchem es heißt: Northeym in Grabfeld, patronus pastor Ecclesiasticus in Bibra[1]).

Als 1488 die Kapelle des hl. Egidius in Wolfmannshausen von Nordheim abgetrennt und zur Pfarrkirche erhoben wurde, wurde dem Pfarrer von Bibra das Kollatur- und Patronatsrecht auch bezüglich dieser ausdrücklich gewahrt[2]), ein Recht, welches gerade so wie das Nordheimer Patronatsrecht mit der Reformation aufhörte. Der erste Wolfmannshäuser Pfarrer, Georg Schmidt (1488—1504), war thatsächlich vom Pfarrer von Bibra präsentiert[3]).

Von den mannigfachen Beziehungen, in welchen sonach die Pfarrei Bibra zu einer ganzen Reihe benachbarter Orte gestanden hat, haben sich bis in die Gegenwart nur die zu dem von Mitte des 14. Jahrhunderts bis 1684 den Herren von Bibra gehörigen Bauerbach erhalten. Ursprünglich war dasselbe wohl nach Bibra eingepfarrt, zur Zeit der Reformation errichteten jedoch die Herren von Bibra ein eigenes Kirchlein zu Bauerbach, in welchem der Bibraer Pfarrer alle vier Wochen und an den zweiten Tagen der hohen Feste Gottesdienst zu halten hatte. Nach dem dreißigjährigen Kriege[4]) kam Bauerbach an den Pfarrer und Dekan von Untermaßfeld, welcher als gleichzeitiger Pfarrer von Ritschenhausen in letzterem Orte wohnte und erst 1680 wieder seinen Wohnsitz in Maßfeld nahm, während sein Schwiegersohn und Gehülfe in Ritschenhausen wohnen blieb und von da aus 1684—86 Bauerbach verwaltete[5]). 1718 wurde dasselbe wieder von Maßfeld abgetrennt und zu Mühlfeld geschlagen. Bald darauf erhielt es in Christian Friedrich Bauer, dem Sohne des Mühlfelder Pfarrers, seinen eigenen Kollaborator, welchem den 10. November 1733 Joh. Georg Hunneshagen folgte. Wenig später hatte aber der Pfarrer von Mühlfeld den Filialdienst zu Bauerbach[6]), bis es den 24. Juni 1754 mit Genehmigung der Gutsherrschaft wieder Filial von Bibra wurde. Die Gemeinde Bibra

---

[1]) N. Beitr. 228. 406. — [2]) l. c. 406. — [3]) l. c. II. 401. — [4]) l. c. 154. Jedoch noch 1671 bezeichnete sich im Kirchenbuch der Pfarrer Joh. Just. Hanff von Bibra als „izziger Zeit unwürdiger Pfarrer und Seelen-Wächter zu Bibra und Bauerbach". — [5]) Neue Beiträge II. 268. — [6]) l. c. 154.

indes nahm daran Anstoß und machte deshalb dem Pfarrer Christ. Erasm. Freißlich Vorwürfe, welchen derselbe 1763 in einer Eingabe die Behauptung entgegenstellte, daß diese Verwaltung der Gemeinde Bibra nicht nachteilig sein werde, wenn sie nur nicht selber den Segen seiner Amtsverwaltung hindern wolle. 1806 wurde Bauerbach von neuem zu Maßfeld geschlagen. Da jedoch die dortige Gemeinde beharrlich dagegen protestierte und es sich herausstellte, daß sie 1718, als Bauerbach mit Mühlfeld vereinigt wurde, den Pfarrer für seinen desfallsigen Verlust entschädigt hatte [1], kam Bauerbach den 27. Oktober 1810 wieder an Bibra und wurde von hier aus bis 1866 verwaltet. Als Pfarrer Justin Freißlich wegen seines hohen Alters um Erleichterung seiner Amtsthätigkeit bat, ging mit dem 1. Advent gedachten Jahres die pfarramtliche Verwaltung Bauerbachs an den Pfarrer H. Starkloff von Ritschenhausen über und kam erst nach dessen Tode, den 15. November 1886, an Bibra zurück. Es hat daselbst der Bibraer Pfarrer jeden vierten Sonntag und den zweiten Tag der hohen Feste vor- und nachmittags Gottesdienst und vorläufig bis zur Vollendung der im Bau begriffenen Straße den Konfirmandenunterricht zu halten.

---

[1] l. c. 356.

X.
Dotation der Pfarrei.

Die Pfarrei Bibra war unzweifelhaft in jener Zeit, in welcher noch die Jüchsener und Lucienfelder Zehnten, sowie die Abgaben der zur Kapelle auf dem Lucienberge wallfahrtender Ortschaften noch nicht in Abgang gekommen waren, reich dotiert, so daß sie ganz geeignet war, als gute Pfründe das Einkommen höherer geistlicher Würdenträger am bischöflichen Hofe in Würzburg zu verbessern, die, wenn sie im Laufe des Jahres auch einmal kurze Zeit nach Bibra kamen, doch in der Hauptsache sich durch vicegerentes und Vikare vertreten ließen, welche mit einem geringen Teile der Pfarreinkünfte abgefunden wurden. Auf diese Eigenschaft als Pfründenpfarrei weist gleich die erste bis jetzt bekannte urkundliche Nachricht von ihrer Existenz hin, nach welcher 1207 der Bischof Otto von Würzburg seinem Kleriker Detavitus, Pfarrer in Bibra, die Erlaubnis erteilt, auf 3 Jahre die Einkünfte besagter Pfarrei zu verkaufen, um seine Schulden zu bezahlen [1]), und von dem Pfarrer Johann Hobach (1488) steht fest, daß er Kanonikus der Kirche St. Johannis zum Neuenmünster in Würzburg, Sekretarius und geistlicher Rat war, in welcher Eigenschaft er wenig Lust und Zeit haben mochte, sich der Wahrnehmung der Pfarrgeschäfte zu Bibra zu unterziehen. Trotz der durch die Abtrennung von Lucienfeld und Jüchsen der Pfarrei erwachsenen Verluste war sie doch immerhin noch eine der bestdotierten der Gegend, sodaß sie im Jahre 1863, in welchem ihr Abwurf mit 828 fl. 46 kr. veranschlagt war, die zweitbeste unter den Landpfarreien der Diöces Meiningen war, und noch heute bei einem Besoldungsertrage von 2248 Mk. zu den besseren derselben zu rechnen ist.

Was die Dotation selbst betrifft, so ist von Interesse, daß den 24. März 1349 das Domkapitel in Würzburg genehmigte, daß von verschiedenen Städten sowie von den parochiis in Bybern et Bernheim ihm zustehende Gülten behufs Schuldentilgung verkauft werden sollten [2]), und daß den 11. Februar 1386 von

[1]) Mon. boic. 37 S. 172. — [2]) Mon. boic. 41. S. 387.

Aufbesserung der Domherrenpfründen durch das Domstift in der Weise beschlossen wurde, daß an dieselbe neben vielen anderen Zehnten auch ein Teil des Zehntes zu Bibra abgegeben werden solle [1]). — Den 25. Mai 1415 versprach Peter von Eyphershusen, Pfarrer zu Bibra, er werde für „Herrn Bertolt von Bibra, einß Ritters, sele, für frawen Elsen, seiner ehelichen wirtin sele, für Junder Entianß von Bibra sele, ires sons, und darnach auch für Junder Adolff von Bibra, für frauen Elsen seine wirtin und ire Kinder und Nachkommen" zum Danke dafür, daß sie dem Pfarrer zu Bibra „mit ihrem großen See zu Bibra, der da liegt bei Junder Anton von Bibras See seenhaftig" gemacht haben, alle Goldfasten einen Gottesdienst und eine Seelmesse zu Bibra halten [2]). Den gleichen Zweck hatte noch eine andere Stiftung; 1492 wurde nämlich von dem Dompropst Kilian von Bibra und dem Domherrn Albrecht von Bibra als Testamentsvollstreckern des würdigen Herrn . . . Paulsen, Bilarius desselben Domstifts, Pfarrers zu Geroltshoven, des genannten Herrn Dompropstes Hausmeister, fünfzehn Gulden rh. ewige Nutzung an die Pfarre zu Bibra gegeben, welche dem Pfarrer zu Gute kommen, wofür er aber verpflichtet sein solle, am St. Franciscustage, dem Todestage des Verstorbenen, den Tag zuvor oder darnach drei Seelmessen für denselben zu lesen [3]).

Von dem Heuzehnten und den 4 Opfertagen in Ellingshausen, sowie dem Verluste des Jüchsener und Queienfelder Zehntes ist schon die Rede gewesen.

Nach der dem Pfarrer Schubert 1704 eingehändigten und 1789 im Schubert'schen Hause zu Wölfershausen, der jetzigen Schule, aufgefundenen ältesten im Pfarrarchive vorhandenen Besoldungsdesignation bestand damals das Einkommen des Pfarrers aus dem Zehnt, Ertrag der Äcker, Wieswachs, Holz, Zins von Äckern, Geldbesoldung, Michelszins, Fronden, Sackgülten, Opfer, Queienfelder und Rentwertshäuser Zinsen. Dazu hatte der Pfarrer Wohnung im Pfarrhause, welches militärquartierfrei war, eine für jene Zeiten, wo Truppendurchzüge häufig vorkamen, große Vergünstigung, die Benutzung der Ökonomiegebäude und des Pfarrgartens.

a. Der Zehnt.

Nach der Zehntordnung, „wie solche anno 1636 Oswald Reß, welcher 23 Jahre des seligen Herrn Suppen Zehntknecht gewesen, dem nun auch seligen Herrn Baldermann dazumahl hiesigen Pfarrherrn auf sein gut Gewissen erzählet" und wie sie auch noch in die Besoldungsfassion des Pfarrers Schubert Aufnahme gefunden und damals in Geltung gewesen ist, zehntete der Pfarrei „alles Getreide, was auf dem Halm oder Stengel wächst als Korn, Weizen, Dinkel, türkischer Weizen, Gerste, Haber, Reiß, Hirsche, Erbsen, Linsen, Bohnen, Wicken, Flachs, weiße Rüben, Hanf, Heyden". — Keinen Zehnt gaben Kraut, gelbe Rüben, Futterwicken, Obst, Hopfen und Wein. Ausgenommen waren

---

[1]) Gesch. d. Frh. I. 91. — [2]) l. c. II. 6.   [3]) Pfarrarchiv.

nur die beiden Wüstungen Dorschhausen und Lampertshausen, nicht aber irgendwelche in der Flur Bibra gelegene Grundstücke, wie deren schon 1748 in der Besoldungsfassion Chr. Em. Freißlichs und noch mehr im Flurbuche von 1775 aufgezählt werden. „Es zehntete vielmehr ein Acker um den andern, und wenn eine Wiese umgerissen und besät oder ein Krautgarten besät wurde, gab er auch den Zehnten, und so ein Nachbar aus Eigennutz wollte seinen zehnt-freien Krautgarten mit Flachs oder Gerste besamen und hingegen einen anderen guten zehntbaren Acker mit Kraut bauen, ist der Pfarrer befugt, wegen solchen ge-suchten Gewinnes und Vortheiles den Flachs- oder Gerstenzehnt auf dem zehnt-freien Acker heben zu lassen, und so man es mit Kraut bauen auf zehntbaren Aeckern wollte zu grob machen, bei der Obrigkeit anzubringen und zu suchen."

Dazu sah sich Chr. Em. Freißlich 1762 veranlaßt, weil er in dem der Pfarrei zustehenden Zehntrecht erheblich dadurch beeinträchtigt wurde, daß infolge der veränderten Anbauverhältnisse Früchte, die man ehedem gar nicht gekannt hatte, wie Kartoffeln, Esper, Kohlrüben, auf den zehntpflichtigen Äckern gebaut wurden, und man sich weigerte, davon den Zehut zu entrichten, weil sie, die damals völlig unbekannt waren, in den Zehntordnungen nicht als zehnt-pflichtig aufgeführt seien. Es war das in der That keine Kleinigkeit für den Pfarrer, wenn z. B. der Gutspachter ein Stück Land von 20 Äckern, welches bis dahin dem Pfarrer jährlich mindestens ½ Schock Garben getragen hatte, mit Esper besäte und es damit auf 10—12 Jahre der Zehntpflicht entzog oder, wenn die Bauern ihre zehntpflichtigen Fruchtarten möglichst in den zehnt-freien Wüstungen, die neuen, behaupteter Maßen zehntfreien Fruchtarten aber auf den zehntpflichtigen Bibraer Äckern anbauten. Es drohte auf diese Weise das Zehntrecht immer mehr illusorisch zu werden. Trotz energischer Wahrung des Rechtes der Pfarrei gegenüber gehässigen Angriffen, die er deshalb erfahren mußte, erreichte Freißlich aber doch weiter nichts, als daß die Grundstücke, welche nachweislich in Eller gelegen hatten und neu unter den Pflug genommen wurden, als zehntpflichtig erklärt wurden, Kartoffeln, „Raulrüben" (Rumeln) und Esper blieben aber zehntfrei, wenn sie auch auf zehntpflichtigen Äckern ge-baut wurden.

Erhoben wurde der Zehut so, daß die Bauern die betreffende Anzahl Garben beim Einfahren liegen ließen, welche dann „vom Schulmeister und Gemeind-Knecht wieder umb die zehende Garbe getragen wurden". Nach der Zehntordnung im Flurbuche von 1774 bekamen sie dazu noch 4 Maß Korn, 2 Maß Weizen und 1 Eimer Bier „wegen des Zehdeinfahrens". Außerdem heißt es: „die sämmtlichen Zehend Erbes und Linsen müssen diese Zehner dreschen, wovon sie das 6. Maß statt dem Zehuden und Drescherlohn, auch das 10. Gebund Stroh bekommen. Bei dem Zehudgericht aber bekomt der Schulmeister 10 ggl. und der Gemeindeknecht 4 ggl. statt einer Mahlzeit."

8*

Mancherlei Unannehmlichkeiten und Beschwernisse, welche für beide Teile mit dieser Abgabe verbunden waren — für die Pfarrei namentlich die Verpflichtung zum Halten des Faselviehes, welche den Pfarrer schon veranlaßt hatte, die ganze Zehnteinnahme zugleich mit dieser Verpflichtung an den Gutspachter zu verpachten, — ließen eine Ablösung dringend wünschenswert erscheinen. Als daher eine solche 1838 von Gutsherrschaft und Gemeinde angeboten wurde, ging der Pfarrer bereitwillig darauf ein und, nachdem der Reinertrag des Zehntes auf 526 fl. 15 kr. ermittelt worden war, wurde derselbe um das 22fache, mit 11000 fl. und Übernahme des bisher vom Pfarrer zu haltenden Faselviehes und der Flurerbesoldung auf Rittergut und Gemeinde durch Vertrag vom 18. September 1841 mit hoher Genehmigung abgelöst. Von der Ablösungssumme fielen 6444 fl. 45¼ kr. auf die Gemeinde, das Übrige auf das Rittergut. Das Ablösungskapital wurde mit der Kirchkasse vereinigt, welche die Verwaltungskosten zu tragen und die Zinsen ungeschmälert dem Pfarrer auszuzahlen hat. Im Jahre 1877 wurden mit Genehmigung der Oberbehörde 1000 Mk. des Zehntablösungskapitales, welches somit jetzt 17857 Mk. 15 Pf. beträgt, zur Deckung der damals aufgelaufenen Separationskosten für das Pfarrgut verwendet.

b. Äcker.

Das Pfarrgut umfaßte nach dem Flurbuche von 1774 63½ Acker Artland (17 Acker im Übericharfelde, 16½ Acker im Reisigfelde, 28 Acker im Arnsbergerfelde, 102 Ruten Krautgarten am Steinbach) und 9 Acker Wiese, nach der Vermessung von 1872 zusammen 17 ha 98 qm. Noch im vorigen Jahrhundert war dasselbe nicht durchgängig versteint und machte sich nach der Vakanz von 1745—47 seitens der Anlieger das Bestreben bemerklich, die nicht versteinten Äcker durch Abackern zu schmälern und zu beeinträchtigen, weshalb 1754 eine ordentliche Versteinung angeordnet wurde, „damit annoch in Zeiten denen wider rechtlich Gebühr weiter um sich greifenden Unterthanen der rechtliche Riegel vorgeschoben werde, um sich mit anderem Gute nicht zu bereichern." Schon in früheren Zeiten scheinen die Stelleninhaber das Pfarrgut nicht immer selbst bewirtschaftet zu haben, denn schon 1704 heißt es in der Schubert'schen Designation von den Äckern: „Die mag der Pfarrer selbst bauen oder um halb verlassen", wozu 1748 hinzugefügt ist: „doch daß bei dergleichen Guter-Verlassung der Frohn kein Abbruch geschehe und von einem zeitlichen Pfarrer Obsorg getragen werde, damit die Pfarrei Güter in gutem baulichen Wesen jederzeit erhalten werden mögen". Im Flurbuch von 1774 dagegen heißt es: „Auch muß der Besitzer dies Gut selbsten oder bauen und bearbeiten lassen". Verpachtung wäre also damals unstatthaft gewesen. Pfarrer Schubert hatte längere Zeit einen Hofbauer. Ob dies auch bei den Freißlichs der Fall gewesen, ist ungewiß, sicher aber, daß Wilhelm Justin Freißlich anfangs das Pfarrgut selber mit zwei Pferden bewirtschaftet hat, wozu er sich einen Knecht hielt. Bald muß er aber den vollen Wirtschaftsbetrieb als große Last betrachtet haben, denn als am 28. September 1838 Gemeinde und Gutsherrschaft ihre Bereitwilligkeit zur Zehntablösung erklärten, gaben sie auch der Geneigtheit Ausdruck, das Pfarrgut bis auf einen kleinen, zum Unterhalte zweier Kühe genügenden Auszug anzukaufen, mit dem Bemerken, daß der Pfarrer damit einverstanden sei, ein Plan, der die Genehmigung der Oberbehörde glücklicherweise nicht erhielt. Denn wäre derselbe damals zur Ausführung gekommen, so würde, da der Zinsertrag des gelösten Kapitales schwerlich mehr als die Hälfte des jetzigen Pachtgeldes betragen würde, die Kirchengemeinde einen sehr erheblichen Betrag zahlen müssen, um die Pfarrbesoldung auf den durch Gesetz vom 27. Dezember 1890 festgesetzten Mindestbetrag von 1800 Mk. zu bringen.

Freißlich verpachtete das Pfarrgut bis auf einen zur Selbstbewirtschaftung zurückbehaltenen Auszug an den jeweiligen Gutspachter. 1860—69 erhielt er von dem damaligen Pachter Ungerecht als jährlichen Pachtzins 10 Malter Korn, 3 Malter Weizen, 4 Malter Gerste, 7 Malter Hafer, 1 Malter Wicken, 65 fl. bares Geld und unentgeltliche Bewirtschaftung des Auszuges, wofür später 60 fl. gezahlt wurden. 1869 wurde das Pfarrgut ausschließlich des früheren Auszuges für 400 fl. an die politische Gemeinde verpachtet, welche im Einzelpacht 700 fl. löste, von dem erzielten Überschusse aber 200 fl. zur Vikarsbesoldung beitrug. Bevor die 12jährige Pachtperiode abgelaufen war, wurde der Pacht durch die infolge der Separation stattfindende Neulegung der Pläne aufgehoben. Es verlor hierbei die Pfarrei 1,7 ha Land, sodaß jetzt ihre Länderei 15,34 ha umfaßt, nämlich 13,34 ha Artland und 2 ha Wiesen. Die dafür aufgewendeten Kosten belaufen sich auf 1247 Mk. 38 Pf., nämlich 763 Mk. 82 Pf. Hauptkosten, 186 Mk. 89 Pf. Nebenkosten, 296 Mk. 87 Pf. Hutablösung. Für etwaige Selbstbewirtschaftung liegen allerdings die Grundstücke jetzt wesentlich günstiger, als ehedem, daß aber bei Verpachtung ein wesentlicher Vorteil der Pfarrei aus der Separation nicht erwachsen ist, zeigen die seitdem stattgehabten Verpachtungen. In der ersten vom 1. Januar 1877 bis Ende 1888 laufenden Periode erzielte die Kirchgemeinde, welche jetzt an Stelle der politischen trat, ausschließlich des vom Stelleninhaber zurückbehaltenen Auszuges von 6 Morgen Artland und 4 Morgen Wiese in der Einzelverpachtung 1236 Mk., wovon sie 1085 Mk. an den Pfarrer abzugeben hatte, welche Summen sich, als 1882 Pf. Hartmann auch seine zurückbehaltene Länderei noch in den Pacht gab, auf 1366 und 1196 Mk. erhöhten. In der gegenwärtigen von 1889—1900 laufenden Pachtperiode erzielte die Einzelverpachtung des gesamten Pfarrgutes 1537 Mk., wovon die Kirchkasse dem Pfarrer 1340 Mk. abzugewähren hat.

e. Holzung.

Nach beiden aus der 1. Hälfte des vorigen Jahrhunderts stammenden Besoldungsnachweisen hatte die Pfarrei einen eigenen, 6,95 ha umfassenden Wald, aus welchem man aber auch alles zur baulichen Unterhaltung der kirchlichen Gebäude nötige Holz zu entnehmen pflegte. Wann und wie die Pfarrei in den Besitz desselben gekommen war, läßt sich nicht mehr nachweisen, der Umstand aber, daß die beiden Waldparzellen, welche mit den zwischen ihnen liegenden, ehemals der Pfarrei zinspflichtigen Äckern wie ein schmaler Streifen von der Wölfershäuser bis zur Nordheimer Grenze laufen, mitten aus dem Gutswalde herausgeschnitten sind, legt die Vermutung nahe, daß dieselben ehedem von einem der Herrn von Bibra von seinem Anteile am Rittergute geschenkt worden sind, ähnlich wie die Pfarrei auch mit dem großen See „seenhaftig" gemacht worden war. In der Besoldungsfassion von 1704 heißt es über diesen Wald: „Es hat der Pfarrhof einen eignen Strich an Fichtig und Reisig, ist ringsum versteint und hat ein Pfarrer zur Nothdurft daraus zu hauen, wann er will". Es war also damals der Pfarrer noch unumschränkt Herr darüber. In der Besoldungsmatrikel von 1748 ist dagegen der betreffende Abschnitt so gefaßt: „Holzung, ein Strich, so versteinet, der Pfaffen-Strich genannt, so der Pfarr zu seiner Nothdurft nach Herrschaftlicher Waldordnung zu gebrauchen", eine Änderung, welche für diesen Teil des Pfarreibesitzes verhängnisvoll werden sollte. Aber weshalb hatte man denn den Ausdruck der früheren Matrikel so geändert?

K. Ch. Freißlich erklärt das in einer Eingabe vom 2. April 1808 nach Familientradition damit, daß man während der Vakanz von 1745—48 bemerkt habe, daß ein Teil des Gehölzes zu einem stattlichen Tannenwalde herangewachsen sei. Chr. Erasmus Freißlich hatte nach seinem Amtsantritte längere Zeit mit herrschaftlicher Erlaubnis aus dem Leisberge jährlich 5, 6, auch 7 Klafter Holz nebst dem dazu gehörigen Reisig, so wie sichs eben schicken wollte, schlagen lassen und, wenn auch nicht seine ganze Notdurft, doch „vergnügliche Holzbestallung" bekommen, wie er selbst schreibt. Als im Anfang der sechziger Jahre aber der Leisberg abgetrieben war und der Pfarrer am unteren Waldende, dem Pfaffenstriche hauen lassen wollte, hieß es, das sei Bauholz und die herrschaftliche Waldordnung gestatte nicht, Bauholz als Brennholz zu schlagen. Nachdem der Pfarrer 3 Jahre nichts erhalten hatte, wurde nach wiederholten Vorstellungen demselben die Resolution zuteil (den 20. November 1765), daß alle Jahre für 18 fl. fr. Bauholz geschlagen und verkauft und die daraus gelöste Summe so lange der Pfarrei abgegeben werden solle, bis wiederum Brennholz abgegeben werden könne, zugleich sollte der Pfarrer für den 3jährigen Rückstand nach und nach schadlos gehalten werden.

Chr. Er. Freißlich sah sich aber bald veranlaßt, dagegen vorstellig zu werden, weil es doch immer mißlich war, das fragliche Geld aus der Heiligenkasse zu erhalten, wenn sich kein Käufer für das Bauholz finden wollte, wie es 1771 bis 1774 der Fall war, überdies aber auch die 18 fl. zur Deckung des Holz- bedarfes nicht ausreichen wollten, obschon der Pfarrer dabei noch alle Wind- fälle, Abgänge, Späne, dürre Stangen zu Lagern in der Scheune, sogar Stöcke ohne alle Einwendung erhielt. 1788 wurde durch den damaligen Besitzer von Bibra, den Domherrn Joseph Hartmann von Bibra in Übereinstimmung mit seinem Vetter Karl von Bibra, damals in Höchheim, um der durch das jährliche Holzfällen verursachten Beschädigung des Waldes vorzubeugen, bestimmt, daß aus dem Pfaffenstriche auf einmal so viel an Bauholz verkauft werden solle, daß der Pfarrer die 18 fl. als jährliche Interessen von dem gelösten Kapital beziehen könne. Dem Pfarrer, welcher sich dagegen auflehnte, weil er voraussah, daß er dadurch seines Rechtes auf Holzbezug verlustig gehen werde und die 18 fl. zur Beschaffung seines Holzbedarfes nicht ausreichten, wurde entgegnet, was die Herrschaft anordne, habe der Pfarrer sich gefallen zu lassen. Während der Jahre 1788 und 1789 wurde Holz geschlagen und verkauft und das gelöste Geld dem Herrn von Bibra in Höchheim überliefert, welcher dasselbe mit 4% verzinste. Von nun an wurden nach dem Berichte Karl Christoph Freißlichs vom 2. April 1808 der Pfarrei alle Windfälle und alles abfällige Holz trotz vielfacher Beschwerde des Stelleninhabers gänzlich entzogen, obwohl die Holzpreise immer mehr in die Höhe gingen und im Laufe der Zeit auch wieder Brennholz heranwuchs. Eine Bitte um Wiedereinsetzung der Pfarrei in ihre alten Rechte veranlaßte einen Oberkonsistorialbescheid vom 17. Januar 1812, durch welchen das Recht der Pfarrei an das fragliche Holz ausdrücklich anerkannt wurde: „Es erhellt, heißt es darin wörtlich, aus den gegebenen Nachweisungen, daß dieses Gehölz dazu bestimmt ist, dem Pfarrer seine jährliche Brennholz- notdurft zu gewähren. Man hält daher für billig, daß ihm, wenn forstordnungs- mäßig soviel daraus genommen werden kann, seine Notdurft an Brennholz unentgeltlich daraus verabfolget wird, wogegen dann in den Jahren, wo solches geschieht, die Abgabe von 18 fl. fr. dahier wegfällt, dann aber, wenn gar kein oder nicht genug Brennholz im Pfaffenstriche geschlagen werden kann, sind diese 18 fl. fr. zur Entschädigung an den Pfarrer wie bisher zu zahlen“.

Das Recht des Pfarrers auf Bezug seines Brennholzbedarfes aus dem Pfaffenstriche, wenn solches vorhanden, war somit wenigstens anerkannt, wenn es auch bezüglich der dafür zu leistenden Entschädigung beim Alten blieb. Den 17. Mai 1824 verfügte das Konsistorium zu Meiningen, es solle sofort die Rechnung über den Pfaffenstrich mit der Heiligenrechnung vereinigt, eine zweckmäßige Administration des Heiligenwaldes eingerichtet und der Gemeinde

Bibra zum Schulhausbau das Abschlagen eines Stückes Holz im Pfaffenstrich gestattet werden.

1841 wurde der Pfarrer vom Kirchen- und Schulenamte angewiesen, mit der Forstaufsichtsbehörde darüber Rücksprache zu nehmen, ob er nachhaltig statt der 18 fl. fr. = 22½ fl. rh. Brennholz in natura für den genannten Betrag nach dem Normalpreise erhalten könne, allein den 18. Juni desselben Jahres wurde sein Antrag, ihm gegen den Taxpreis Reisig und Holz aus dem Pfaffenstriche zu überlassen, unter Hinweis auf die üble Lage der Kirchkasse abschlägig beschieden.

Mit dem Jahre 1885 ist durch Hohen Oberkirchenrat das Recht der Pfarrei auf Holzbezug, so lange die Pfarrwaldung die erforderliche Menge an Holz und Reisig hergiebt, gewahrt und in den Gehaltsanschlag aufgenommen worden, allein bei dem gegenwärtigen Forstkulturbetriebe wird der Pfarrer wohl wenig Gewinn mehr von seinem Rechte haben und für gewöhnlich sich mit der Entschädigung von 18 fl. fr. = 38 Mk. 57 Pf. begnügen müssen.

d. Geldbesoldung.

Baren Gehalt erhielt schon 1611 der Pfarrer aus der Kirchkasse zu Petri cathedra 10 fl. fr. und zum neuen Jahr 1½ fl. (1704 „einen spanischen Thaler", 1748 1 fl. 5 Bz.), später 12 fl. 30 Bz. Besoldung und 1 fl. 45 Kr. zum neuen Jahr, jetzt 21 Mk. 43 Pf. und 3 Mk.

e. Erbzins, Michelszins und Sackgülten.

Erbzins zu zahlen hatten die Grundstücke im Pfaffenstriche, welche zwischen dem unteren und oberen Teile des Heiligenwaldes in gleicher Breite mit demselben durch den Flur zogen. Es waren 11 Äcker, welche alle drei Jahre je 1 Maß Getreide und 1 Hahn zu geben hatten, wozu noch je 1 Maß Hafer im Laufe der Zeit gekommen ist. Ursprünglich bildeten diese 11 Äcker nur 6 Parzellen, nämlich: das Holandsstück 5 Äcker, der Teutschnickelsacker 2 Äcker, der Kußwurms-, Hausfrieden-, Streit- und Zollstocksacker je 1 Äcker, später waren sie mehrfach geteilt.

Michelszins waren jährlich 71½ Schilling à 9 Pf. zu entrichten, welche 1704 auf 2 Gütlein, 3 Häusern und einer Sattel ruhten, 1748 in 3 Posten zu 25, 25 und 21 Schilling entrichtet wurden, nach dem Ablösungsvertrag aber auf 3 Gütern und einer Sattel lagen, nämlich auf dem Seifertsgut 18 Schilling, auf dem Sebastians- und Beckmichelsgut je 25 Schilling und auf dem Gumpestrautgarten 2½ Schilling.

Sackgülten hatten 6 Äcker zu geben, welche zehntfrei waren, aber doch „dem Pfarrer in den Sack geben" mußten jährlich, d. h. alle 3 Jahre, 12 Maß Wintergetreide, „von Sommergetreid geben sie nichts". Der Schäfersacker,

2 Acker haltend, gab 4 Maß, der Behringer Hausenacker, gleichfalls 2 Acker, gab 4 Maß, der Hundsacker und der Katzenacker, jeder nur 1 Acker, gaben je 2 Maß.

Alle diese Leistungen an Erbzins, Michelszins und Sackgülten wurden durch Vertrag vom 14. Aug. 1853 für 249 fl. 40½ Kr. abgelöst.

f. Frongüter

scheint es nur zwei gegeben zu haben. 1704 hatte Hans Georg Werrbach 4 Batzen Geld, 1 Schock Eier und 2 Käse zu entrichten und 1½ Tag zu fronen, wofür er auch 10½ Batzen geben konnte; von einem Gütlein, dessen Besitzer damals Köhlers Wittwe und Baltin Hölzer waren, waren 7 Batzen Geld und 45 Eier zu geben und 9 Tage zu fronen. In der Besoldungsfassion von 1748 heißt es dazu: „Diese haben die ganze Zeit nichts gegeben, weilen sie mehr von dem Pfarrer verlangen, als sie ihm geben, welches doch dem Lehnbuche zu wider, sind die Worte so der selige Herr Pfarrer in sein Einnahmebüchlein dazu geschrieben". Es scheint diese Abgabe somit allmählich in Vergessenheit geraten zu sein.

g. Das Opfer

wurde jährlich viermal, zu Weihnachten, Lichtmeß, Ostern und Pfingsten erhoben, und zwar gab 1704 ein jeder, der zum hl. Abendmahle ging, je 1 neuen Pfennig. Später hatte der Heiligenmeister dasselbe einzunehmen und für die Kirchkasse zu verrechnen, aus welcher dem Pfarrer 1835 20 fl. und seit 1856 25 fl. als Beicht- und Opfergeld ausgezahlt wurden ohne Rücksicht darauf, wie viel wirklich eingekommen war. Da aber im Laufe der Zeit manche sich weigerten, die geringe Abgabe zu geben, weil sie behaupteten, nicht zum heiligen Abendmahl zu gehen, was ja auch wohl richtig sein mochte, und ähnliche ärgerliche Äußerungen vorkamen, wurde auf Antrag des Kirchenvorstandes den 26. August 1876 das Wegfallen dieser Abgabe an die Kirchkasse und die Entschädigung des Pfarrers aus derselben in der bisherigen Weise genehmigt.

h. Reutwertshäuser Zinsen.

Bis zu Schuberts Zeiten 1704 wurden dieselben noch gefordert, und zwar hatten die Wiesen vom Orbel bis an den Lucienfelder Steg 2 fl. 10 Batzen Michelzins, 5 Acker den Zehnten und 7 Acker jedes Jahr 1 Henne zu entrichten, aber schon damals wurde diese Abgabe von dem Pfarrer in Lucienfeld „disputiert", weshalb sie in der 1748iger Designation gar nicht aufgenommen worden ist.

i. Lucienfelder Zinsen.

Dieselben hingen mit der früheren Zehntabgabe zusammen, welche nach der Selbständigmachung der Lucienfelder Pfarrei, wie schon oben ausgeführt, um 1572 in eine kleine Geldabgabe umgewandelt worden war. Es waren 21 Äcker zinspflichtig, „darvon auf den 2. Weihnachtstag zween Männer kommen und 1 fl. also von jedem Äcker 1 ggl. entrichten", wofür sie eine Mahlzeit beanspruchten. Sie kamen des Nachmittags bei guter Zeit und pflegten des Abends auch noch zu sitzen, um ihr Recht zu genießen, hatten sie doch dem Pfarrer einen ganzen Gulden gebracht. So war es bis zur Ablösung, welche 1853 gegen Zahlung von 10 fl. erfolgte, die mit dem bibra'schen Erbzinsablösungskapital von 250 fl. vereinigt verwaltet werden. (260 fl. = 445 Mk. 71 Pf.)

k. Die Pfarr-Accidenzien.

Bei Kindtaufen zahlte der Kindesvater 4 Batzen, der Gevatter „nach Diskretion", später jeder von beiden 20 Xr.

Von einer Hochzeitpredigt und Kopulation wurde 1 Reichsthaler, später 2 fl. 42 Xr. entrichtet.

„Brautvolk zu proklamiren" kostete 1 alte Henne oder 3 Schilling à 9 Pf. (Guldenwährung).

„Von einer Leichenpredigt alter Personen 1 Reichsthaler, aber von Kindern unter 12 Jahren ½ Reichsthaler," später 1 fl. 30 Xr. bezügl. 45 Xr.

„Einen Kranken zu Hauß zu communiciren" 4 Batzen, später 20 Xr.

„Vor ein Zeugnis zu erteilen" 4 Batzen, später 24 Xr., jetzt 58 Pf.

„Vor eine öffentliche Kirchen-Censur" 1 Reichsthaler.

Hierzu kam später noch je ein Mandel Eier von den Konfirmanden. 1876 wurden die Stolgebühren nach dem fünfjährigen Durchschnitt mit 63 Mk. 62 Pf., die Konfirmandeneier mit 8 Mk. abgelöst. Bei Hochzeiten war es bis dahin gebräuchlich, daß nach der Trauung dem Pfarrer in der Sakristei von dem jungen Ehepaare je nach dem Vermögensstande ein wollenes oder seidenes Halstuch mit einem Rosmarinzweige übergeben wurde.

All diesen Bezügen gegenüber bestanden folgende Lasten als

„Des Pfarr-Herrn Schuldigkeit.

1) muß er einen tüchtigen Farr-Ochsen vor die Kühe und einen Eber vor die Schweine halten.

2) Wann die Zehntträger angenommen werden, muß er jährlich den Herrschaftlichen Bedienten, als Verwalter, Schulmeister und Schultheißen, eine Mahlzeit geben.

3) denen 2 Männern von Lucienfeld und Besitzern der 2 Lehn- und Frohngüter muß er am 2. Weihnachtsfeiertage eine Mahlzeit geben.

4) Wann der Schulmeister mit den Schülern zum Neuen Jahr aus-
gesungen, giebt er ihm auch eine Mahlzeit."

So war es zu Schuberts und so noch zu Wilhelm Freißlichs Zeiten.

Die Verpflichtung zur Haltung des Faselviehes führte zu wiederholten
Unannehmlichkeiten zwischen dem Pfarrer einer- und Gemeinde und Herrschaft
andererseits. Schon Caspar Seyffart 1649—1658 hatte das zu erfahren. In
seiner Valetpredigt sagte er darüber an der Stelle, wo er von der Schmach und
Verachtung redet, welche dem Predigtamte vom Abel angethan werde: „Lehrer
und Prediger müssen denselben Ochsen- und Ebershüter sein. Wo derselbige
nicht von schöner Farb und guter schweizerischer Art und aufs Herrlichste pro-
portionirt, heißt es bald: wo ist der Flurknecht, der Büttel, daß er dem
Pfarrer sage, innerhalb 4 Tagen einen anderen Farrochsen unter die Heerde
zu schaffen, wo nicht, wolle man ihm seines Dienstes entsetzen". Wie ging es
erst Pfarrer Woytt (1696—1704) in dieser Beziehung! Als nämlich 1698 die
Kühe nicht zur rechten Zeit kalben wollten, bei vielen auch die Kälber ganz
ausblieben, wurde der Pfarrer vom Schultheißen Lorenz Spieß im Namen der
ganzen Gemeinde „wegen zu langsamer gekommener Kälber, Käß- und Butter-
Nutzens-Entbehrung" bei der bibra'schen Obrigkeit verklagt und zur Zahlung
von 72 Reichsthalern und 11 Batzen verurteilt, welcher Betrag vom Zehnt-
getreide zurückbehalten wurde. Auch Erasmus Freißlich schreibt fünfzig Jahre
später, daß er aus „betrübter" Erfahrung bezeugen könne, daß der „Minotaurus"
und „Säubär" eine Ursache der größten Widerwärtigkeiten eines Geistlichen sei.
Als 1838 Wilhelm Freißlich Zehnt und Pfarrgut verpachtete, wurde auch das
Faselvieh mit in den Pacht eingeschlossen, bis 1841 der Pfarrer durch die
Zehntablösung von dieser Last überhaupt befreit wurde.

Die Mahlzeit an die Zehntträger fiel selbstverständlich mit der Ablösung
des Zehntens und die den Lucienfelder Männern zu gewährende mit der
Ablösung der dortigen Erbzinse 1851 weg. Die Mahlzeit an die Chorschüler
dagegen hat sich, wenn auch in eine Geldentschädigung umgewandelt, bis heute
erhalten. Die Entstehung dieser Mahlzeit wurde 1763 durch Christ. Erasm.
Freißlich darauf zurückgeführt, daß, weil vor Zeiten der Schulmeister bei dem
früher von Haus zu Haus stattfindenden Neujahrsingen vom Pfarrer nichts
genommen, dieser sich bewogen gefühlt habe, durch ein Essen den Chorabituanten sich
erkenntlich zu erweisen. Man habe aber aus dem, was von vornherein freiwillig geboten worden sei, später ein Recht gemacht und ihm bei seinem Amtsantritte vorgeschrieben, daß das Essen zu bestehen habe aus 1. einer Suppe,
2. Rindfleisch mit Meerrettig, 3. Kraut mit Schweinefleisch, 4. saurer Sülze,
5. Schweinebraten, 6. Rindsbraten, 7. Kuchen, 8. Bier und Branntwein. Er
habe das auch, um keinen Verdruß zu erwecken und sich den Vorwurf der
Kargheit machen zu lassen, 13 Jahre lang gegeben. Aber als er das letzte

Mal, weil es so für ihn schicklicher gewesen sei, anstatt des Schweinefleisches und Schweinebratens Schöpsenfleisch und Schöpsenbraten gegeben habe, habe man ihm letzteres wieder zurückgegeben, sei fortgegangen und habe ihn so auf das empfindlichste gekränkt. Er wünsche, von solchen Gästen, die ihn gemeiniglich auch noch mit anderem Unfug zum allgemeinen Ärger quälten, fernerhin verschont zu sein, und bitte um klare Bestimmung seiner Schuldigkeit. Ob dieselbe ihm geworden, steht dahin, doch klagte noch sein Enkel Wilhelm Freißlich darüber, daß die Zahl der Chorschüler von Jahr zu Jahr wachse, und, wenn auch sonst das ganze Jahr niemand aufs Chor gehe, zur Mahlzeit niemand fehle; zuletzt habe die Zahl der zu speisenden einige 30 betragen, die auch noch Braten und Semmel mit nach Hause nehmen wollten. Diesen übertriebenen Ansprüchen gegenüber trug er 1840 auf Ablösung an, indem er jährlich 7 fl. zu zahlen sich erbot, während Kirchenchor und Gemeindevorstand 24 fl. (für jede Person 45 Kr.) verlangten. Es blieb jedoch nach Entscheid der Oberbehörde bei dem Anerbieten des Pfarrers. 1891 wurde angeordnet, daß die bis dahin vom Pfarrer jährlich den Chorschülern entrichteten 7 fl. gleich 12 Mk. ferner von der Kirchkasse bezahlt und dafür der gleiche Betrag dem Pfarrer an seiner aus derselben zu beziehenden Besoldung gekürzt werden solle.

Der Gehaltsanschlag beziffert sich nunmehr folgendermaßen: 126 Mk. 91 Pf. aus der Kirchkasse einschließlich Stolgebührenentschädigung (42,86 Mk. Beicht und Opfergeld, 21,43 Mk. Besoldung, 3 Mk. zum neuen Jahre, 63,62 Mk. Entschädigung für die weggefallenen Stolgebühren, 8 Mk. Entschädigung für die Konfirmandenfeier, zusammen 138,91 Mk., davon ab 12 Mk. für die Mahlzeit der Chorschüler, bleiben 126 Mk. 91 Pf.), 38 Mk. 57 Pf. aus der Kirchkasse Entschädigung für Brennholz; 640 Mk. 50 Pf. Zinsen von 18302 Mk. 86 Pf. Pfarrkapitalien zu 3½% (nämlich 625 Mk. von 17857 Mk. 15 Pf. Zehntablösungskapital und 15 Mk. 59 Pf. von 445 Mk. 71 Pf. Ablösungskapital von den pfarrlehnbaren Grundstücken), 2 Mk. 6 Pf. aus der Gemeindekasse zur Ergänzung des durch die Ablösung entstandenen Ausfalles; 100 Mk. Anschlag von Wohnung und Garten, 1340 Mk. Pachtzins für die gesammten Pfarrgrundstücke, zusammen 2248 Mk.

XI.

Pfarrhaus und Pfarrhof.

Wie die Wohnung des Küsters und „Schulmeisters" in früherer Zeit in
der nächsten Nähe der Kirche auf der Südseite derselben mit der Rückwand an
der Kirchhofsmauer stand, so die Wohnungen der Geistlichen auf der Westseite.
Die beiden Häuser, welche ehemals an Stelle der beiden neueren Bauten Nr. 11
und 82 standen und welche Pfarrer Wilhelm Freißlich (geb. 1794) in seiner
Jugend noch in ihrer ursprünglichen Gestalt und durch in Stein gehauene Inschriften[1]) als Wohnungen des Dechanten und seiner Kapläne bezeichnet gesehen
haben will[2]), sind unzweifelhaft geistliche Wohnungen gewesen, wie ihre frühere
Bezeichnung als obere und untere Vicarey[3]) zur Genüge darthut. Ob daneben
eine Pfarrwohnung auf dem gegenwärtigen Areal des Pfarrhofes gestanden,
oder wann hier das frühere Pfarrhaus erbaut worden ist, läßt sich nicht nachweisen, jedenfalls aber muß schon vor dem 30jährigen Kriege der Pfarrhof im
großen und ganzen so angelegt gewesen sein, wie gegenwärtig, denn 1674
werden eichene Schwellen unter die Scheune gelegt, also hat dieselbe offenbar
schon lange gestanden, die Scheuer aber konnte man, während der Pfarrer mit
seinem Einkommen auf die Oekonomie angewiesen war, doch nicht allein mitten
in das Dorf bauen. Es scheinen demnach jene beiden Vikarien eben doch nur
das gewesen zu sein, was ihr Name besagt, Wohnungen der Vikare oder Kapläne,
während das eigentliche Pfarrhaus schon ungefähr in seiner gegenwärtigen Lage,
nur etwas weiter nach dem Dorfplatze vorgerückt, gestanden hat, wie es bei
dem 1845 eingelegten der Fall war. Dasselbe stand mit der Rückseite auf der
im Pfarrgarten jetzt befindlichen Terrasse mit der Front nach der Straße zu-

---

[1]) Im Sockel des Hauses Nr. 82 ist ein Stein mit Inschrift von dem alten Hause
eingemauert. Siehe Seite 59 Num. ²). — ²) Einleitung zu der von ihm seit 1840 geführten
Ortschronik. — ³) 1616 wird der unteren Vicarei gegenüber ein Stück Kirchhofsmauer
gebaut 3 Ruten lang und 14 Werkschuh hoch.

gelehrt. Den Eingang hatte es von da aus zu ebener Erde. Über die Zeit seiner Erbauung ist nichts bekannt. Die ersten Nachrichten über dasselbe aus dem Jahre 1611 beziehen sich zum Teil auf „des Herrn Pfarrers Badstüblein", in welchem für 5 Schilling 3 Pf. der Ofen gesetzt und 2 Eisen unter den dort befindlichen Kessel gemacht wurden. Schon damals aber scheint es ein alter Bau gewesen zu sein, denn in demselben Jahre wurden 50 Bretter zu einem neuen Boden im Pfarrhofe verwendet, sowie 4 Fenster und 2 Bodenläden gemacht und 2 fichtene Baumstämme auf „bemelten Boden" eingezogen. Eine Ausgabe der Kirchkasse von 10 Batzen 10 Pf. für 2 Schock Dorn „uff einen Zaun im Pfarrhof" gibt Zeugnis, daß man schon damals den Pfarrgarten vor dem Besuche nachbarlicher Hühner schützen mußte. 1626 wurden in der Küche 3 Schwellen eingezogen, dieselbe mit 18 „Prücken geprückt" und ein neuer Backofen gebaut. 4 Baumstämme zur „Sommer-Trücke" verwendet und der unter der Küche gelegene Kuhstall mit „6 baren voll Erde" angefüllt. 1699 wurde das Dach fortgelegt und dafür 5 Reichsthaler bezahlt. 1704 wurden 3 eichene Schwellen unter das Pfarrhaus gelegt und 1705 fünf Mandel Bretter in demselben verwendet. 1735 war es so reparaturbedürftig, daß 325 fl. 10 gl. darauf verwendet werden mußten, welche durch 240 fl. Holzgeld, 12 fl. Geschenk und 32 fl. Erlös aus altem Holze gedeckt wurden. Um ein Kapital zur Unterhaltung des Pfarrhauses zu beschaffen, wurde für 1130 fl. Holz verkauft. Nachdem es 110 Jahre in der Kirchkasse nicht mehr mit außergewöhnlichem Kostenaufwande bedacht worden war, war es so baufällig geworden, daß an einen Neubau gegangen werden mußte. Bereits 1838 hatte Pfarrer W. Freißlich auf einen solchen angetragen. Im August 1841 war diesem Antrag endlich Folge gegeben worden. Der Landbaumeister Blomeyer hatte das alte Haus untersucht, die Notwendigkeit eines Neubaues erkannt und die Verlegung desselben an das westliche Ende des Pfarrgartens nach der Schule zu vorgeschlagen. Ein im Jahre 1842 aufgestellter Riß, nach welchem der Neubau auf 2500 bis 3000 fl. ohne Holz und Fuhren kommen sollte, wurde als zu groß verworfen und ein kleinerer aufgestellt, nach welchem die Kosten ohne Holz und Fuhren sich auf 2056 fl. belaufen sollten. Im Juli 1843 wurde der Bau für 1625 fl. an den Maurermeister Wachs von Bibra und den Zimmermeister Schön von Eneienfeld vergeben und, nachdem noch im Frühjahr 1844 eine Beschwerde einiger Ortsinsassen über den Bauakkord zurückgewiesen worden war, wurde endlich zum Baue geschritten, welcher den 16. Sept. 1846 vom Baumeister übernommen und bald darauf vom Pfarrer bezogen wurde. Das Eichenholz zum Neubau wurde aus der Gemeindewaldung geliefert und die Fuhren auf die Gemeinde übernommen, das übrige Holz und einige Schock Bretter lieferte „der Heilige". Die Baukosten wurden durch Überschüsse der Kirchkasse aus früheren Jahren und den Erlös vom alten auf Abbruch verkauften Pfarrhause (360 fl.) bis auf 1300 fl. gedeckt, 300 fl. blieb die Kirchkasse den Wachsischen Erben noch einige Jahre schuldig. Schon im Sommer 1849 stellte sich der Schwamm ein und machte eine größere Reparatur nötig, auch im Frühjahr 1854 war eine solche notwendig. Eine Neubedachung machte sich 1883 dringend notwendig; dieselbe, mit sogen. französischen Falzziegeln ausgeführt, kostete 390 Mk., wovon 60 Mk. durch Verkauf der alten Ziegeln gedeckt, der Rest je zur Hälfte von der Kirch- und Gemeindekasse bezahlt wurden.

In dem Pfarrhause befindet sich das aus früheren Jahrhunderten nur wenige Altenstücke enthaltende Pfarrarchiv und die Ortsbibliothek. Eine solche war schon früher von Lehrer Hinrich angelegt worden, aber im Laufe der Zeit wieder eingegangen. Um dem sich mehrfach äußernden Wunsche nach guter Lektüre zu genügen, wurde 1878 von Pfarrer Hartmann eine neue begründet, indem die Gemeinde eine einmalige Gabe von 15 Mk. gewährte und einen jährlichen Beitrag von 5 Mk. leistet. Ein geringes Lesegeld wird erhoben. Da die Benutzung eine ziemlich rege ist, so konnten aus den sich so ergebenden Einnahmen bis jetzt 245 der besten Volksschriften angeschafft werden.

Die Pfarrscheune ist wahrscheinlich so alt wie das 1846 abgebrochene alte Pfarrhaus. Schon 1674 war sie ein alter Bau. Es mußten damals eichene Schwellen darunter gelegt und 1694 eine andere große Reparatur daran vorgenommen werden. 1780 wurden neue Thore gefertigt. 1846 nach Ablösung des Zehntes der obere Teil zum Kuhstalle, der bis dahin unter dem alten Pfarrhause gewesen war, umgebaut, 1850 der untere Giebel repariert und 1876, da die Kuhstalldecke sehr schadhaft geworden und die Schwellen nach dem Schulhofe zu weggefault waren, der obere Teil neu unterschlagen, der Kuhstall wieder hergestellt und der Giebel mit gebrannten Steinen ausgemauert. Die auf mehrere hundert Gulden sich belaufenden Kosten trug wegen Unvermögens der Kirchkasse die Gemeindekasse.

Das zur Pfarrei gehörende Backhaus wurde 1678 gebaut und 8 Fuhren Lehm und 15 Fuhren Bauholz dazu verwendet.

Ein Schweinestall wurde 1687 errichtet und dazu 16 Fuhren Bauholz verwendet. 1773 wurde für 7 fl. 18 kr. „der Schweinestall ausgebessert und nachdem er eingefallen, wieder aufgerichtet". 1785 und 1797 wurden neue Schweineställe gebaut. Es waren 7 Schweinekoben in 2 Häusern vorhanden, von welchen das eine, das schon lange nicht mehr benutzt worden war, 1877 für 63 Mk. auf Abbruch verkauft und das andere 1884 nach der Verpachtung der sämtlichen Pfarrgrundstücke ebenfalls abgebrochen wurde.

Eine Holzhalle wurde 1763 mit einem Aufwande von 22 fl., wovon die Zimmerleute 8 fl. erhielten, gebaut. Dieselbe wurde 1827 durch eine neue er=setzt, an welcher die Zimmerleute 35 fl. 12 Batzen verdienten. 1876 machte sich eine größere Reparatur daran notwendig, weil die Felder der Wand fast sämtlich herausgefallen, die Schwellen, weil die überfließende Mistjauche durch die Holzhalle ihren Weg suchte, abgefault waren und die Pfosten sich bedenklich ostwärts neigten. Die Kosten bezahlte die Gemeinde. In den folgenden Jahren wurde die Halle auf Kosten teils des Pfarrers, teils der Kirchkasse mit Stangen verschlagen, welche dem Pfarrholze entnommen waren. Die Trockenlegung durch Auffüllen von Bauschutt teils in der Halle, teils auf der davor gelegenen Scheuereinfahrt hatte schon 1876 der Pfarrer auf seine Kosten bewerkstelligt.

Die Anlage des Pfarrhofes war im Ganzen schon früher dieselbe, welche sie heute noch ist. Den westlichen Abschluß bildete die Scheuer, die Südseite begrenzte, an die Scheuer anstoßend, die Holzhalle, dann, doch so, daß dazwischen ein etwa 5 Schritte breiter Raum frei blieb, die 2 Schweinshäuser, deren östliches an den Obstgarten stieß. Die Nordseite des Hofes von der Scheuer aus war ursprünglich frei und bildete einen Teil des sich ehemals auch noch hinter der Scheuer hinziehenden Pfarrgartens, bis 1845 das Pfarrhaus auf seinem jetzigen Platze errichtet wurde. Dann stand nach Osten zu das Backhaus und neben diesem auf der jetzigen Gartenterrasse bis 1846 das alte Pfarrhaus. Unter demselben war die Düngerstätte (jetzt Garten) und unterhalb der Hofeinfahrt, vor dem hinteren Schweinshause, befand sich bis 1882 ein kleiner Teich. Da derselbe nur noch einen Schlammpfuhl bildete und nach Abschaffung der Ökonomie der große Hof sehr verwilderte, ließ Pfarrer Hartmann auf seine Kosten den Teich mit Steinen aus- und mit Erde auffüllen, das daneben befindliche Wasserloch umfassen und eine Dohle in der Richtung des alten Wasserabflusses anlegen, und nach Abbruch der alten Schweinshäuser das übrige Areal umroden und gleichfalls auf seine Kosten einzäunen, wodurch der neben dem Obstgarten im Hofe befindliche Garten entstand, der zwar wohl immer etwas feucht bleiben wird, aber doch einen besseren Anblick gewährt, als der ehedem weite wüste Hof.

Der obere Pfarrgarten erstreckte sich ehedem ostwärts nur etwa bis zur Thoreinfahrt, dehnte sich aber dafür westwärts bis zu der von der oberen nach der unteren Dorfgasse führenden Straße aus. Als aber 1825 eine neue Schule gebaut werden mußte, wurde das ganze Areal hinter der Scheune zum Schulhause und Schulhofe abgeschnitten und die Pfarrei durch Erweiterung des Gartens ostwärts nach dem Marktplatze zu entschädigt, außerdem sollte noch ein Kapital gezahlt werden, was aber, wie Pfarrer W. Freißlich schreibt, unterblieben ist. Der Pfarrgarten war nun durch das in der Mitte liegende alte Pfarrhaus in 2 Hälften geteilt, von welchen die hintere nach der Schule zu nur wenig Licht hatte. Es war deshalb ein guter Gedanke, das neue Pfarrhaus auf diesen Teil zu bauen und den Platz des alten zum Garten einzuebnen, was im Frühjahr 1847 geschah. Gleichzeitig wurde der Platz der ehemaligen Düngerstätte unter dem alten Pfarrhause umgerodet und als Garten eingezäunt. Es blieb das aber immer ein feuchtes Stück Land, bis 1877 Pfarrer Hartmann dasselbe auf seine Kosten dränieren und bedeutend auffüllen ließ. Das Jahr zuvor hatte er schon das unter dem Pfarrhause zwischen Backhaus und Kuhstall gelegene Stück Hof, auf welchem sich die Müllgrube befand, auf seine Kosten ummenern, umzäunen und mit Erde auffüllen lassen, wodurch das Gärtchen entstand, durch welches man jetzt in den oberen Pfarr- garten gelangt.

XII.
Die Pfarrer von Bibra.

Die erste Erwähnung eines Pfarrers von Bibra verdanken wir jener schon angeführten Urkunde, in welcher der Bischof Otto von Würzburg 1207 seinem Kleriker Detavitus, Pfarrer in Bibra, die Erlaubnis erteilt, die Einkünfte der genannten Parochie behufs Tilgung seiner Schulden auf 3 Jahre zu verkaufen[1]. 1223 kommt Wernherus vicarius in Biberach in einer Würzburger Urkunde als Zeuge vor[2]. 1346 den 6. Februar wird decanus Fridericus in Bybera in einer Einigung Würzburgischer Geistlicher wegen der Bischofswahl neben dem Pfarrer von Berlach erwähnt[3]. 1415 wurde Peter von Oppershusen, Pfarrer zu Bibra, mit dem großen See "seenhaftig" gemacht[4]. 1445 schloß der Pfarrer Johannes Heuschreck mit den Herren von Bibra den früher erwähnten Vertrag über die Besetzung des Dorfgerichtes, nach welchem zu dem- selben von den Besitzern v. Bibra 6 und vom Pfarrer 1 Schöffe gestellt werden sollte[5]. 1479, den 24. Mai, erkaufte Jakob Höflin (Hofflin), Vicepfarrer zu Bibra, mit Einwilligung des Grafen Wilhelm von Henneberg für 80 Schock Geldes von Ulrich von Jüchsen dessen Erbzinsen zu Attenhausen (Wüstung Otten- hausen bei Bettenhausen?), welche 4 Schock Geldes trugen[6]. Derselbe Geistliche hatte 1480 zwei Güter zu Lampertshausen inne, welche damals Berthold von Bibra mit einem ¹⁄₆ Sechstel am Schlosse und dem dazu gehörigen Hofe für 400 Gulden erwarb[7]. 1488 war Johannes Hobach[8], geistlicher Rat und Kanonikus des Stiftes St. Johannis zu Würzburg, Pfarrer von Bibra, ließ aber die pfarramtlichen Funktionen durch einen vicegerens besorgen, wie

---

[1] Gesch. d. Frh. I. 91. Mon. boic. 37. S. 172. — [2] Gesch. I 91. Mon. boic. 37. S. 258. — [3] Gesch. I. 91. Reg. z. S. 62. M. b. 41. S 233. — [4] Gesch. II. 6. — [5] Gesch. II. 15. — [6] Urkunde im Henneberg. gemeinschaftl. Archiv zu Meiningen. — [7] Gesch. II. 212. — [8] Neue Beitr. II. 149. 405.

das früher wohl auch schon mehrfach der Fall gewesen. Als erster Stellvertreter des Pfarrers an der seit 1492 neuerbauten Kirche wird durch sein in derselben noch vorhandenes Epitaphium Balthasar Merkel bezeichnet, welcher am Cäcilientage 1506 starb. 1525 bat der Prediger, „den die pauren daselbs selbs erwelt nemlich Joerg Hawg," den ehemaligen hiesigen Küster Hutt, daß er von der Taufe predige, „denn man liesse ime fast darumb nach und man wollte nur ain wissen derhalben von ime haben" [1]. Wie damals die kirchlichen Verhältnisse sich sonst gestaltet haben mochten, deutet ein Schreiben des Frühmessners Andreas Bilert von Jüchsen an den Grafen von Henneberg an, in welchem derselbe klagt, daß „nachdem der pfarrer zu Bibra soll die pfarre zu Juchssen mit eynem vicarien versorgen, aber in vergangner auffrur bemelttem Pfarrer etliche zugangk als der zeehendt und andern ist entzcogen, derhalb er die pfarre zu Juchssen mit meßhalten und dazu wort gottes zuvorkundigen sich enteussert", die Jüchssener Nachbarn ihn gezwungen hätten, dort zu predigen und Messe zu halten. (N. Beitr. II. 204.) 1526 hatte Bartholomäus Reykauf die Pfarrei inne, sein Vikar war Jakob Oberndorfer. Neben der Pfarrei bestanden damals noch drei Vikarien. Patron der ersten, welche Dr. Kilian v. Bibra gestiftet hatte, war der Senior des ganzen bibraschen Geschlechtes und ihr Inhaber Anton Antony. Das Patronatsrecht über die zweite, welche in Zusammenhang stand mit der Kapelle auf der Burg und der vom „alten Hans" gemachten Stiftung (siehe unten S. 150), gehörte der von Anton von Bibra abstammenden Linie und wurde damals ausgeübt von Kaspar von Bibra. Ihr Inhaber war Philipp Eucharius und dessen Vicevikar Wolfgang Berkach. Der Patron der dritten, welche der Bertholdschen Linie zustand, war Johannes von Bibra und der Vikar Nicolaus Kupfer [2]. — 1549 heißt es in der Kirchkassenrechnung: „5 Gulden haben wir geliehen Her Wolfen Schmit vicorier."

Die evangelischen Pfarrer:

Johannes Eping (so geschrieben in den Kirchenvisitationsakten, er selbst schreibt sich Göpping oder Höpping), um 1558. Er war gebürtig aus Ridda in Hessen, hatte 8 Jahre in Marburg studiert, war 1550 nach Hessischem Brauche ordiniert und 1552 als Pfarrer von Belrieth angestellt worden. 1555 bei der Kirchenvisitation ergab sich, daß er nicht viel wußte und einen ungeistlichen Wandel führte, weshalb er nach Beendigung der Visitation 1556 beurlaubt wurde. Nach Angabe im Pfarrarchiv kam er später nach Bibra. Hier bezog er noch Abgaben von den mittlerweile abgetrennten ehemaligen Filialen Jüchsen und Queienfeld, hatte deshalb aber Irrungen mit letzterem Orte [3].

---

[1] Hist. Ver. v. Schw. 1874. S. 250. — [2] Neue Beitr. II. 153. — [3] Neue Beitr. II. 99. 164.

Moritz Schatz stammte aus Fulda und war geboren den 22. Sept. 1500. Er war 1526 Vikar zu Rentwertshausen, trat später zur evangel. Kirche über und kam als Pfarrer nach Bibra, wo er 1568 den 20. Dezember starb. Er hatte noch bedeutende Besoldungsbezüge aus Jüchsen und Curienfeld, wogegen, wie schon oben ausgeführt wurde, nach seinem Tode die Pfarrer Walther von Jüchsen und Steuerlein von Curienfeld beim Grafen von Henneberg vorstellig wurden. Sein 1560 abkonterfeites, noch in der Kirche vorhandenes Bild zeigt einen bejahrten Mann mit langem grauem Vollbart in Barett und Lutherrock, mit der Unterschrift: Mauritius Schatz Fuldensis natus est anno domini 1500 die 22. Septembris Emigravit ex hac mortali et aerumnosa vita anno Chri 1568 die 20. monsis decembris, daneben sein Wappen: eine geöffnete Geld= kiste auf rotem Grunde. Er hinterließ zwei Söhne, Leonhard, 1578 Lehrer zu Bibra, und Stephan, ein Jahr vor des Vaters Tode geboren, 1595 Pfarrer zu Bibra.

M. Josua Loner[1]), 1569—71, aus Oelsnitz im Vogtlande und dort geboren 1536, studierte in Wittenberg, war 1555 Lehrer in Naumburg, 1558 Rektor in Thomasbrück, 1561 Diakonus zu Weißensee im Kurfürstentum Sachsen, von wo er im Frühjahr 1569 nach Bibra berufen wurde. Er hatte „ein gutes Häuflein kleiner unerzogener Kinder" und war unter Zusage des alten Curienfelder und Jüchsener Zehntes, wie ihn trotz der Selbständigmachung der beiden dortigen Pfarreien sein Vorgänger Schatz noch bezogen hatte, angestellt worden. Als dieser Zehnt ihm strittig gemacht werden sollte, wurde er, wie schon oben erwähnt, bei den Herren von Bibra vorstellig, da die Sache aber nicht den gewünschten Verlauf nahm, ging er bereits 1571 als Dekan nach Themar, wurde 1574 Pfarrer zu Meiningen und Mitglied des henne= bergischen Konsistoriums, 1584 Superintendent zu Arnstadt, 1588 Hofprediger zu Weimar und 1592 Superintendent zu Altenburg, wo er 1595 im Alter von 59 Jahren starb. Er verfaßte unter anderem auch eine metrische Übersetzung des Eunuch von Terenz, welche von M. Stephan Riccius im Jahr 1586 herausgegeben wurde.

Michael Wenzel[2]), Februar 1572 — 1595. Er hatte, weil er auf Veranlassung der hennebergischen Kirchenbehörde die Konkordienformel unter= schrieben, Verdrießlichkeiten mit den Herren von Bibra, sodaß seine Entlassung in Aussicht stand. Er war ein wegen seiner Bildung und seines Wandels geachteter Pfarrer und dabei von sehr wohlwollender Gesinnung, die ihn mehr= fach veranlaßte, sich für die Beförderung junger Männer zu verwenden. Er hatte 4 Söhne und 1 Tochter, welche zur Zeit seines 1595 erfolgten Todes bereits versorgt waren. Sein dritter Sohn, Michael, war 1595—1623 Pfarrer in Nordheim.

---

[1]) l. c. II. 156. — [2]) l. c. II. 158.

Stephan Schatz[1], 1595—1602, war 1567 zu Bibra geboren als Sohn des damaligen Pfarrers Moritz Schatz. Er studierte 1581 zu Leipzig und verfaßte damals auf den am 17. Oktober 1581 zu Irmelshausen verstorbenen Hans von Bibra folgendes Gedicht:

Denotat hic clipeus Bibrinae symbola gentis
Cui dedit erectus nomina prisca Fiber,
Alta supra galeam gemino cum castore pennae
Designant ungues incutiuntque metum[2].

Johann Supp, 1602—1635, soll ein Sohn des Pfarrers Valentin Supp in Wenkhausen gewesen sein. Nach einer alten Zehntordnung war er 33 Jahre Pfarrherr zu Bibra. Weil er den vom Konsistorium zu Meiningen mehrfach an ihn gerichteten Aufforderungen, wegen seines Filiales Wölfershausen eine Zirkularpredigt in Meiningen zu halten, auf Veranlassung seines Patrons Bernhard von Bibra nicht nachkam, wurde 1604 das Filial ihm abgenommen. Er starb gegen Ende des Jahres 1635[3].

Joh. Georg Baldermann, 1636—1647, war ein Sohn des Pfarrers Petrus Baldermann, der 1637 von Ankstadt nach Mühlfeld versetzt worden war und dort den 13. Januar 1638 starb. Er kam im Februar 1636 nach Bibra und starb hier im Jahre 1647, frühzeitig durch die Leiden des Krieges geknickt[4].

Kaspar Seyffart (Seifart), 1650—1662, stammte wahrscheinlich aus Bibra, denn er übernahm nicht nur 1650 ein von dem verstorbenen Bernhard Seyffart der Kirche geschuldetes Kapital von 45 fl., sondern sagt auch in seiner Valetpredigt, daß er „aus seinem Vaterlande" unschuldiger Weise verjagt und vertrieben und ihm sein väterlich Erbteil hinweg genommen worden wäre. Im Frühjahr 1650 wurde „des Herrn Pfarrers Reiß-Kasten von Coburgk uff Schubkarn anhero geführt", er hat also damals wohl sein Amt angetreten. Die Verhältnisse, die er in Bibra fand, waren nur wenig erfreulicher Art. Seit 1633 waren keine Abgaben zur Kirche und keine Zinsen von den vielen größeren und kleineren Kapitalien, welche dieselbe in- und außerhalb des Ortes stehen hatte, entrichtet, keine Kirchrechnungen aufgestellt worden, dazu alle Bücher und Schuldurkunden verbrannt, sodaß niemand wußte oder wissen wollte, wer etwas zu entrichten habe. In diesen Wirrwarr Ordnung gebracht und für die Kirche gerettet zu haben, was zu retten war, ist das große Verdienst, welches sich Seyffart um Kirche und Gemeinde erworben hat, das ihm aber damals von keiner Seite gedankt wurde. Mit Hülfe von Zinsregistern stellte er das ursprüngliche Vermögen der Kirche fest. Aber wenn nun die Zinsen wieder

[1] l. c. II 159. — [2] Gesch. d. Fch. II. 160. — [3] Neue Beitr. II. 159. [4] l. c. II. 159. Vergl. auch oben, Seite 23.

regelmäßig gefordert wurden (für 1634—49 wurde keine Nachzahlung verlangt), da mochte es gar manchen geben, der, wie der Wohledelgeborene und Gestrenge Hans Dietrich von Diemar in Walldorf, welcher allerdings schon vor dem Kriege lange Jahre die Zinsen schuldig geblieben war, die Schuld einfach ableugnete. Vielfach waren die alten Schuldner nicht mehr vorhanden und die neu in den Besitz derselben Eintretenden weigerten sich, die alten darauf ruhenden Schulden mit zu übernehmen, wie es in Einödhausen mit dem dem Jobst von Hagen zustehenden Hofe ging. Es entstand daraus gewiß viel Gehässigkeit gegen den Pfarrer, da die Leute ja meist nicht zwischen der Sache und der Person zu scheiden wissen. Dazu kam wohl der Umstand, daß der Pfarrer aus dem Orte selber stammte und noch dazu aus geringen Verhältnissen, sodaß die einen meinten, der Pfarrer wolle sich über sie erheben, und die anderen über ihn wegsehen zu dürfen glaubten. Auch hatte die bei hoch und niedrig allgemeine Verwilderung, welche der Krieg in seinem Gefolge hatte, sicherlich auch hier, wo der Krieg so lange schwer gehaust hatte, um sich gegriffen, sodaß es für einen Mann wie Seyffart, dem es ernst mit seinem Amte war, Veranlassung nur allzuviel gab, den Stab Wehe zu schwingen, während man sich andererseits das nicht gefallen lassen wollte und seinem Unwillen in gehässiger Weise Ausdruck verlieh. Da Seyffart seinen Standpunkt mannhaft zu wahren wußte, „kam es zwischen ihm und seinem Junker wegen des von Gott ihm anbefohlenen Straffamts zu differentien, dannenhero er auch veruhrsacht worden Solches der Ritterhauptmannschafft und dero Räthen zu erkennen zu geben", welche ihm befahlen, in seinem Amte zu bleiben, bis er verhört und die Sache ausgetragen sein würde. Im Dezember 1661 stand er noch in seinem Amt. Am 29. März 1662 heißt er in einer Citation vor das bibra'sche Gericht „gewesener Pfarrer allhier". Es muß also seine Entlassung im Anfang des Jahres 1662 stattgefunden haben. Er selbst nennt sich 1664 „in die 13 Jahr gewesenen Bibraischen Pfarrherrn zu Bibra". Er fand bald wieder eine neue Anstellung zu Grassoltsheim bei den Grafen Schwartzenberg, wo er eine nicht gehaltene Abschiedspredigt drucken und 1664 nochmals erscheinen ließ unter dem Titel: „Neuer Angirter Hell leuchtender Adelsspiegel Oder Christliche Valet-Predigt vom Amt treuer Lehrer und Prediger und deroselben rechtmässigen Beruff und Enturlaubung vortrefflicher Lehrer Bedenken". Text war Lucas 4, 24: Kein Prophet ist angenehm in seinem Vaterlande. Dieselbe enthält neben einer Menge von Citaten vieles für die Zeitverhältnisse Charakteristische. In dem Exordium sagt Seyffart, anknüpfend an den Abschied des Apostels Paulus von Milet: „Dieses denke und erinnere ich mich auch billig anietzo bei meinem Abschied, was ich ausgestanden und was für Not und Anfechtung mich troffen, daß ich zum öftern das Amt nicht mit Freuden, sondern mit Seufzen verrichten müssen, doch mich weder Haß, Feindschaft, Verachtung noch Gefahr abschrecken lassen. — Ihr wisset auch, daß ich euch nicht sonderlich beschweret und auf dem Halse gelegen, wie ihr mir selbsten Zeugnis geben müsset, selbst Hand angelegt und es lassen blutsauer werden, ehe ich euch, nebens euren ohne das großen Beschwerungen und täglichen Frondiensten umb ein einigen Frondienst bemühet. — Allhier wäre auch zu wünschen, daß alle Zuhörer eben als wie des Apostels Paulus Hörer zu Ephesus gewesen. — Obgleich noch heutzutag etlicher frommer Hertzen sich finden, die die Unschuld und den Abschied ihres Seelen=Vaters zu Hertzen gehen lassen, mit nassen Augen dieselben begleitet: So findet sich doch bey den meisten das Gegenspiel und wie in unserem Text und den nachfolgenden Worten zu vernehmen, daß sie den Herrn Christum nicht als mitleidende Freunde begleitet, sondern als Zornig und blutgierige Leute, ists mir auch begegnet. — Der Adel spielet mit dem Predigtamte wie die Lotterbuben mit den blinden Würfeln auf der Schollerbank, wer ihm ein wenig sagt, das ihm nicht gefällt, der muß davon und ein anderer an seine Statt, der es macht, wie sie es haben wollen. — Sie wollen zugleich Part und Richter sein. — Der Adel dünkt sich klug sein, daher verachten sie die Pfarr= herrn. — Er läßt sich dünken, sie verstehen das Evangelium besser denn St. Paulus. — Er weiß heutzutage nicht genugsam, dem Predigtamte Schmach und Verachtung anzuthun, denn 1. Lehrer und Prediger müssen deren Spiel= und Zechbrüder sein: wollen sie schmausen, muß entweder der Pfarrer oder der Vogt herauf, auf solche sanft man zu; entschuldigt man sich, muß man stolz sein: macht es der Prediger wie es Christus gethan, ißt und trinkt so viel als seine Notdurft fordert, so muß er ein Fresser und Säufer sein. — 2. derselben Aufwärter. Wenn ein Prediger sich abgemattet in ihren Amtsgeschäften, da läßt man solche stehen und vergönnt ihnen nicht ein Bettlager viel weniger Stroh, sondern er muß hinaus in die Scheune, will er nicht anders auf eine Meile wegs manchmals im Regen und Schnee wieder nach Hause laufen [1]). — 3. derselben Ochsen= und Ebertshüter. Wo derselbe nicht von schöner Farb, guter schweizerischer Art und aufs Herrlichste proportioniert sind, heißt es bald, wo ist der Flurknecht, der Büttel, daß er dem Pfarrer sage, innerhalb 4 Tage einen anderen Farrochsen unter die Herde zu schaffen, wo nicht, wolle man ihn seines Dienstes entlassen".

Tief blicken läßt auch eine andere Stelle aus dem letzten Teile der Predigt, in welchem Seyffart davon handelt, daß man nicht als ein Mietling davon= laufe, sondern das Ende erwarte, welche Christian Erasm. Freißlich an den Rand der Woytschen Predigt S. 94 geschrieben hat: „Ich danke meinem obersten

---

[1]) Der Pfarrer von Bibra hatte im Schlosse zu Roßrieth, welches von 1589—1681 im Besitz einer Linie des von Bibra'schen Geschlechtes war, Gottesdienst zu halten. Roß= rieth ist von Bibra gegen anderthalb Stunden Wegs entfernt.

Seelenhirten, daß er mich geachtet, mitten unter die Wölfe zu senden, von welchen ich oftmals redlich zerzauft und zum Valet zerbissen worden, ja welche nicht nachgelassen, bis sie mich ausgebissen haben. Und wie die Wölfe gewöhnlich des Nachts einbrechen und den Schafstall erbrechen, so ist mirs auch gegangen. Mein geistlich Schaf= und Hirtenhaus ist nicht nur zu einem Male, sondern zu 2 und 3 Malen erbrochen worden. Nach meinem einzigen Schäflein, welches aß von meinem Bissen und trank aus meinem Becher und schlief in meinem Schooße, getrachtet und verführen wollen. Ja wie die Wölfe, wenn sie einbrechen, sich nicht genügen lassen, also hat man auch mir nicht nur die Wolle abgenommen, daß also zu reden, mir die Haut gar über die Ohren gezogen. Das mag in seltsam Latein heißen: ovis ein Prediger und lupus ein Zuhörer. Solches aber ist mir mit Paulo ein Ruhm, obgleich mit mir nicht christlich sondern jüdisch ist gehandelt worden, also daß man auch die Unschuldigen als 6 Wochenkinder nicht geschonet hat, sondern im rauhen Winter mit hinausgestoßen. Wenn er 2. Cor. sagt: Ihr ertraget so euch jemand in das Angesicht streichet (wie der Widerwärtige [1]) mich) hat prügeln lassen wollen), ihr ertraget so euch jemand schindet (wie der Widerwärtige sagte: Er wolle auf Befehl des Edelmannes den Pfaffen schinden helfen), ihr ertraget so euch jemand nimmt (wie mir auch alles genommen und der Edelmann endlich auch ein kupfern Kessel durch den Häscher hat abnehmen lassen), so habe ich das alles erduldet. Gott bekehre sie." Der Grund der Entlassung Seyffarts dürfte in dem zu suchen sein, was er mit den Worte ausdrückt: „So nun Lehrer und Prediger Gottes Befehl ausrichten, ihre Stimme erheben wie eine Posaune und die Sünden strafen, muß es alsobald Schandpredigten, Schandschriften heißen, schreiben vor was und wie man predige, sind Autonomen, mustern das Gesetz aus der Kirche, wie Schenk, und will nun der Pfarrer sich nicht nach ihnen richten, heißt es alsobald: „Er wolle ihrer Zehn für einen bekommen".

M. Hartmann Schenk, 1662—1669, ist der Dichter des Liedes: „Nun Gottlob es ist vollbracht" und Verfasser einer „güldenen Betkunst". Er wurde den 7. April 1634 zu Ruhla geboren und war der Sohn des dortigen Handelsmannes Hartmann Schenk, studierte zu Coburg, Helmstädt und Jena, wurde 1659 Magister, den 16. Juni 1662 Pfarrer zu Bibra, kam im September 1669 als Diakonus nach Ostheim, worüber Chr. Erasm. Freißlich bemerkt: „Ein Geheimniß war immer, eine geringe Caplanei einer viel einträglicheren Pfarrei in Bibra vorzuziehen" [2]), und starb als Pfarrer von Völkershausen 1681. Er soll 8 Söhne gehabt haben, von welchen Laur. Hartmann Schenk 1694 Diakonus zu Ostheim, später Adjunkt zu Robach und 1718 Superintendent zu Römhild,

---

[1]) Damit ist wohl der damalige Vogt oder Gerichtsverwalter gemeint. -- [2]) Randbemerkung in Wontt's „Wohlüberschattetem Jünger" pag. 90.

und Friedrich Ernst Schenk Amtmann zu Wasungen wurde. In Bibra wurden ihm 3 Töchter geboren. Er hat das hiesige Kirchenbuch bei seinem Amts= antritte angefangen [1]).

Schenk wird in der 2. Auflage des „Augierten Adelsspiegels" 1664 von seinem Vorgänger Seyffart stark mitgenommen. Gleich auf der Rückseite des Titelblattes heißt es unter Beziehung auf Luthers Colloquien 275, 277, 278: „Obgleich sich etliche finden die Schenken loben, so bleibt er doch ein süß= mündiger Prediger, welches die größten Betrüger sind. — Schenk verwirft die Predigt des Gesetzes ganz und gar als die nicht nötig wäre, wird ein Antinomer, mustert das Gesetz aus den Kirchen, ist stolz und hochmütig und will gern Bischof q. Superintendens sein. — Niemand soll sich verwundern, daß Schenk ein groß Ansehen hat, darum daß er wohl waschen kann, es ist aber nichts dahinter, es sind nur Worte und nichts mehr. Die Welt ist wunderlich und unbeständig, will immer etwas neues haben und suchet, was seltsam und ungewöhnlich ist. Aber sobald die Hofleuthe seine Worte gewöhnen und merken, daß er immer ein Liedlein singt, so werden sie seiner müde und überdrüssig werden und ihn verachten". — Vielleicht daß Schenk in Erfüllung dieser Voraussagung schon 1669 lieber schlechtbesoldeter Diakonus zu Ostheim als Pfarrer in Bibra sein wollte. Jedenfalls scheint er ein gelehrter Herr gewesen zu sein, denn wenn auch Seyffart seinen Namen nicht nennt, so soll es sich doch offenbar auf ihn beziehen, wenn er sagt: „daß mancher komme zu seiner Pfarr per Nominativum des Namens halber, daß er viel Autorität und Ansehen überling hat oder sonsten hoch getittelt und graduirt, das er will sein ein orientalischer Magister, das sind solche, welche 20 Ellen an ein paar Hosen tragen als Weiber=Schürzen. Aber solchen stehet ein tapferer Hengst besser an als die Cantzel. Läßt sich mit seiner vermeinter Ebreischer, Syrischer und Arabischer Sprache heraus gleich als wenn man nicht mehr in Teutschland sondern in Ebreer und Syrer Land wäre und keine Teutsche, sondern lauter Ebreer und Syrer vor sich hätte, also daß man mit seinen gradibus und titulis etliche Feldgewende beschreiben könnte." — Wenn er dann weiter sagt: „Etliche kämen ins Amt per Accusativum Diffamiren andere, meynen sie sind gelehrter als alle. Etliche per Ablativum, lassen ihnen die Besoldung schmelern, nehmen Miedlingslohn", und weiter unten: „ein Prediger solle nicht ein Suppenprediger sein und den Leuten zu gefallen predigen wie er vom Herrn Luthero beschrieben wird und spricht: Sechs Stücke gehören zu einem Suppenprediger, wie die Welt gern haben will 1) daß er gelehrt sey, 2) daß er eine fein Außrede hab, 3) daß er beredt sey, 4) daß er ein schöne Person sey, 5) daß er kein Geld nehme,

---

[1]) Nach Brückner, R. Beitr. II. 160 soll sein Bild in die hiesige Kirche gekommen sein. Es ist das offenbar eine Verwechselung mit Moritz Schatz.

sondern Geld zugebe, 6) daß er rede was man gerne höre", so sind das schwere Vorwürfe, von denen manches wohl auf Rechnung der begreiflicher Weise in Seyffarts Gemüt gegen Schenk waltenden Erbitterung zu setzen sein mag. Sein Nachfolger

Johann Justus Hauff, 1670 bis 15. Februar 1696, war in Meiningen geboren, besuchte die Schulen zu Meiningen und Schleusingen, studierte zu Jena und Wittenberg, wurde 1669 Pfarrer zu Eiringshofen und Fischbach im Baunach= grunde und kam 1670 nach Bibra. Von ihm sagt Woytt: „Er ist auf unge= mein schimpfliche Weise so schrift= als mündlich tractiert und nach seinem Tode vielen der Zweifel hinterlassen worden, ob er sich wegen entsetzlicher Stürme und Feindseligkeiten das Leben abgehärmt oder durch natürliche Zufälle noch bei seinen besten Jahren zu Grabe befördert worden. Und wenn schon weder vor noch nach Herrn Pfarrer Hanssen kein Predigerseufzer über Bibra gefallen wäre, würden ihrer doch übrig genug sein, solchen Ort noch vor dem 4. Nach= kömmlingsgliede zum Wunder in diesem Lande und in demselbigen manchem Pfarrkinde ein schreckliches Ende zu machen." Von welcher Seite solche Wider= wärtigkeiten ihm bereitet worden sind, muß dahin gestellt bleiben, aber doch wohl nicht seitens der Gutsherrschaft, wie es Woytt darstellen möchte, denn bei zweien seiner Kinder waren Glieder der Gutsherrschaft Pate, beim zweiten Frau Martha Sophie von Bibra und bei dem sechsten der 9jährige Sohn derselben, Christoph Dietrich von Bibra, was doch auf ein langjährig gutes Verhältnis zwischen Schloß und Pfarrhaus schließen läßt, überdies hat er die verschiedenen Familien= ereignisse seiner Gutsherrschaft, freudige wie traurige, im Kirchenbuche mit, wenn auch poesielosen, doch gut gemeinten Reimereien begleitet, was bei Zwistigkeiten mit derselben sicher unterblieben wäre. Einige Proben seiner Muse mögen hier Platz finden: Die Verehelichung Hans Kaspars v. Bibra mit Martha Sophie Truchseß v. Pommersfelden 1671 den 5. März feiert er folgendermaßen:

Ich wünsche viel Glück,
lebt friblich, lebt schiedlich
Ohn Hader und Tück.
Gott segne, seregne
Euch edeles Paar
    mit freuden ohn leiden
Viel kommende Jahr!

Gott schenke, bedenke
Euch edeles Paar
mit Reben, so schweben
    ohn alle gefahr!

Die Geburt eines Zwillingspaares gab ihm Veranlassung zu folgendem Taufwunsche:

Sey willkommen Edles Paar.
Du bringst große Freud in Bieber,
Das ist kund und sonnenklar
und uns allen desto lieber,
Daß Du bist der Stamm Erhalter
in der Jugend, in dem Alter!

2.

Ich wünsch als der Teuffer heut,
daß Du mögest lange leben,
Gott laß Dich doch allezeit
in erwünschten Freuden schweben
Und den Eltern Lust erwecken,
Wenn Sie in dem Kreuze stecken.

3.

Ja Du edles Zwillings Paar
Wolst den Bieber-Stam vermehren,
Daß er grüne immerdar,
Gott dem Herrn wachs auf zu Ehren
Und den lauf also vollende,
Daß Du nehmst ein gutes Ende!

Den bald darauf erfolgten Tod dieser Zwillingsknaben hat er mit folgenden Worten besungen:

So ist die gantze Welt zu nennen
Ein recht Commœdianten Hauß,
Kaum giebt sich dieser zu erkennen,
So ist Er aus der Sçen hinauß.
Ein ander wartet in dem Wiel (?)
biß auf sein spat gesetztes Ziel.

2.

Und also hat sich auch gefunden
Das Hochbeliebte Zwillingspaar
In seines lieben Jesu Wunden
aus dieser schnöden Spieler Schaar.
Ihr Seele hat sich hingewant
in Ihr gewünschtes Vaterland.

3.

Ich will Euch nun ein grabmahl sezzen,
darin soll meine Pflicht bestehn,
Und Euren Ruhm in Cedern äzzen,
der soll biß an die Sterne gehn.
Indeß soll Euer Leib und Bein
in Ihrer Höle ruhig sein!

Von ihm ist offenbar auch die bekannte Grabinschrift:

Weg Welt, auch du Biber,
Ihr Eltern lebet wohl.
Im Himmel bin ich lieber
Ich bin nun freudenvoll.

Seine Familienverhältnisse anlangend hatte Hauff schwere Schicksalsschläge zu erfahren. Von 7 Kindern gingen ihm vier ins Jenseits voran, darunter ein 7jähriger Sohn, welcher durch einen Sturz in der Scheune 1681 verunglückte. Er selber scheint im besten Mannesalter nach vorausgegangener Krankheit gestorben zu sein, die ihn aber nicht hinderte, noch 8 Tage vor seinem Tode einen Eintrag in das Kirchenbuch zu bewerkstelligen. Seine Schwägerin Susanne Martha Weber war „der gnädigen Frau Kammermägdlein", seine Frau demnach eine geborene Weber. Bereits im März desselben Jahres wurde zu seinem Nachfolger bestimmt

Laurentius Wolfgang Woytt, 1696—1704. Er war zu Kohlberg in der Oberpfalz¹) im Jahr 1673 geboren. In seinem elften Jahre, 1684, kam er nach Nürnberg, wo es ihm, weil seine Eltern, darum, daß er Geistlicher werden wollte, „seiner nichts achteten", anfangs herzlich schlecht ging, sodaß, wie er selber sagt, ein Jahr lang Nürnberg ihm ein rechtes Myrrhenberg war. Nachdem er noch 3 Jahre sich dort kümmerlich durchgeschlagen, nahm sich seiner eine dortige Pfarrfamilie an. Als aber die Frau vom Hause in Schwermut den Tod in der Pegnitz gesucht und gefunden, wurde er durch deren Mann an einen anderen Geistlichen empfohlen, in dessen Hause er zunächst den Sonntagstisch und sehr bald auch Wohnung und tägliche Kost fand und als der leibliche Sohn gehalten wurde. 19 Jahre alt kam er als Pfarrer nach Hafenpreppach, 4 Stunden von Coburg, wo er am 1. Ostertage 1692 seine Antrittspredigt unter vielem Zulaufe hielt, nachdem er am Freitag vor Palmarum vor dem Hochfürstl. Konsistorium zu Meiningen examiniert und am

¹) Nach der gewöhnlichen Angabe würde er aus „Colberg in Franken" stammen, womit füglich nur das jetzt meiningische Dorf Colberg bei Ummerstadt gemeint sein könnte. Die Bezeichnung Kolbergensis Palatinus (s. die folgende Seite!) weist aber entschieden auf einen pfälzischen Ort gleichen oder ähnlichen Namens, und Kohlberg in der Oberpfalz ist der einzige, welcher in Betracht kommen kann.

Palmsonntage in der Stadtkirche ordiniert worden war. Bei seiner Anstellung gelobte er: Paratissimam obedientiam et diligentiam sincero animo promisit Laurentius Wolfgang Woytt, Kolbergensis Palatinus, pastor rite et legitime vocatus Haffenpreppachensis die XX. Martii 1692. Nach kurzer Amtsdauer daselbst kam er nach Aschenhausen, wo ihm bei seinem Abschiede das Zeugnis ausgestellt wurde, er habe sich als ein rechter treuer Seelsorger erzeiget, über gute Zucht und Diszilin gehalten und dabei nächst den lieben Seinigen in Leben und Wandel sich christlich und wohl verhalten und sei gegen jedermann willfährig, freundlich und barmherzig gewesen. „Auf unvermuthete Recommandation einiger vornehmer Leute und nicht durch Schmiralien und andere unziemliche Mittel" lud ihn Hans Kaspar von Bibra, nachdem derselbe zuvor den Schulzen und dessen Sohn nach Aschenhausen geschickt hatte, damit sie ihn predigen hörten und sonstige Erkundigungen einzögen, den 25. März 1696 zu einer Gastpredigt ein, welche er Freitag den 27. März zu so großer Zufriedenheit des Patrons hielt, daß man sie, obwohl sich über 20 Geistliche und Studiosen zur Pfarrstelle gemeldet haben sollten, als Probepredigt gelten ließ und sofort die Vokation ausstellte. Woytt scheint seine neue Stelle Ende April oder Anfang Mai angetreten zu haben. 1701 wurde er in den pegnitzischen Blumenorden unter dem Namen Filidor aufgenommen und mit dem kaiserlichen Lorbeer gekrönt. Er galt zu seiner Zeit als ein guter Poet, seine Gedichte, die er unter dem Titel „Andächtige Nachtigallenschläge der gottgeheiligten Philomele" herausgab, zeigen die damalige dichterische Fertigkeit ohne Innigkeit und Hoheit der Empfindung [1]).

Er scheint ein eifriger und scharfer Prediger gewesen zu sein, der sich trotz seiner Jugend nicht scheute, seiner Gemeinde von der Kanzel aus ihre Sünden und Schäden vorzuhalten, dadurch aber manchen Feind im Dorfe sich machte und auch die Herrschaft gegen sich aufbrachte, sodaß man nur auf eine Gelegenheit wartete, um ihn zu „enturlauben" (wenigstens suchte er es so darzustellen), und die sollte sich bald finden.

Auch der damalige Pfarrer in Jüchsen, Samuel Christian Thomä [2]), war Mitglied des pegnitzischen Blumenordens. Mit ihm zusammen hatte Woytt im Walde am Wege nach Jüchsen eine Laube angelegt nach dem Vorbilde des Irrgartens in Nürnberg, wo beide im Sommer sich öfters zu treffen pflegten, um gemeinsam der Dichtkunst obzuliegen. Als Woytt an einem Sonntagnachmittage nach Pfingsten 1703 dort auf seinen Freund wartete, kam die Tochter des bibraschen Hausvogtes Pfister, welche in der Nähe die Kühe weidete, zu ihm, um ihm einen Fehltritt gegen das sechste Gebot zu gestehen und um seinen seelsorgerischen Zuspruch zu bitten. Woytt verwies ihr den Ort

[1]) N. Btr. II. 161. — [2]) 1700—1709.

als unpassend, da, falls er mit ihr gesehen werde, leicht üble Nachrede ent=
stehen könne. Aber schon kam er damit zu spät. Hans Werrbach, damals
Ochsenknecht auf dem Gute, und der Sohn des bibraschen Jägers hatten im
Vorübergehen beide gesehen, und wenn sie auch, nach seiner Heimkehr vom
Pfarrer noch an demselben Tage im Pfarrhause darüber zur Rede gesetzt, er=
klärten, daß sie weit entfernt wären, irgend etwas Übles vom Herrn Pfarrer
zu denken, so hatten sie doch bereits in für Woytt nachteiligster Weise darüber
gesprochen. Es ging sehr bald das Gerücht im Dorfe, der Pfarrer habe mit
der Hausvogtstochter unerlaubten Umgang gehabt. Eine Untersuchung wurde
deshalb gegen ihn eingeleitet, bei welcher „der jüngere" Herr von Bibra, der
Pfarrer Kühn von Nordheim und der bibrasche Gerichtsverwalter Balthasar Groß
den Gerichtshof bildeten und die verwitwete Frau Martha Sophie von Bibra
kein Bedenken trug, sich in das Gerichtsverfahren einzumischen. Der Pfarrer
wurde auf das Schloß zitiert und verhört. Die als Belastungszeugen vor=
geladenen Gemeindeglieder, welche nichts Gravierendes aussagen konnten, wurden
befragt, ob sie bei einem in solchem Gerüchte stehenden Pfarrer noch zur Beichte
gehen wollten. Das Bibrasche Gesinde redete mit den frechsten Schimpfreden
über den Pfarrer, um sich angenehm bei der Herrschaft zu machen. Die ge=
sinnungstüchtigen Gemeindeglieder mußten stillschweigen, um nicht mit schweren
Strafen belegt zu werden. Endlich sollten die Akten an eine juristische Fakultät
eingeschickt werden, um deren Gutachten zu hören, ohne daß man dem Pfarrer
Einblick in dieselben verstattet hatte; man schickte sie aber nur an das Rats=
kollegium der Stadt Schweinfurt, welches allerdings nach den wohl nicht ganz
unparteiisch geführten Akten den Pfarrer für schuldig halten mußte. Es wurde denn
auch den 23. Januar 1704 demselben das Entlassungsdekret eingehändigt mit dem
Auftrage, innerhalb sechs Wochen die Stelle zu räumen und während dieser
Zeit sich aller seelsorgerischen Thätigkeit zu enthalten. Nochmals zum heiligen
Abendmahle zu gehen, sollte ihm gestattet sein, wenn er den Pfarrer Kühn
von Nordheim zum Beichtiger nähme, während sein Konfessionar der Rapperts=
häuser Pfarrer war, und als ihm den 22. Februar ein Kind starb, sollte die
öffentliche Beerdigung nur gestattet sein, wenn Kühn die Leichenpredigt halte.
Da Woytt sich das nicht bieten lassen wollte, beerdigte er, da auch die große
Glocke, wie sonst gebräuchlich, zu läuten verboten worden war, sein Kind in
der Stille.

Die Gemeinde, welche nicht geglaubt haben mochte, daß es so weit kommen
würde, war unterdessen nicht unthätig geblieben. Die besser Gesinnten hatten
ein Bittgesuch in 2 Exemplaren anfertigen lassen, in welchem sie um Restituierung
des Pfarrers nachsuchten und das 32 Männer und 9 Witfrauen unterschrieben
hatten. Die 2 Männer, welche beauftragt waren, das eine Exemplar auf dem
Schlosse abzugeben, wurden von der gnädigen Frau sehr ungnädig aufgenommen

und ins Loch gesteckt, bald aber wieder entlassen, die anderen zwei aber, welche das andere Exemplar nach Würzburg den dort weilenden beiden älteren Herren überbracht hatten, wurden bei ihrer Rückkehr für jede Meile Weges (24) mit 1 Stunde Haft belohnt, die Petenten aber von 8 Thalern bis zu 1 Reichsthaler je nach Vermögensverhältnissen bestraft, der Vizeschulz[1]) endlich, welcher an ihrer Spitze gestanden, als seines Amtes unwürdig desselben entsetzt.

Donnerstag den 6. März abends erschien in dem Pfarrhause mit der Laterne ein bibrascher Diener, welcher den Pfarrer höflichst auf das Schloß einlud unter dem Vorgeben, es seien neue Briefe von Würzburg angekommen. Woytt, nichts Arges ahnend, folgte der Einladung. Nachdem er aber ½ Stunde vergeblich auf die Herrschaft gewartet, erschien derselbe Diener wieder mit der Eröffnung, daß der Pfarrer bis auf weiteres in Arrest bleiben werde. Es wurde ihm nicht einmal gestattet, seiner Frau über seine Lage Mitteilung machen zu dürfen. Erst Montag abends nach erneutem Verhöre wurde ihm mitgeteilt, daß er nicht eher fortkommen werde, als bis er einen ihm vorgelegten Revers unterschrieben oder 2000 Thaler Kaution gestellt habe. Woytt bot 1000 Thaler, aber umsonst, endlich entschloß er sich mit schwerem Herzen, den Revers zu unterschreiben, widerrief ihn aber, sobald er aus dem bibraschen Machtbereiche war. Herzog Bernhard von Meiningen, welcher von des Pfarrers Gefangennehmung gehört hatte, schickte tags darauf, den 11. März, einen Kommissar mit dem Auftrage, die Loslassung zu erwirken und die Akten sich vorlegen zu lassen, was aber unter dem Vorwande, daß dieselben zu weitläufig seien und man sie lieber verbrennen wolle, abgeschlagen wurde. Am Freitag zwischen Judica und Palmarum nachmittags um 3 Uhr zog Woytt, nachdem er zuvor in der Kirche und auf der Höhe am Arnsberg gebetet, von Bibra ab. Die Herrschaft erklärte öffentlich, daß wegen der Hausvogtstochter nichts auf Woytt zu bringen gewesen sei, gab aber in dem Entlassungsdecrete v. 23. 1. 1704 an, „daß sich zwischen dem Pfarrer und der ihm anvertrauten Gemeinde allerhand Widerwärtigkeit[2]) ereignet, daß nicht allein das hine inde höchst nöthige Vertrauen gänzlich erloschen, sondern auch sich noch verschiedene andere Dinge ergeben, dadurch größere Übel und merkliche Ärgernisse zu besorgen gewesen, ja gleichsam vor Augen gelegen".

---

¹) Er hieß Hans Stephan Schorr. Woytt sagt von ihm: „ein zwar mit mir sehr wenig umgegangener aber sonst frommer, christlich aufrichtiger und gewissenhafter Mann, der von allen gottesfürchtigen Herzen das löbliche Zeugnis hat, daß er das Böse meide, Gott fürchte und recht thue und ein treuer Israeliter sei, in welchem kein falsch ist und deswegen auch samt seinen Nachkommen in Segen bleiben müsse." — ²) 1698 hatte man ja bereits Woytt „wegen zu langsam gekommener Kälber, Käs- und Butter-Nutzens Entbehrung" verklagt und in empfindliche Strafe genommen.

Woytt hat die Angelegenheit sehr ausführlich dargestellt in seiner 101 Seiten umfassenden Schrift: „Der auf dem Bibra'schen Golgatha von Jesu Creutz Wohl-überschattete Jünger, das ist ausführliche und Grundrichtige Vorstellung des fast nie erhörten Unglücks-Trifft, so Gott über bis anherigen bey die acht Jahr gewesenen Adelich-Bibraischen Pfarrer verhänget und im gantzen Lande ruchbar werden lassen". Die Vorrede dazu hat er „geschrieben auß Züchsen, im Fürstenthum Meiningen, den 24. Juni als am Tage Johannis des Täuffers Anno 1704" [1].

Seine Frau war Katharine Vetterlein, Tochter des Freih. v. Stein'schen Gerichtsverwalters zu Weybenburg und späteren meiningischen Kammersekretarius Georg Vetterlein und dessen Frau Susanne, geb. Hellwig, geboren den 3. Februar 1678. „Im 15. Jahre ihres Alters begab sie sich mit Consens ihrer lieben Eltern in die Ehe anno 1693 den 2. Februar" (Kirchenbuch zu Ott-weiler bei Saarbrücken) und gebar ihrem Gatten in Bibra 5 Kinder, von welchen zwei bald wieder starben. Ein älterer Sohn, Georg Christian (Christoph), war schon in Aschenhausen geboren.

Noch im Jahre 1704 fand Woytt neue Anstellung zu Markteinersheim bei Nürnberg, in welcher er bis 1712 blieb. Ein aus dieser Zeit von ihm erhaltenes Bild trägt die Unterschrift: „P. L. Woytt Hochgräflich Limburg'scher Hof-prediger und Pfarrer zu Markteinersheim kaiserl. gekrönter Poet und in dem edelgekrönten Pegnesischen Blumenorden benahmter Filidor. Aetat. 37. Minist. 18. ann." Die Chronik von Markteinersheim kann ihm das Zeugnis nicht versagen, daß er ein geistig hochbegabter Mann gewesen, stellt ihn im übrigen als Schwätzer hin und beschuldigt ihn des Ehebruchs. Möglich, daß er noch unter den Nachwirkungen der Bibraer Streitigkeiten zu leiden gehabt hat. 1714 bis 1736 war er Pfarrer der lutherischen Gemeinde zu Edenkoben in der Rheinpfalz und von 1736—1739 hochgräflich Leiningen-Heydesheimischer Consistorialrat, pastor primarius und Inspektor zu Colgenstein in der Rheinpfalz, wo er den 12. Dezember 1739 starb. Sein zu Aschenhausen geborener Sohn Georg Christian, welcher während der hiesigen Amtsdauer seines Vaters die Schule zu Römhild besuchte, wurde 1718 Hofprediger zu Ottweiler und hat in 2 mächtigen Folianten das 1. Buch Mosis nach Luthers „pur eignen" Worten erklärt. Titel: Lutherus biblicus. Bei ihm starb 1745 seine Mutter.

Bernhard Schubert, 1704—1746. Er war der Sohn eines Metzgers und Bürgers zu Coburg, wo er den 16. Januar 1676 geboren wurde. Er absolvierte seine Studien zu Coburg und Jena und wurde in Bibra eingeführt

---

[1] Weinrich, Kirchen- und Schulenstaat 1720 p. 548 bezeichnet ihn als den „berufenen" Woyd. Es soll das gewiß kein Epitheton ornans sein, sondern so viel bedeuten wie „berüchtigt".

den 1. Advent 1704, nachdem er 14 Tage vorher seine Probepredigt gehalten hatte. Er bezog die ganze Jahresbesoldung, soweit dieselbe nicht an Wohnt gefallen war, mußte aber dem Pfarrer Kühn von Nordheim für 29 Predigten, welche derselbe während der Vakanz in Bibra gehalten, 29 Reichsthlr. und der Gemeinde für den Herbochsen, den sie das ganze Jahr gehalten, 5 fl., sowie seine Ordinationskosten bezahlen. Den 5. Mai 1705 verheiratete er sich mit Elisabethe Clemens, Stieftochter des Fürstl. Sächs. Geleitsmannes Johann Maus zu Meiningen, welche ihm 7 Kinder, 5 Söhne und 2 Töchter, gebar, von denen aber nur 1 Tochter und 2 Söhne, Johann Heinrich (geb. den 30. März 1714, von 1740—43 Gerichtsverwalter in Bibra) und Christian, ihn überlebten.

Mit der Gutsherrschaft scheint Schubert in sehr gutem Einvernehmen gelebt zu haben, da Ludwig Ernst von Bibra die Frau Pfarrerin zur Patin seines den 13. August 1732 geborenen Töchterchens erwählte, welches nach ihr auch die Namen Maria Elisabeth erhielt. Auch soll die Gemeinde Bibra sich erboten haben, einen seiner Söhne studieren zu lassen, Schubert das aber nicht zugegeben haben. Ob Schubert schon bei seinen Lebzeiten das ehemalige Schlößlein in Wölfershausen gekauft, oder ob dasselbe erst später in den Besitz seiner Nachkommen gekommen ist, steht dahin, auf alle Fälle waren dieselben 1789 dort angesessen. Er starb den 5. Dezember 1746 und wurde den 8. Dezember beerdigt. Auf seinem Grabdeckel steht sein Wahlspruch: Cupio dissolvi. Redemptor meus vivit. Nach fast 2jähriger Vakanz folgte

Christian Erasmus Freißlich, 1748—1789. Er war 1713 zu Salzungen geboren als jüngster Sohn des dortigen Quintus und Organisten Ernst Emanuel Freißlich [1], studierte zu Halle und Jena und war dann mehrere

---

[1] Sein Vater war Johann Weigold (Wigalaeus) Freißlich oder Freißling, 1658 bis 1689 Pfarrer zu Immelborn. Derselbe stammte aus München, wo er 1619 geboren wurde. Er soll Mönch gewesen, aber aus dem Kloster entsprungen sein und sich unter den Schutz Herzogs Ernst d. Fr. gestellt haben, der ihn als Pfarrer nach Immelborn setzte, wo er fast 31 Jahre wirkte und den 29. März 1689 starb. Sein Bild befindet sich noch in der dortigen Kirche. Er war dreimal verheiratet und hatte 13 Kinder. Aus der 1. Ehe mit Anna Elisabeth geb. Krauß aus Walsungen († 10. Juni 1664) stammte ein Sohn Ernst Immanuel ab. Aus der 2. Ehe mit Elisabeth geb. Neumann aus Salzungen († 1681 als Wöchnerin) stammten 5 Söhne, von welchen 2 jung starben, 3 später Ämter bekleideten (Maximus Theodor, Joh. Tobias und Joh. Wigaläus) und drei Töchter; aus der 3. Ehe mit Katharina geb. Bachmann aus Salzungen, welche 31 Salzkörbe besessen haben soll, hatte er 4 Kinder. Von Freißlichs Söhnen wurde einer ein berühmter Tonkünstler und der älteste, Ernst Immanuel geb. 1659, bei welchem Herzog Ernst d. Fr. Pate war, von 1680 bis 11. Januar 1729 Quintus und Organist in Salzungen. Von ihm stammen die Bibraer Pfarrer gleichen Namens. Da Freißlich reich und ihm die Ökonomie lästig war, trat er den größten Teil des Pfarrgutes gegen eine jährliche Leistung von 6 Mltr. Gerste mit Genehmigung seiner Behörde an die Gemeinde ab, wodurch die Pfarrbesoldung sehr geschmälert wurde. Brückner, Neue Beiträge II. 645 und 646.

Jahre Hauslehrer bei den Herren von Bentheim in Wasungen. Den 21. Sept.
1741 baten seine zu Gotha lebenden Brüder, der Küchenschreiber Johann
Christoph und Johann Heinrich, daß er als Diakonus zu Salzungen angestellt
werden möge. Den 3. November 1748 wurde er durch den Pfarrer von Nordheim in sein hiesiges Pfarramt eingewiesen, welchem dafür die Gemeinde 3 fl.
8 Bß. „zum Recompence" bezahlte. Verheiratet war er mit Eleonore Christiane
Zink, jüngsten Tochter des Kammeragenten und Ratsherren Karl Christian Zink
zu Salzungen, mit welcher er 5 Kinder zeugte, von denen eines tot geboren
wurde, 2 nur wenige Stunden und eines 1 Jahr alt wurde und nur der erste
Sohn ihn überlebte. Bei dem dritten Kinde, welches den 19. Mai 1759 geboren
wurde, war Gottfried Heinrich Ludwig von Bibra, Sohn Sr. Exzell. des schwed.
Geh. Legationsrates von Bibra auf Irmelshausen, Pate. Seine Frau starb
den 7. August 1783. Er erhielt den 13. Juli 1778 seinen einzigen Sohn und
späteren Amtsnachfolger zum Substituten und starb 76 Jahre alt den 22. Mai 1789,
nachdem ihn wenige Tage zuvor der Schlag getroffen. Seine Beerdigung fand den
25. Mai statt. Er hat in seiner Amtsführung, wie er selber schreibt, „an Drangsalen
hier keinen Mangel gehabt", denn nicht bloß, daß er, um den Übergriffen der Anlieger
zu steuern, 1754 die Versteinung des Pfarrgutes durchsetzen mußte, und die Gemeinde
sich die ihm übertragene Verwaltung Bauerbachs nicht gefallen lassen wollte und
ihm deshalb aufsässig wurde, so hatte er auch 1762 Ärgernisse mit dem Kirchenchore,
sah sich durch die Einführung neuer Fruchtarten und die veränderten Anbauverhältnisse vielfach in seiner Zehnteinnahme beeinträchtigt, was zu Streitigkeiten
führte, in welchen er zum größten Teile den kürzeren zog, und wurde ihm das
der Pfarrei von Alters her zustehende und von ihm selbst ausgeübte Recht
auf Holzbezug aus dem Pfaffenstriche streitig gemacht. Veranlassung zu manchen
Verdrießlichkeiten mögen auch die katholischen Geistlichen gegeben haben, welche
von Zeit zu Zeit mit den katholischen Gutsherren[1]) hierher kamen. Die größten
Verunreinigungen der Kirche sollen seitens jener Herren nichts Seltenes gewesen
sein, einer derselben drohte sogar dem Pfarrer einmal mit Schlägen und Ohr

---

[1]) Johann Philipp Karl Joseph v. Bibra, geb. den 16. April 1706, Sohn Christoph
Dietrichs von Bibra und seiner Ehefrau Marie Katharine geb. v. Erthal, katholisch, seit
21. Juli 1736 durch Vertrag mit seinen beiden Oheimen alleiniger Besitzer von Bibra, hatte
4 Söhne:

1) Franz Ludwig Ignatz, seit 1759 Domherr zu Mainz und Bamberg, gest. den
   7. Oktober 1790 als kurmainz. Statthalter im Eichsfeld.
2) Karl Philipp Rudolf Joseph, 1757 Domherr zu Bamberg, 1768 zu Würzburg,
   gest. den 6. Februar 1789.
3) Joseph Hartmann, Capitular des St. Burkardstiftes zu Würzburg und Geh. Rat,
   trat 1802 Bibra an seinen Vetter Karl Friedrich zu Höchheim ab und starb 1805,
   der letzte seiner Linie.
4) Friedrich Wilhelm, gest. 1769. (Gesch. d. Frh. 1. Ausgabe, S. 157.)

zeigen, „aber es bekam dem sauberen Herrn übel nach bei kaiserl. Kommission angestellten Klage". — In die Amtszeit Christ. Erasm. Freißlichs fällt auch Schillers Aufenthalt in Bauerbach[1]). Schiller verkehrte viel in dem Bibraer Pfarrhause und blieb öfters bis tief in die Nacht, niemals aber die Nacht über. „Ihre Pfarrer zu Bibra, Vater und Sohn" schreibt er den 23. April 1783 an Frau von Wolzogen, „kenne ich sehr gut und beide lieben mich, wie ich sie von Herzen. Den Jüngeren helfe ich Ihnen gewiß zum Vorteil bilden, sowie er mich Ihnen auch in sehr wichtigen Stücken befestigen soll." Auch noch von Mannheim aus schreibt er Grüße wie an seinen treuen Reinwald, so einmal an die beiden Pfarrer zu Bibra und ein andermal an den guten bibraischen Pfarrer, dem Frau von Wolzogen um seinetwillen gut bleiben möge[2]).

Karl Christoph Freißlich, 1789—1826. Er war geb. den 7. Juni 1750 und den 9. desselben Monats getauft, wobei sein Großvater Karl Christian Zink von Salzungen, sein Oheim Christoph Freißlich, Küchenschreiber in Gotha, und seine Tante Dorothea Apollonia, Frau des Hofadvokaten Menjing in Meiningen, Patenstelle vertraten. Er studierte zu Schleusingen und Jena und wurde, 28 Jahre alt, den 13. Juli 1778 Substitut seines Vaters, in welcher Stellung er seinen eignen Hausstand gründete, indem er sich mit Margarethe Ernestine, Tochter des Pfarrers Volcmar zu Queienfeld, geb. den 29. Septbr. 1756, am 26. April 1780 verehelichte. Nach dem Tode seines Vaters 1789 wurde er in Bibra Pfarrer und hat dieses Amt 37 Jahre bis zu seinem den 11. Februar 1826 in seinem 76. Lebensjahre erfolgten Tode verwaltet. Wegen überhand nehmender Körperschwäche war ihm ein Jahr zuvor sein Sohn Johann Wilhelm als Substitut beigesetzt worden. Er soll (Brückner, Neue Beitr.) wie sein Vater eine gesinnungsfeste, berufstreue Persönlichkeit mit patriarchalischem Wesen und Wirken gewesen sein. Mit Schiller hatte er, wie schon erwähnt, während des Bauerbacher Aufenthalts desselben viel Verkehr. Er hatte 12 Kinder, von welchen nur 6 ihn überlebten. Der älteste Sohn, Ludwig Philipp Christian, geb. 1782, war Pfarrer zu Treßdorf in Oberkärnthen, wo er infolge eines Sturzes mit dem Pferde vor seinem Vater starb. Der zweite, Christian Emanuel, geb. 1783, trat in bayrische Pfarrdienste und war 1826 Pfarrer zu Friesenhausen bei Hofheim. Der dritte, Christian Ernst Reinhard, geb. 1786, wurde Schreiner. Der vierte, Johann Justin Wilhelm Clericus, geb. den 26. Okt. 1794, wurde des Vaters Amtsnachfolger. — 1807 gab es Streit zwischen dem Pfarrer und der Gemeinde, wie es scheint wegen Anfang des Gottesdienstes. Karl Friedrich von Bibra zu Höchheim schrieb: „Wenn durch die gewünschte Feier der Feiertage Ruhe und Frieden zwischen dem Herrn Pfarrer und der Gemeinde zurückgebracht wird, will ich mir solche vor der

---

[1]) Dezember 1782 bis 20. Juli 1783. — [2]) Brückner, Schiller in Bauerbach.

Hand fallen laffen. Der Anfang des Gottesdienstes mag von jetzt ab um ¾ auf 9 bestimmt werden."

Johann Wilhelm Justin Clericus Freißlich 1828—1875. Er wurde als 10. Kind seines Vaters geboren den 26. Oktober 1794, studierte in Schleusingen und Jena, wurde Mitglied der Burschenschaft, war dann längere Zeit Hauslehrer, wurde, 31 Jahre alt, den 31. Februar 1825 ordiniert und seinem Vater als Substitut beigegeben, und nach dem Tode desselben Pfarrer zu Bibra. Seine Einführung erfolgte den 5. p. trin. 1828. Die Mahlzeit, welche die Pfarrwitwe besorgte, kostete 32 fl., die Gesamtkosten der Pfarreinführung, welche die Gemeinde bestritt, beliefen sich auf 85 fl. Den 2. Mai 1830 verehelichte er sich mit Johanne Marie Schleicher von Dreißigacker, mit welcher er 12 Kinder zeugte, von denen aber nur 5 Söhne (Heinrich, wurde Ingenieur, nahm in hervorragender Stellung unter Lesseps an der Erbauung des Suezkanals teil und wurde dafür mit dem preußischen roten Adlerorden II. Klasse dekoriert, starb zu Frankfurt a. M.; Raimund, Fabrikant in Ruhla; Adolf, Techniker in Berlin; Armin, studierte Chemie und ging nach Amerika; Ernst, Kaufmann in Frankfurt) und 2 Töchter (Antonie, verehelichte Schmidt in Meiningen; Lina, verehelichte Naß in Henneberg) den Vater überlebten. Als die Last der Jahre ihn zu drücken begann, suchte Freißlich um Enthebung von der pfarramtlichen Verwaltung des Filiales Bauerbach nach, welches mit dem 1. Advent 1866 an Ritschenhausen kam. Da er aber wegen zunehmender körperlicher Schwachheit auch sein Bibraer Pfarramt nicht mehr versehen konnte, erhielt er den 1. Dezember 1870 zu seiner Unterstützung den Vikar Fritz Wey aus Wasungen, welchem nach seiner Anstellung als Pfarrer zu Dingsleben Heinrich Hartmann aus Prießnitz bei Camburg den 9. Dezember 1873 folgte. Nachdem Freißlich am 13. Februar 1875 noch sein 50jähriges Dienstjubiläum gefeiert und bei dieser Gelegenheit in Anerkennung seiner langjährig treugeleisteten Dienste den Titel Kirchenrat erhalten hatte, wurde er den 24. Juni 1875 in einem Alter von fast 81 Jahren durch einen sanften Tod von seiner Leibesschwachheit erlöst und den 27. Juni durch Oberkirchenrat Schaubach beerdigt. Er war eine energische, thatkräftige Persönlichkeit und ein guter Prediger und hatte eine überaus kräftige Natur, welche es ihm ermöglichte, das Filial Bauerbach, von dem er aus langjähriger Erfahrung zu sagen pflegte, daß der Weg dahin weder zum Fahren, noch zum Reiten, noch zum Gehen sei, bis in sein 72. Jahr zu verwalten. Die Einführung einer Friedhofsordnung, die Umwandlung der den Chorschülern zu gewährenden Mahlzeit in eine Geldleistung, die für die Pfarrei sehr günstig durchgeführte Zehntablösung, der trotz mancherlei Anfechtung vollzogene Pfarrhausbau, die Beschaffung einer neuen Orgel, die Renovierung der Kirche, der Umguß der 2 kleinen Glocken geben Zeugnis von seiner sorgfältigen Amtsführung. Dabei war er ein großer Liebhaber der Obst baumzucht und hat dieselbe in jüngeren Jahren durch eigne Anpflanzung auf Gemeindegrundstücken zu fördern gesucht. Das Pfarrgut hat er längere Zeit mit 2 Pferden durch einen Knecht selbst bewirtschaftet. Es wird erzählt, daß die Gemeinde seine Anstellung in Bibra nur dadurch erlangt habe, daß sie die merkwürdigerweise ihr gehörige Abböschung des damals auf der Nordseite des Marktplatzes sich hinziehenden Burgwalles an die Gutsherrschaft abtrat.

Nach einjähriger Valanz, während welcher der bisherige Vikar die erledigte Pfarrei verwaltete, wurde derselbe seines Seniors Nachfolger.

Heinrich Leo Richard Hartmann wurde geboren zu Prießnitz bei Camburg den 30. Dezember 1849 als 3. Kind 1. Sohn des dortigen Schullehrers Georg Friedrich Hartmann. Er besuchte die Gymnasien zu Naumburg und Meiningen, studierte von Ostern 1869 in Leipzig und Jena, übernahm Ostern 1872 eine Hauslehrerstelle in Hoflauterbach bei Vöhl (Hessen), legte anfangs Oktober 1873 die erste theologische Prüfung ab, wurde den 7. Dezember desselben Jahres in der Stadtkirche zu Meiningen ordiniert und trat den 9. Dezember an Stelle des nach Dingsleben versetzten bisherigen Vikars Wey in das Vikariat zu Bibra ein. Nachdem im Sommer 1874 von seiner geplanten Versetzung in das Diakonat zu Wasungen infolge einer Petition der Gemeinde an leitender Stelle abgesehen worden war, wurde ihm den 12. Januar 1875 die Verwaltung der Pfarrei Nordheim von Bibra aus übertragen. Den 10. Juni desselben Jahres bestand er die zweite theologische Prüfung. Nach dem am 24. Juni erfolgten Tode seines Seniors verwaltete er die erledigte Pfarrei fast 1 Jahr und war schon im Begriff, die Pfarrsubstitutenstelle in Frauenbreitungen zu übernehmen, als er zur Pfarrei Bibra präsentiert wurde. Den 9. Juli, IV. p. trin., 1876 erfolgte seine Einführung durch Oberkirchenrat Fr. Schaubach. Im Mai 1877 verehelichte er sich mit der Enkelin seines verstorbenen Seniors, Anna Schmidt aus Meiningen, welche ihm den 17. August 1878 eine Tochter, Lina Marie Theodora, schenkte. Infolge Versetzung des Pfarrers Röhrig von Berkach überkam Hartmann neben der Pfarrei Nordheim auch noch das Filial Schwickershausen vom 6. Oktober 1878 bis 12. Februar 1879. Nach dem anfangs März 1879 erfolgten Tode des Pfarrers Spieß zu Jüchsen wurde ihm neben Bibra und Nordheim die vikarische Verwaltung von Jüchsen übertragen, welche vom 9. März 1879 bis 17. Mai 1880 dauerte und wegen des an 3 Orten zu haltenden Konfirmandenunterrichtes große Strapazen mit sich brachte. Bald nach der Besetzung der Pfarrei Jüchsen wurde die Pfarrei Berkach erledigt und Hartmann wieder mit der Vikarie von Berkach-Schwickershausen betraut, welche vom 1. Juli 1880 bis 1. Dezember 1881 währte und durch die Besetzung der kombinierten Pfarrei Nordheim-Berkach-Schwickershausen ihr Ende fand. Infolge Pensionierung des Pfarrers Höfling von Queienfeld wurde vom 18. April bis

1. Oktober 1883 die Pfarrei Lucienfeld=Rentwertshausen von Bibra aus vikarisch verwaltet. Den 15. November 1886 kam das alte Bibraer Filial Bauerbach, nachdem es 20 Jahre von Ritschenhausen aus verwaltet worden war, wieder an die Pfarrei Bibra zurück.

XIII.

Die Kirche.

Bibra hatte schon frühzeitig eine Kirche, von deren Bedeutung für die Um= gegend die Beziehungen, in welchen früher die Pfarrei zu einer ganzen Reihe benachbarter Orte stand, Zeugnis geben. Die ersten urkundlichen Andeutungen über ihr Bestehen giebt 1207 die schon angeführte Erwähnung des Pfarrers Detavitus parochianus in Bibera und das Vorkommen eines Wernherus vicarius in Biberach 1223; denn, wenn da auch die Kirche selber nicht genannt wird, so setzt doch die Existenz eines Pfarrers und Vikars notwendigerweise das Vorhandensein einer Kirche voraus. Erst 1336 findet sie selbst Erwähnung, indem unter den behufs Erlangung eines Darlehens von 12000 Gulden von Bischof Otto verpfändeten Stiftsgütern auch die ecclesia parochialis in Bibra apud Henneberk der Kantorei in Würzburg in Pfand gegeben und einverleibt wird [1]. Wo diese alte Kirche gestanden, ob auf dem jetzigen Kirchhofe oder an einem anderen Platze, darüber fehlt jeder Anhalt. Ihre Kirchweih wurde ursprünglich den 3. Pfingstfeiertag gefeiert, aber den 8. September 1483 durch den Weihbischof Georg Antworter auf den Sonntag nach Mariä Geburt ver= legt [2]. Das Patronatsrecht stand dem Domstifte zu Würzburg zu, welches dasselbe auch über die spätere Kirche ausübte, bis es durch die Reformation auf die Gutsherren überging.

Neben der alten Kirche gab es in der letzten Zeit des Bestehens derselben bis zur Reformation noch eine Kapelle in der Burg, von welcher der Archiv= turm in seinem inneren Umbau, der hochgiebligen Art des Daches, den ange= brachten gothischen Fenstern und dem steinernen Auftritte zu dem dort befind= lichen Altare noch deutliche Spuren erkennen läßt. Die Erbauung und Stiftung derselben hängt zusammen mit der am 17. Nov. 1473 durch die Reisigen Bischof Rudolfs erfolgten fahrlässigen Tötung Philipps von Bibra, Sohnes des Heinrich

---

[1] Gesch. d. Frh. I. 91. Mon. boic. 40. S. 19. 21. 27. — [2] Gesch. d. Fr. I. 93.

von Bibra zu Bramberg. Drei Würzburger Stiftsadlige, Bernhard von Wichsen=
stein, Jakob von Heldrit und Philipp von Bibra ritten nämlich Mittwoch nach
Martini, den 17. Nov. 1473, auf Befehl des Bischofs Rudolf mit 9 Knechten
durch das Stiftsgebiet, um nach vorausgegangener Fehde etwa noch wider=
spenstige Gegner zur Ordnung zu bringen. Bei einer aus diesem Anlasse er=
folgten Begegnung wurde Philipp von Bibra am genannten Tage vom „Alten
Haus", Knecht des Frauenbergers, „ungefehrlich" d. h. fahrlässig erschlagen.
Sofort erhoben die nächsten Angehörigen, sein Vater Heinrich, sein Bruder
Valentin, seine Vettern Kunz und Adam beim Bischof Rudolf Beschwerde gegen
Bernhard von Wichsenstein und Jakob von Heldrit „darumb, daß sie uff die=
selbige Zeit auch im Felde gewesen", mit anderen Worten, daß sie Beihülfe zur
Tötung ihres Verwandten geleistet, was diese aber in Abrede stellten. Auf
Veranlassung Dr. Kilians von Bibra wurde die Angelegenheit dem Grafen
Johann von Wertheim und dem Domherrn Jörg von Gich als Schiedsrichtern
übertragen, welche den 5. April 1474 folgende Vereinigung zustande brachten:

„Zu hilf, trost und Heyl Philipsen von Bibra selig Seele" verspricht
Alt Hans:

1. eine ewige Messe zu Bibra zu stiften und dazu denen von Bibra 600 fl. rh.,
die ungefähr 32 Gulden jährlich tragen sollen, auszuhändigen;

2. die Konfirmation dieser Stiftung auf seine Kosten zu erwirken, und zwar
des Inhalts, daß für ewige Zeiten alle Wochen drei heilige Messen und zwar
Montags für Philipsen und Aller von Bibra Seelen, Freitags zum Leiden
unseres Herrn, Samstags zu Unserer Lieben Frauen Ehren gelesen werden sollen.
Der Priester soll sich dabei nach dem Offertorium gegen das Volk kehren und
öffentlich für die Seele Philipps und Aller von Bibra beten;

3. eine Konzessionsurkunde zu erwirken, daß die von Bibra das jus patro=
natus dieser Stiftung für alle Zeiten erhalten;

4. „ein steinern Creuz mit helm und schildt, schrifft, jar und tag an das
Ende, da Philips schaden genommen, setzen zu lassen, zwischen heut und pfingsten".
endlich

5. denen von Bibra zur Stiftung eines Jahrtags zu Philipps Seele Trost
und Hilfe 100 Gulden zu geben, eine Romfahrt mit „seinem Selbstleibe" zu
thun von Weihnachten an über ein Jahr und darüber glaubhafte Urkunden
beizubringen [1]).

Schon am 12. April 1474 wurde den Geschlechtsvettern vom Bischof Rudolf
die Erlaubnis zur Erbauung einer Kapelle auf der Burg erteilt, von welcher
auch sofort Gebrauch gemacht wurde. Am 8. September 1483 war sie bereits
erbaut, da auf besonderes Ersuchen des Domprobstes Dr. Kilian von Bibra

---

[1]) Gesch. d. Frh. II. 120.

und anderer Weltlicher des Geschlechtes der Weihbischof Georg Antworter in einer zu Bibra selbst datierten Urkunde von demselben Tage die Kirchweih der Pfarre zu Bibra, welche sonst am dritten Pfingsttage gehalten zu werden pflegte, sowie die „neue Kirchweih der Kapellen im Schlosse zu Bibra" auf einen Tag zusammengelegt und verordnet hat, daß beide am jeweiligen Sonntage nach Mariä Geburt gefeiert werden sollten[1]), eine Einrichtung, die sich bis zum Anfang dieses Jahrhunderts erhalten hat, nur daß man da nicht mehr den Sonntag, sondern den in die Woche nach Mariä Geburt fallenden Kreuz-erhöhungstag, den 14. September feierte, der heute noch als „die alt Kirmes" bezeichnet wird.

Der obengenannte Dr. Kilian von Bibra war in sehr jungen Jahren gegen 1443 in das Domstift zu Würzburg aufgenommen worden und bald zu hohem Ansehen gelangt, sodaß er gegen Anfang des Jahres 1478 zum Dompropste erwählt wurde, ein Amt, welches er bis zu seinem am 3. Februar 1494 zu Würzburg erfolgten Tode zugleich mit der Würde eines vicarius generalis in spiritualibus und dem Archidiakonate bekleidete[2]). 1488 war er auch Pfarrer von Mellrichstadt. Trotz der vielen Ämter und Würden, die ihm zuteil geworden waren, hatte er sich ein reges Interesse für den Stammort seines Geschlechtes bewahrt und auf seine Bemühungen ist es wohl zurückzuführen, daß im Jahre 1492 eine neue Kirche zu Bibra zu bauen begonnen wurde, sei es nun, daß die alte zu klein oder baufällig geworden war. Mit großer Feierlichkeit wurde von demselben Georg Antworter, welcher schon 1483 die Kapelle auf der Burg geweiht hatte, und der auch später (1503) die Wallfahrtskirche zu Grimmenthal einweihte, die Grundsteinlegung vollzogen. Eine auf der Südseite der Kirche in der Ecke zwischen Chor und Sakristei angebrachte Gedenktafel giebt darüber in folgenden Worten Kunde:

Anno dom. 1492 am 16. tag des monatz julii hat der Erwirdige in Gottvater her Georg bischof | zu nicopolitan unsers gnedigen hern von wirzpurgk Suffragan mit gottlicher zirung sich darzu gebürent | den ersten stein an dise kirgen gelegt zu gegenwertigkeit des Erwirdigen und wirdigen hern kilian von Bibra in geistlichen rechten doctor thumprobst und probst zum | newenmünster zu wirzpurgk geistlichen vicarii. hern di | therich techant zu st. burkhardt. hern lorentz zu | mentz vnd albrechten beiden thumhern zu wirzburgk vnd bamberg, karlen, hans, philips, anthon, hartung, | valentin, lorentzen, petern, fritzen vnd hansen den jungeren | von bibra vnd sunst vil frawen vnd junkfrawen | desselben geslechts vnd andere andechtige menschen.

Ein Teil des Vermögens des kurz vorher in Verona gestorbenen kaiserl. Rates Wilhelm von Bibra, welcher die Begnadigung des Ortes Bibra mit dem

---
[1]) l. c. I. 93. Anm. — [2]) Gesch. d. Frh. I. 54.

Marktrechte vom Kaiser erwirkt hatte, soll zu dem Baue verwendet worden sein. Überdies gaben Kilian und Albrecht von Bibra als Testamentsvollstrecker ihres am Franziskustage 1492 verstorbenen Hausmeisters Paulsen, Vikarius des Domstiftes zu Würzburg und Pfarrers zu Geroldshofen, von dessen hinterlassener Habe eine „merkliche" Summe zu dem Baue[1]. Kilian erlebte die Vollendung der Kirche nicht, aber noch auf seinem Sterbebette gedachte er des in der Heimat begonnenen Baues und vermachte der Kirche zu einer Vikarie und ewigen Messe eine Gült von 40 fl. zu Münnerstadt, welche diese Stadt 1535 mit 1000 fl. ablöste[2], außerdem schenkte er seine Drucksachen der Kirche, von welchen sich noch einige, wahre Prachtwerke der ersten Zeit der Buchdruckerkunst, die aber leider durch Menschenfinger ihrer jedenfalls sehr schönen Initialen beraubt worden sind, bis auf den heutigen Tag erhalten haben[3]. Nach Vollendung des Baues wurde sein Wappen mit der Umschrift „Herr Kilian von Bibra 1503" in dem Fenster links vom Hochaltar angebracht, ist aber der Zeit zum Opfer gefallen.

Wenn aber auch Kilian die Vollendung der Kirche nicht mehr erlebte, so wurde der Bau doch von seinen Vettern Albrecht und Lorenz, von welchen der letztere nach Kilians Tode Dompropst und 1495 Bischof wurde, fortgesetzt, wenn auch vielleicht nicht ganz nach dem ursprünglichen Plane, denn die an der dem Schiffe zugekehrten Sakristei- und Turmwand erkennbaren Bogenanfänge scheinen darauf hinzudeuten, daß ursprünglich beabsichtigt war, von dort aus durch die Länge des Schiffes Bogen zu schlagen und dieses als dreischiffiges wahrscheinlich dann auch mit Deckenwölbung anzulegen. Was die Ausführung des ursprünglichen Planes verhindert hat, ist nicht bekannt. Die Kirche scheint gegen 1503 vollendet worden zu sein, da nicht bloß das dem Andenken Kilians

[1] Ein noch im Pfarrarchive vorhandenes darauf bezügliches Schriftstück lautet: „Die Erwirdigen wirdigen und hochgelerte herr Kilian von Bibra in geistlichen Rechten Docter Thumprobst des Thumstifts zu wirzpurg vnd herr Albrecht von Bibra Thumherr gemeltes Thumstifts als Testamentarien weylant des wirdigen herrn ... paulsen . . vicarii desselben Thumstifts pfarrers zu Geroldhoven des gemelten Herrn Thumprobsts Hausmeister seligen haben funfzehn gulden reinisch an die pfarr zu Bibra gegeben jerliche ewige nutzung dem itzigen und zukunftigen pfarrern zu Bibra darumb zu lauffen dieselben pfarrer dagegen verpflicht sein sollen dem gemelten meister paulsen selig jerlich vnd ewiglich vff ... Sanct franciscustag den nechsten tag darver oder darnach ungeverlich einen Jartag mit placito ... und dreien selmessen zu halten und zu allen quatembern so die sele der gestorben aus dem geschlecht von Bibra verkündet werden für des gemelten meister paulsen sele auch zu beten und zuverkunden. Dann die gemelten getrewen . . ein merkliche Summ von des offtgedachten meister paulsen seyligen verlassen habe an den Baw der pfarrkirchen zu Bibra gegeben haben Und ist der gedacht meister pauls verschieden uff Sanct franziscustag anno 1490 secundo". — [2] Geisch. d. Frh. I. 65. Dr. Kilian starb den 3. Februar 1494. — [3] Schön Bundschuh, geograph. Lex. v. Franken 1799. I. sagt: Sie sind von unwissenden Leuten so zerfleischt, daß man darüber weinen möchte. (Vergl. übrigens den Nachtrag!).

gewidmete Wappen diese Jahrzahl getragen hat, sondern auch das mit demselben korrespondierende im südlichen Chorfenster des Domherren und späteren Domprobstes Albrecht mit der Unterschrift „Herr Albrecht von Bibra 1503" dieselbe Jahreszahl zeigt. Das zwischen beiden im Mittelfenster über dem Altare befindliche, wie die beiden vorigen in Glas gemalte Wappen erhält das Gedächtnis des dritten um die Kirche verdienten Mannes, es ist das würzburgische Stiftswappen mit der Unterschrift: „Lorenz von Gottes Gnaden Bischof zu Wirzburg und Herzog in Franken 1503". Über die Einweihung der Kirche hat sich keine Nachricht erhalten. Die Kirchweih wurde wohl auch wie zuletzt die der alten Kirche am Sonntag nach Mariä Geburt gefeiert oder vielleicht auch gleich auf den 14. September, den Kreuzerhöhungstag verlegt, an welchem sie noch in den ersten Jahrzehnten dieses Jahrhunderts gefeiert worden ist.

Die Kirche ist ein stattlicher Bau, der besonders ausgezeichnet wird durch die große kreuzgewölbte Altarhalle und ihren von 5 hohen Fenstern durchbrochenen dreiseitigen Chorabschluß. Sie steht genau nach den Himmelsgegenden. Dem auf der Nordseite der Altarhalle stehenden Turme entspricht auf der Südseite der Sakristeibau, zwei übereinander gelegene gewölbte Räume, von denen der obere, nur durch Leiter und Fallthür von dem unteren zugänglich, zur Aufbewahrung alter Gerätschaften dient, während der untere, eine Seitenkapelle, wie der noch darin erhaltene Altar, an welchem die Weihezeichen deutlich erkennbar sind, zeigt, als Sakristei gebraucht wird. Das Schiff, welches 19 m lang, fast 13 m breit und wie die Altarhalle 11¼ m hoch ist, hat auf der Südseite 3, auf der Nordseite 2 hohe dreiteilige Fenster, welche, wie die in der Altarhalle, in dem Maßwerke in den verschiedensten Formen das Fischblasenmuster der Spätgotik zeigen. Ein fünfteiliges 3½ m hohes Fenster auf der Westseite ist fast ganz durch die erst später eingebaute obere Empore und die Orgel verdeckt. Die steinerne Kanzel steht auf der Südseite, der gleichfalls steinerne Taufstein in der Achse des Schiffes vor dem unter dem Triumphbogen befindlichen, jetzt als Kapitelstuhl dienenden Mittelaltare. Rechts und links von demselben stehen noch die alten Seitenaltäre. Auf der Nord- und Westseite des Schiffes sind später je 2 Emporen eingebaut. Zwei Stufen führen empor zu der fast 12 m langen und 8¼ m breiten Altarhalle, von welcher auf der Südseite der Eingang in die Sakristei und auf der Nordseite die Thür in den Turm führt. Neben dieser steht der Herrschaftsstand und diesem gegenüber neben dem Sakristeieingang ein Chorgestühl. Eine weitere Stufe führt empor zu dem Chorabschlusse mit dem Hochaltare und dem vergitterten Sakramentshäuschen in der Mauer auf der Nordseite. Von den 5 Fenstern des Chorabschlusses sind das mittlere und erste auf der Südseite drei-, die übrigen zweiteilig. Die Decke der Altarhalle bildet ein geripptes Kreuzgewölbe mit wappenverzierten Schlußsteinen, während das Schiff nur eine flache, ehedem bretterne, seit Mitte vorigen Jahrhunderts gipsene Decke hat. Der Fußboden ist im Schiffe mit Sandsteinplatten belegt, in der Altarhalle mit Backsteinen gepflastert. Die Kirche hat 3 Eingänge, einen kleineren auf der Nordseite und 2 große Portale auf der West- und Südseite.

Zur Zeit der Erbauung der Kirche lebte in Würzburg ein angesehener Künstler, Tillmann Riemenschneider, auch Meister Dyl oder Dalo Alpino Schneider genannt. Derselbe war geboren zu Osterode am Harz und wurde 1483 als Bildschnitzergeselle vom Magistrate zu Würzburg in Pflicht genommen. Er heiratete dann die jüngste Witwe des Goldschmiedes Ewald Schmitt und erwarb das Meisterrecht. Schon 1501 verstarb Anna Riemenschneiderin, Dyls Hausfrau, und derselbe scheint sich zum zweiten Male verehelicht zu haben, da später auch eine Margarethe Riemenschneiderin unter den Verstorbenen vorkommt. 1504 wurde Tillmann zum Ratsmann in den unteren Rat gewählt und 1518 durch das Vertrauen seiner Mitbürger und des Bischofs in den oberen Rat befördert, ja 1520 zum ersten Bürgermeister der Stadt Würzburg gewählt. Als solcher widersetzte er sich 1525 mit 10 anderen Ratsherren dem Verlangen des Bischofes, daß die wehrhaften Bürger gegen die Bauern ausziehen und die bischöflichen Söldner in den Bürgerhäusern untergebracht werden sollten. Als im weiteren Verlaufe der Dinge die Stadt sogar offen für die Bauern gegen den Bischof Partei ergriff und an dem Aufruhre sich beteiligte, wurde nach Niederwerfung desselben Riemenschneider seines Bürgermeisteramtes entsetzt und aus dem Rate entfernt, ja er hatte es wohl nur seinem Künstlerberufe zu danken, daß er nicht auch wie so viele andere hingerichtet wurde. Er starb den 8. Juli 1531. Seine berühmtesten Werke, von denen man noch über 100 kennt, sind: das Monument des Ritters Eberhard von Grumbach in Rimpar bei Würzburg, das Grabmal des Ritters Konrad von Schaumberg in der Würzburger Marienkapelle, das Denkmal Kaiser Heinrich II. im Dome zu Bamberg und das Denkmal des Bischofs Lorenz von Bibra im Dome zu Würzburg. Eigentümlich und charakteristisch ist an seinen Werken: die Eckigkeit in der Bewegung der Arme, eine besondere Winkelbiegung von Kopf, Brust und Unterleib bei sonst großer künstlerischer Vollendung, eine meist vortreffliche Bearbeitung der Hände, eigentümlich aufgebauschtes geringeltes Haar und große Zerknitterung der Gewandung.

Dieses Mannes bedienten sich die Gründer der neuen Bibraer Kirche zu ihrer Ausschmückung. Schon an den 10 Gewölbträgern in der Altarhalle ist Riemenschneiders Einfluß nicht zu verkennen, wenn er auch nur die Entwürfe dazu geliefert hat, die Ausführung aber weniger geübten Händen überlassen worden ist. Dafür hat er aber selber eine Reihe künstlerisch vollendeter Werke geliefert, welche seinen besten Leistungen würdig zur Seite stehen.

Vor allem ließ Bischof Lorenz von Bibra einen Denkstein für seinen 1472 gestorbenen und im Kloster Rohr begrabenen Vater Hans anfertigen, welcher in der neuen Kirche Aufstellung fand. Derselbe zeigt eine Rittergestalt in Waffenrüstung, das Schwert an der Linken, den Dolch an der Rechten, den Helm am Fuße zur Rechten, auf einem heraldschen Löwen stehend, dem Zeichen ritterlicher Kraft und Stärke. Der herrliche Kopf ist nicht Porträt und ähnelt wie das ganze Denkmal dem des Ritters Konrad von Schaumberg in der Marienkapelle zu Würzburg. In den Ecken befinden sich oben die Wappen derer von Bibra und der Voite von Salzburg, unten die Wappen der Thüngen und Lichtenstein. Die Umschrift lautet: Anno dom. MCCCCLXXII. decima die mensis February obyt validus nobilis Johannes de Bibra genitor reverendissimi Laurency episc. herbipolen. cujus anima requiescat in pace. Amen Sepultus in Rore.

Dieser Hans von Bibra war der älteste Sohn Antons von Bibra, wird schon 1419 erwähnt, war 1456 Amtmann zu Mellrichstadt und an mehreren Fehden beteiligt, so am Streite wegen der hennebergischen Pfandschaft Themar und Osterburg, der Fehde des Domherrn Heinrich von Henneberg mit seinem Neffen, sowie der seines Vetters Bartholomäus wider Herzog Wilhelm von Weimar. Er lebte längere Zeit zu Mellrichstadt und wohl auch häufig zu Bibra. Er war dreimal verheiratet, zuerst mit Anna von Heßberg (gestorben gegen 1456), welche ihm 2 Söhne, Wilhelm und Anton, gebar, dann mit Magdalene von Guttenberg, verwitw. von Redwitz, welche 1457 kinderlos starb, endlich mit Agnes Schenk von Schenkenwald, welche ihm 6 Söhne (Lorenz, Veit, Stephan, Kaspar, Christoph, Hans) und 2 Töchter (Anna, später verehelichte Truchseß von Pommersfelden, und Katharine, verehelichte von Schaumburg) hinterließ [1].

Nach der Vollendung der Kirche ließen Lorenz und Albrecht für die Altäre derselben Altarschreine von Riemenschneider anfertigen. Vom Hochaltar haben sich leider nur die beiden Seitenflügel, welche die 4 Evangelisten in bischöflicher und päpstlicher Gewandung darstellen, erhalten. Das Mittelstück scheint schon frühzeitig daraus entfernt worden zu sein, wahrscheinlich zur Zeit der Reformation. Das Kruzifix, welches bis 1860 darin stand und sich noch erhalten hat, ist ein ganz rohes, unkünstlerisches Machwerk.

Der Aufbau des südlichen Seitenaltares hat sich noch vollständig erhalten und stellt im Mittelstück den englischen Gruß (den Engel Gabriel und Maria, zwischen beiden Gott Vater aus den Wolken heraus sprechend), auf den Seitenflügeln die Elisabeth und Hannah dar. Es ist eine vortreffliche Arbeit, und ist zu bedauern, daß bei der Renovierung der Kirche 1860 die schönen Teppich-

---

[1] Gesch. d. Frh. II. 248.

muster des Hintergrundes, wie auch bei dem Hochaltare, blau, die Rückseiten der Flügelthüren, welche ebenfalls gemalt waren, weiß überstrichen und an den Figuren Firnißfarbe und Vergoldung dick und grell aufgetragen worden ist.

Der Schrein des nördlichen Seitenaltars zeigt den Heiland inmitten seiner Jünger über Mittelstück und Flügel verteilt. In die Rückseite der letzteren gehören 2 Bildertafeln, auf welchen 2 Jünglingsgestalten mit Heiligenschein dargestellt sind. Die eine in reicher geistlicher Gewandung, an welcher ein Löwe emporspringt, ist der Evangelist Markus. Die andere, in silberner Waffenrüstung, trägt auf dem Arme einen Tierkopf, welcher mit einem Hirschkopfe einige Ähnlichkeit hat. Man hat deshalb neuerdings geglaubt, einen h. Hubertus darunter vermuten zu sollen, es läßt sich jedoch nicht erfinden, was ein solcher als Seitenstück zu dem Evangelisten Markus in Beziehung auf den Herrn und die Apostel soll. Wir möchten daher, wenn auch das Attribut, der Ochsenkopf, etwas eigentümlich abgeändert ist, doch darin den Evangelisten Lukas sehen, welcher mit Markus die Berufung der Jünger erzählt, während die anderen Evangelisten dieselbe als geschehen voraussetzen. Bis zum Jahre 1860 befand sich über diesem Altare ein steinernes Bildwerk, welches damals entfernt wurde, um für den besprochenen Schrein, welcher seit Menschengedenken unbeachtet an der Wand lehnte, einen geeigneten Platz zu schaffen. Wo derselbe herstammt, ob aus der Burgkapelle oder von dem Altare in der Sakristei, ist unbekannt.

Außerdem haben sich noch mehrere Einzelfiguren erhalten, welche, wie die Marie mit dem Kinde [1] und mehrere kleine Figuren, Aufstellung auf dem Marienaltare gefunden haben, oder wie der h. Kilian in der Sakristei aufbewahrt werden.

Was den Wert dieser Kunstgegenstände anlangt, so ist derselbe von einem Kenner [2] auf 19500 Mk. geschätzt worden, nämlich das Denkmal des Hans von Bibra auf 3000 Mk., der engl. Gruß auf 10000 Mk., der Herr mit den Aposteln auf 4000 Mk., die 4 Evangelisten am Hauptaltare auf 1200 Mk., die Madonna mit dem Kinde auf 1000 Mk. und der h. Kilian, weil etwas defekt, auf 300 Mk. Nehmen wir nur die Hälfte an, so wäre das noch immer genug, um dieselben auch fernerer treuer Fürsorge anzuempfehlen.

Auf die Zeit der Erbauung der Kirche dürfte auch ein kleines, leider wenig beachtetes Meisterwerk der Schlosserei zurückzuführen sein, das Gestell der ehemaligen Sanduhr, welches seinen Platz auf der Kanzel hatte, 1872 aber von dort entfernt worden ist und nun in der Sakristei lehnt.

Nach der Vollendung der Kirche wurde dieselbe von der Familie von Bibra, welche ihren Begräbnisplatz bis dahin in Kloster Rohr gehabt hatte, als Familien-

---

[1] Es ist nicht unwahrscheinlich, daß dieselbe früher in dem Altarschreine des Hauptaltars gestanden hat. — [2] Herr Ökonomierat Streit in Kissingen.

grabſtätte benutzt, zu welchem Zwecke unter der Altarhalle ein hohler, öfters eingeſunkener und dann teilweiſe zugefüllter Raum angelegt war. Dieſem Umſtande verdankt die Kirche eine ganze Reihe von Denkmälern, welche, wenn ſie auch keine Kunſtwerke ſind, doch ihr ſehr zur Zierde gereichen.

Das erſte dieſer Denkmäler rechts von dem Eingange auf der Nordſeite gilt dem Berthold von Bibra, welcher zuerſt 1504 erwähnt wird und einen nicht unbedeutenden Anteil an Bibra beſeſſen zu haben ſcheint, da er für den ihm im Bauernkriege erwachſenen Schaden 905 fl. erhielt. Er ſcheint in Bamberg gelebt zu haben und iſt dort laut dortigen Hofprotokollen zwiſchen dem 23. und 29. November 1537 geſtorben. Es wäre demnach das Epitaphium unrichtig datiert. Die Inſchrift desſelben lautet: **Anno Domini 1537 Mittwoch nach Martini ſtarb der edel und erenveſt Bertold von Bibra dem Gott gnedig und barmherzig ſey. Amen.** [1])

Neben dieſem iſt als zweites das Doppeldenkmal Michels von Bibra und ſeiner Gemahlin aufgeſtellt. Er war ein Sohn des Lorenz von Bibra zu Gemünd, leiſtete 1516 denen von Hutten in ihrer Fehde mit dem Herzog Ulrich von Württemberg mit 8 Reiſigen Zuzug und war 1518 mit ſeinem Vater an der blutigen Burgfriedensverletzung in Bibra beteiligt, bei welcher der Streit bis auf die Dorfſtraße ſich fortſetzte und die Kämpfenden nur mit Mühe von den Geſchlechtsvettern auseinander gebracht werden konnten. 1524 kam er in den allerdings nicht erwieſenen Verdacht, ein Freund des Raubritters Thomas von Absberg zu ſein und ihm auf ſeinem Schloſſe zu Gemünd Unterſchlupf gewährt zu haben. Zu Bibra, wo er gewohnt haben mag, erwarb er 1536 von ſeinem Oheim Lamprecht einen Hof für 1600 fl., auch hatte er hier 41 Hinterſaſſen und mußte zum ſchwäbiſchen Bundesheere 25 Knechte ſtellen (ſein Vetter Lamprecht nur 3). Als Entſchädigung für die im Bauernkriege erlittenen Verluſte erhielt er allein für Bibra 2871 Gulden. 1543 reiſte er bereits leidend nach Bamberg, wo er den 7. Mai 1543 kinderlos ſtarb. Seine Beiſetzung erfolgte zu Bibra [2]). Die Inſchrift des Epitaphiums lautet: **Nach Chriſti Geburt 1543 Jar auf Montag nach Walpurgis, ſtarb der edel und erneuſt Michel von Bibra zu Gemunde dem Got gnedig ſey. Amen.**

Verheiratet war Michel mit der Heſtra von Grumpach, Schweſter des berüchtigten Wilhelm von Grumpach zu Rimpar, welche ihm 2100 Gulden als Heiratsgut mitbrachte, wofür er ihr das Lehen zu Gemünd verſchrieb und den Anſitz dort einräumte. Auch vermachte er ihr noch 1000 fl. bar, alle fahrende Habe, Silber ꝛc. Sie ſtarb erſt 34 Jahre nach ihres Mannes Tode [3]). Die Inſchrift des Denkmals lautet: **Nach Chriſti Geburt 15 . . Jar auf . . .**

---

[1]) Geſch. d. Frh. II 229 — [2]) Geſch. II. 456 und 457. — [3]) l. c. 458.

starb die Erber vnd tugendhaftige Fraw Hester von Bibra geborne von Grumbach der Got gnadt. Amen.

Das dritte ist das Denkmal Wolfs von Bibra, der nur wenig bekannt ist und zu Bibra die hennebergische Kemnate und Güter in Morschhausen[1], sowie zu Sülzdorf bei Römhild und Behringen[2] besaß. Er war ein Sohn des Hans v. Bibra und starb den 1. Nov. 1542, wie die Inschrift des Epitaphiums bezeugt: Anno dom. 1542 auf aller heilgen tag starb der edel vnd veste Wolff von Bibra dem Got genedig vnd barmherzig sey. Amen.

Verheiratet war er mit Dorothea von Heßberg, deren Denkmal gegenüber unter der Kanzel steht und welche 2000 fl. in die Ehe brachte. Trotz reichen Kindersegens verheiratete sie sich 2 Jahre nach ihres Mannes Tode mit Johann von Helbrit zu Schwarzbach. Diese Ehe war aber so unglücklich, daß sie nicht selten zu ihren Kindern erster Ehe, deren sie 10 Söhne und 5 Töchter hatte, ihre Zuflucht nehmen mußte[3]. Auf ihrem Leichensteine heißt es: An dom. 1561 den 1. Marty verschied in Gott die edle vnd tugentsame fraw Dorothea von Bibra geborne von Hessberg der Gott gnedig sey. Amen.

Die beiden folgenden Denkmäler gelten Wilhelm von Bibra, dem Bruder Wolfs von Bibra, und seiner zweiten Frau Anna. Wilhelm war 1491 geboren und wurde 1515 von Bischof Lorenz als Amtmann zu Mellrichstadt mit 200 fl. Gehalt angestellt. Im Bauernkriege war er mit seinem Vater in Würzburg bei der Verteidigung des Frauenbergs thätig. 1528 erhielt er bei der Verteidigung Würzburgs gegen den Landgrafen von Hessen ein Kommando vom Stephansthore bis ans Sanderthor. 1529 wurde er vom 27. September bis 15. Oktober mit dem Reichsheere von den Türken in Wien eingeschlossen, wo ihm der Platz vom Schloßthore bis zum Schottenthore und am Judenturme (die vormalige Löwenbastei) zur Verteidigung anvertraut wurde. Er war Knechtehauptmann unter Max Leister. Nach dem 1529 erfolgten Ableben seines Vaters erhielt er unter anderem mit seinem Bruder den würzburgischen Anteil am Schlosse zu Bibra und wurde mit seinem Bruder Wolf von Karl V. mit Wege-, Zoll- und Marktrecht zu Bibra belehnt. Nach dem Tode seines Bruders Wolf übernahm er die Vormundschaft über dessen Kinder. Er starb den 6. Dezember 1558. Seinen Tod meldet das Epitaphium mit den Worten: An. dom. 1558 Jar den VI. Tag decembr. starb der edel und Ernuest Wilhelm von Bibra zu Schweben erb unter Marschalk des Stiffts zu Wirtspurg vnd Herzogthums zu Franken dem Got genedig sey. Amen.

---

[1] l. c. 367. — [2] Wolf v. Bibra zu Bibra empfing von Graf Albrecht von Henneberg zu Mannlehen: ⅓ am Zehnten und an den Gütern in der Wüstung Sülzdorf bei Römhild, seinen Teil an den Gütern zu Behringen und den Ebenberg, wie er diese Güter von seinem Vater Hans v. Bibra ererbt hat. Urkunde vom 2. Novbr. 1536 im Gräfl. Stolbergischen Archive zu Stolberg. — [3] l. c. 368.

In erster Ehe war er vermählt mit der den 4. Juli 1521 verstorbenen Brigitta von Felberg, und in zweiter Ehe mit der bald nach ihm gestorbenen Anna von Grumpach, gleichfalls einer Schwester Wilhelms von Grumpach, welche ihm 900 fl. in die Ehe brachte. Interessant ist sein 1557 abgefaßtes Testament, in welchem er seiner Frau Schwebheim vermachte und bestimmte, daß alles Gewehr, Büchsen und Geschoß dort verwahrt bleibe; seinem Neffen Stephan sein negelfarbenes Schamlott (kameelfarbener Rock) und seinen Türkis= ring, sowie dessen Sohne Georg Christoph seinen kurzen mit Silber beschlagenen Degen, seinen landsknechtischen Degen und den mit Sammt verbrämten Purpur= rock, seinem Neffen Heinrich den negelfarbenen damasjnen Rock mit Zobelfutter und die goldne Kette, die er von seinem Vater Hans ererbt mit dem Auftrage, dieselbe bei seinen Söhnen zu erhalten, endlich seinem Vetter Hans zu Irmels= hausen den Sapphirring mit dem hibräschen Wappen und seinen drei Nichten je 100 fl. zu einer goldnen Kette[1]. Das Ableben seiner Gattin meldet deren Grabinschrift: An. dom. 1559 Jar den 16. Tag Sept. starb die edel vnd tugendhaftige Fraw Anne von Bibra geborne von Grumbach der Got gnedig vnd barmherzig sey. Amen.

Es folgt das Denkmal Stephans, Neffen des eben genannten Wilhelm und Sohnes seines Bruders Wolf und der Dorothea von Heßberg. Geboren 1519, wurde er 1532 Domherr zu Bamberg, verzichtete aber 1535 und verheiratete sich mit Anna von Stein auf Liebenstein zu Barchfeld, wo er 1572 mit Hinter= lassung eines Sohnes, Georg Christoph, starb. Beerdigt wurde er in Bibra[2]. Die Umschrift seines Gedächtnissteines lautet: An. dom. 1572 d. 22. Octobris ist in Gott verschieden der Edel vnd Ernueste Steffen von Bibra zu Klein= bardorff Untererbmarschalk des Stiffts Würtzburg, der selen Got gnedig vnd barmherzig sey. Amen.

Das folgende Denkmal, das siebente in der Reihe, gilt dem Jörg Diemar von Walldorf. Die Inschrift lautet: Also hat Got die Welt geliebt etc. Anno domini MDLVIII. Jar um Freitag nach der heilg. 3 Koenige Tag zwischen 4 u. 5 Uhr ist in Got seliglich entschlaffen der Edel vnd Ehrnuest Joerg Diemar zu Walldorf dem Got eine froehliche Auferstehung durch Christum verleihen wolle. Amen.

Das achte ist verwischt und nicht zu entziffern. Über Jörg von Bibra, welchem das nächste gilt, ist nichts bekannt. Die Inschrift lautet: Anno domini MCCCCC vnd im X. Jar uf Dienstag nach Jubilate verschied der Erber vnd vest Jörg von Bibra, dem Got genedich sey. Amen.

Karl von Bibra, an welchen das zehnte Denkmal erinnert, wird 1434, 37, 55, 56, 67 und 98 erwähnt beteiligte sich 1462 am sogen. pfälzischen Kriege

---

[1] Gesch. II. 360—365. — [2] l. c. 372—376.

des Kurfürsten Friedrich des Siegreichen und des Erzbischofs Dietrich einer-, des Kaisers Friedrich und des Herzogs Ulrich von Württemberg andererseits, wohnte der Grundsteinlegung der Kirche bei und starb nach 1512 hochbetagt. Zu lesen ist nur noch: Anno dom. M. CCCCC . . . uf . . . ist verschieden der Erber vnd vest. Karle von Bibra dem Got genade. Amen.

Seine Gemahlin[1]), der das folgende gewidmet ist, war Anna geb. von Herbil-stadt. Von ihrem Ableben giebt der Stein Kunde mit den Worten: Anno dom. MCCCCCVI Jar auf St. Gregorius Tag ist verschieden die Erber Fraw Anne von Bibra geborne von herbstedt, der Got gnade.

Das zwölfte ist unleserlich.

Das dreizehnte gilt dem Georg von Bibra, Bruder Lamprechts und des Bischofs Conrad. Er beteiligte sich an der Eroberung Maienbernheims[2]) 1494 und starb 1516. Er war wahrscheinlich verheiratet mit Margarethe von Schwaigern. Die Umschrift lautet: Anno dom. M. CCCCCXVI uff Freitag nach Katharina ist verschieden der Erber vnd veste Jörg von Bibra dem Gott genade. Amen.

Hinter dem Pfarrstande lehnt ein Stein mit folgender Inschrift: Unter diesem Stein ruht der wohlgeborne Herr, Herr Caspar Adam von Witzleben uff Rentwertshausen gewesener Hochfürstlich Würzburgischer Obrist Wachtmeister zu pferdt, ward geboren anno 1650 Dienstag vor Thoma, starb in Bibra d. 6. Marty Nachts zwischen 9. u. 10. Uhren anno 1695 seines Alters 45 Jahr. Gott verleihe Ihm eine sanfte Ruhe und am jüngsten Tage eine fröhliche Auferstehung. Es ist derselbe, welcher den Lustgarten angelegt hat. Er wurde den 8. März nachts beerdigt.

Neben dem Aufstiege zur Kanzel steht das Denkmal der Anna von Bibra, Tochter Christophs und der Agathe Zöllner von Rotenstein, verheiratet mit Eustachius von Wichsenstein, brandenburgischem Amtmann zu Osternohe[3]). Die Umschrift lautet: An. 1561 den 7. Augusty verschied in Gott die Edel vnd

---

[1]) Gesch. d. Frh. II. 23—25. — [2]) An die Eroberung von Maienbernheim soll eine Inschrift erinnern, welche sich in der Kirche zu Bibra „an einem Denkmahl" befunden haben soll (Journal von und für Franken III. 1791) und die „wegen ihres schlechten Lateins, das man im 15. saeculo hatte, aufbewahrenswerth" (Geogr. Lex. v. Franken I. 1799) erschien. Schon Weinrich erwähnt sie im Kirchen- und Schulenstaat 1720 und noch Brückner in der Landeskunde. Jetzt ist sie nicht mehr aufzufinden. Sie soll gelautet haben: Anno domini 1494 Anthonius de Bibra pernoctavit in vico Euerbache una cum centum et decem equestribus in vigilia Nicolai Episcopi et permanserunt ibi usque in diem Nicolai circa vesperas quo recesserunt et dies Nicolai erat in sabatho et Mane sequenti h. e. die dominica mane obsedit castellum quod dicitur Meynbernheim pertinens ad coronam Bohemiae cum magno exercitu et spoliarunt castellum et capti sunt omnes cives in eodem cum adjutorio multorum nobiliatarum et peditum de Thüngen et Hutten. — [3]) Gesch. II. 39.

tugendhaftige Fraw Anna von Wichsenstein geborne von Bibra, der Gott gnedig sey. Amen.

Daneben in der Ecke befindet sich das Epitaphium der 1558 verstorbenen Susanne von Seckendorf geb. von Wichsenstein mit der Umschrift Anno domini 1558 Donnerstag nach Pfingsten d. 2. tag Juni starb die Edell und tugendhaftige Fraw Susanna von Seckendorff geborne von Wichsenstein der Gott genade. Amen.

Zwischen diesem und dem südlichen Seitenaltare folgt das Doppeldenkmal Lamperts und seiner Frau Margarethe von Schwaigern. Lampert studierte 1496 zu Ingolstadt, war 1516—1533 würzburgischer Amtmann zu Rauhenen und Ebern, beteiligte sich im Dienste des Bischofs Konrad von Würzburg an der Belagerung und Eroberung der Sickingenschen Feste Landstuhl 1523, erhielt für die zu Bibra im Bauernkriege erlittenen Schäden 825 fl. und führte zuletzt den Titel Amtmann zu Römhild. Sein Bruder Konrad war 1541—1544 Bischof in Würzburg. Seine Gemahlin überlebte ihn. Die Erben Michels, welcher Lamprecht beerbt hatte, aber selbst bald darauf gestorben war, hatten „der Lamprechtin" 1000 fl. zu zahlen[1]. Die Inschrift lautet: Anno domini M. CCCCC und im 42. uff Silvestri starb der Ehrenvest Lampert von Bibra. — Anno domini M. CCCCC und im . . . starb die edel Fraw Margarethe von Bibra geborne Sweigern Deren Gott Gnade gebe. Amen.

Ein ganzes Jahrhundert wurde die Familiengrabstätte in Bibra nicht benutzt, und wenn auch Georg von Bibra, Besitzer von Roßrieth und Schwebheim, 1618 Rhön-Werraischer Ritterhauptmann und königlicher Majestät in Böhmen Lieutenant, 1620 Röm. Reiches gefreyter Ritterschaft der 4 Orte bestellter Rittmeister, 1623 fürstl. Würtemberg. Obristlieutenant, am 3. Pfingstfeiertag, den 18. Mai 1624, in Roßrieth 37 Jahre alt gestorben, in der Kirche zu Bibra beerdigt worden sein soll[2], so hat derselbe doch kein Denkmal daselbst erhalten.

Erst aus der Familie Hans Kaspars sind wieder eine Reihe von Denkmälern vorhanden. Derselbe war geboren den 16. März 1628, wurde 1669 alleiniger Besitzer von Bibra, Höchheim und Breunhausen, und verehelichte sich den 5. März 1671 mit der am 14. Nov. 1647 geborenen Freiin Martha Sophie Truchseß von Pommersfelden, welche ihm 12 Kinder gebar, von denen aber 8 frühzeitig starben, zuerst ein Zwillingspaar, dessen Denkmal, das sechste von dem südlichen Eingange links, die Inschrift trägt: Hanns Ernst von Bibra natus 3. Marty anno 1674, obyt 8 ejusdem mensis et anni. — Philipp

[1] Gesch. II. 432—435. — [2] l. c. III. 15

Heinrich von Bibra primo genitus natus 3. Marty anno 1674 obyt 22. ejusdem mensis et anni. Tarunter:

Hier liegt ein Zwillingspaar am Tod auch nicht geschieden.
Ihr Leib ist von der Unruh loos.
Ihr Seel schwebt jetzt in Christi Schoos.
Liess dieses Wandersmann und wünsche Ruh in Frieden.

Dann starb eine Tochter, der das dritte Denkmal gilt mit der Inschrift: Hier ruht in Jesu das weiland Reichsfrei gebohrne Fräulein Marie Amalia von Bibra, ward gebohren den 8. October 1678, starb 1679 am 18. April. Rufft freudig aus: das Kreuz ist überwunden, hab Himmels Heil gefunden. Einer im folgenden Jahre gestorbenen 8jährigen Tochter gilt der erste Gedenkstein, auf welchem die Worte stehen: Hier ruht in Gott die weiland Reichsfrei Hochedelgeboren Fräulein Fräulein Sophia Augusta von Bibra, welche geboren 1672 den 28. Julii starb im Jahr 1680 den 4. Marty.

Ruft zum Abschied:

Weg Welt, auch du Biber,
Ihr Eltern, lebet wol,
Im Himmel bin ich lieber
Ich bin nun freudenvol.

1688 folgte derselben Fräulein Eva Eleonore von Bibra ist gebohren den 29. Juny 1687 und wohlselig verstorben den 25. May 1688. Das Epitaphium ist das vierte. Ein Zwillingspaar, welches in diesem Jahre geboren wurde, starb auch bald wieder. Von ihm meldet der fünfte Stein: Herrlein Gustavus von Bibra geborn den 14. November 1688. Selig verschieden den 21. dieses Monats und Jahres. — Herrlein Carl Ludwig von Bibra geborhn den 14. November 1688 und selig abgeschieden den 22. Juny 1690. Abermals ein Zwillingspaar Gott auf kurze Zeit bescheert. Nun damit die Zahl vermehrt Seiner selgen Himmelsschaar. Wenige Tage nach dem letzteren „Herrlein" starb eine fünfjährige Tochter, von welcher der zweite Stein meldet: Fräulein Sophia Johanna von Bibra gebohren den 31. Juli 1685 und selig in Jesum verschieden den 27. Juny anno 1690. Der Koerper ruhe sanft, der Seel sey ewig wohl.

Hans Kaspar wurde vom Tode 1701 ereilt. Sein Denkmal fand Aufstellung auf der Südseite des Chorabschlusses und trägt die Inschrift: Der Reichsfrei Hoch-Wohlgebohrne Herr Herr Hanns Caspar von und zu Bibra uff Höchheim, Aubstadt und Brennhausen des hochfürstlichen Stiffts Würtzburg und Herzogthums Franken Unter-Erbmarschalk. Ist in Gott selig verschieden den 12. April anno 1701 seines Alters 73 Jahr. (Rundum die Wappen: v. Bibra, v. Münster, v. Witzleben, Marschalk von Ostheim.)

Seine Gattin überlebte ihn 28 Jahre. Ihr Epitaphium wurde neben dem ihres Gatten aufgestellt. Auf demselben stehen innerhalb eines die ganze Höhe des Denkmals einnehmenden mit Wappenschildern gezierten Blumenkranzes folgende Worte:

Zeitlich vergeht, ewig besteht. —
Mein Herz voll Qual und Trübsalswunden
Ist nunmehr aller Sorg entbunden.

Den 28. Juli Anno 1729 ist in Gott selig verschieden die Reichsfrei wohlgeborn Frau Frau Martha Sophia von Bibra gebohrne Truchsessin von Pommersfelden ihres Alters 81 Jahr 1 Mon. 4 Tage.

Ich end den Lauf
Es ist vollbracht,
Mein Leid hört auf,
Welt gute Nacht.

Um diese Inschrift die Wappen von Bibra, Truchseß v. Pommersfeld, Lichtenstein, Rabenstein, Grumbach, Aßberg, Moßbach, Köllnberg und Münster.

Frau Martha Sophia von Bibra war die letzte, welche in der Kirche bestattet wurde. Ihre Enkelin Marie Elisabeth, geboren den 12. August 1732, Tochter ihres jüngsten Sohnes Ludwig Ernst, wurde den 15. September 1734 in der Gottesackerkirche beigesetzt. Die von ihrem ältesten überlebenden Sohne Christoph Dietrich abstammende, zur katholischen Kirche übergetretene und 1805 mit dem Domkapitular Joseph Hartmann ausgestorbene Bibraer Linie benutzte die Familiengrabstätte nicht. Fast ein volles Jahrhundert verging, bevor wieder ein Glied der von Bibraschen Familie seine letzte Ruhestätte in Bibra fand. Es war das Karl Friedrich von Bibra, der Urenkel Hans Kaspars, von dessen jüngstem Sohne Ludwig Ernst, welcher zu Höchheim ansässig, nach dem Aussterben der Bibraschen und Abfindung der miterbberechtigten Brennhäuser Linie 1805 in den alleinigen Besitz von Bibra und Höchheim gekommen war, letzteres Gut aber 1816 an seinen Vetter verkaufte. Er war den 6. Mai 1764 geboren, war Württembergischer Kammerherr und fürstl. Schönburgischer Kammerdirektor und hatte sich am 11. April 1799 mit Amalie von Weydenbach, geboren den 18. Februar 1779, verehelicht. Er starb den 11. April 1832 und wurde als der Erste in der neuen Familiengruft [1]), welche in der ehemaligen Gottesackerkirche eingerichtet war, beigesetzt. Seine Gemahlin folgte ihm 1843. Von den 4 Söhnen, Bernhard, Alfred, Otto, Willibald, war der erste als fürstl. Reuß.

---

[1]) Dieselbe hatte ursprünglich der bibrasche Gerichtsverwalter Balthasar Groß für sich und seine Gemahlin verrichten lassen. Letztere, Eva Susanne geb. von Seeberg, gest. den 4. Dez. 1714, wurde den 9. Dez. „in das Gewölbe der Gottesackerkirche beigesetzt". Ob ihr Ehemann, gest. den 9. Febr. 1718, auch dort seine letzte Ruhestätte gefunden, steht dahin, denn von ihm sagt das Kirchenbuch: „er wurde christlich beerdigt." 1734 wurde aber Marie Elisabeth v. Bibra darin beigesetzt.

Hauptmann schon 1 Jahr vor seiner Mutter gestorben. Ein Gedenkstein in der Kirche, es ist der erste auf der Südseite des Chorabschlusses, gedenkt dieser drei mit folgenden Worten: Dem Andenken des Karl Friedrich Freiherrn von Bibra geb. d. 6. Mai 1764 gest. d. 11. April 1832, der Amalie Christ. Sophie Freifrau von Bibra geborne von Weydenbach geb. d. 18. Febr. 1779 gest. den 18. Nov. 1843, des Bernhard Wilhelm Freiherrn von Bibra geb. d. 4. Januar 1806 gest. den 18. May 1842 gewidmet von dankbaren Kindern und Geschwistern Jenny von Uttenhoven geb. v. Bibra, Clementine von Bibra, Otto von Bibra mit Frau Marie von Bibra geborne von Uttenhoven, Sophie von Bibra, Alfred von Bibra mit Frau Thekla von Bibra geborne von Uttenhoven, Willibald von Bibra mit Frau Fanny von Bibra geborne von Schmidt, Therese von Lilienstern Pflegetochter.

Ihnen folgte im Tode der zweite Sohn Karl Friedrichs, Alfred, Oberamtmann zu Römhild, welcher dort im rüstigsten Mannesalter starb und in der Familiengruft beigesetzt wurde. Ihm wurde der erste Stein auf der Nordseite des Chorabschlusses gewidmet, welcher folgende Inschrift trägt: Dem Andenken des Freiherrn Alfred Werner von u. zu Bibra Herz. Kammerherrn und Oberamtmann zu Roemhild geb. d. 13. Maerz 1806 gest. am 26. Julius 1847 gewidmet von seiner Gattin u. Geschwistern als Thekla Freifrau von Bibra geb. v. Uttenhoven, Jenny v. Uttenhoven geb. v. Bibra, Clementine Freiin v. Bibra, Otto Freiherr v. Bibra, Maria Freifr. v. Bibra geborne v. Uttenhoven, Sophie Freiin v. Bibra, Willibald Freiherr v. Bibra, Fanny Freiin v. Bibra geb. v. Schmidt, Therese v. Lilienstern.

1852 starb der dritte Sohn, Otto, Sachsen Meining. Konsistorialdirektor, Staatsrat und wiederholt von der versammelten Landesvertretung gewählter Landmarschall, vermählt seit dem 5. Olt. 1829 mit Marie Ant. v. Uttenhoven. Ihm gilt der zweite Stein auf der Südseite mit der Inschrift: Dem Andenken des Freiherrn Otto Karl Friedrich von u. zu Bibra Herzogl. Staatsrath und Inhaber des H. S. Ernest. Hausordens Comthur 1. Cl. zu Meiningen geb. d. 10. Febr. 1803 gest. d. 15. Jan. 1852, gewidmet von s. Gattin Marie Freifrau von Bibra geb. v. Uttenhoven, seinen Kindern Emma, Alfred, Bertha, Anna, Octavia, und Geschwistern Jenny Freifrau v. Uttenhoven geb. v. Bibra, Clementine Freiin v. Bibra, Sophie Freiin von Bibra, Willibald Freiherr v. Bibra, Fanny Freifrau von Bibra geb. v. Schmidt.

1862 wurde in der Familiengruft beigesetzt die Schwester der vier Brüder, Freiin Sophie von Bibra, und 1867 der letzte derselben, Willibald, Bezirksgerichtsdirektor zu Windsheim, vermählt den 30. Juli 1840 mit Fanny von Schmidt auf Altenstädt. Bruder und Schwester erhielten einen gemeinsamen Gedenkstein, welcher neben dem des Hans. Vaters des Bischofs Lorenz, auf der Nordseite des Chorabschlusses aufgestellt wurde. Die Inschrift lautet: Dem Andenken des Willibald Dietrich Freiherrn v. Bibra k. b. Bezirks-Gerichts-Direktors geb. d. 30. Nov. 1809, gest. d. 10. Dec. 1867, und der Sophie Freifräulein von Bibra k. b. Theresienordensstiftsdame geb. d. 10. Octob. 1804 gest. d. 10. Dec. 1862 gewidmet von der Gattin u. Schwägerin Fanny Freifrau von Bibra geb. von Schmidt-Altenstaedt, von Kindern, Nichten u. Neffen Amalie von Bibra, Otto von Bibra, Karl von Bibra, von ihrer Schwägerin Marie Freifrau v. Bibra geb. von Uttenhoven u. von ihrem Neffen Alfred Freiherrn v. Bibra zugleich Namens seiner Frau u. s. Schwestern.

Seinem Vater Willibald v. Bibra folgte im Tode den 19. Mai 1886 dessen zweites Kind erster Sohn, Otto, Kreisdirektor in Bolchen, welcher in der Familiengruft den 22. Mai beigesetzt wurde. Sein Gedenkstein, neben dem seines Vaters, trägt folgende Inschrift: Dem Andenken des Freiherrn Otto Heinrich Carl von u. zu Bibra kaiserl. Kreisdirektor zu Bolchen in Lothringen geb. d. 17. Sept. 1842, gest. d. 19. Mai 1886, gewidmet von s. Gattin Wilhelmine Freifrau von Bibra geb. Reineke, seinen Kindern Franziska, Otto, Thusnelda, Emma, seiner Mutter Fanny Freifrau von Bibra geb. v. Schmidt, seinen Geschwistern Amalie Freiin von Bibra, Karl Freiherr von Bibra u. Frau Emma Freifrau von Bibra geb. von Michels, seinen Neffen und Nichten Marie, Willibald, Mathilde, Amalie, Theodor, Karl, seinem Vetter Alfred Freiherr v. Bibra zugleich Namens s. Frau u. s. Soehne, und seiner Tante Marie Freifrau v. Bibra geb. Uttenhoven.

Die Gemahlin Willibald Dietrichs von Bibra starb nach 21jährigem Witwenstande 1888. Die Inschrift ihres neben dem ihres Sohnes Otto aufgestellten Gedenksteines lautet folgendermaßen: Dem Andenken der Freifrau Franziska Caroline Eleonore Victoria von Bibra geb. Freiin von Schmidt auf Altenstaedt, Bezirksdirektorswittwe, geb. d. 25. Febr. 1819 gestorben den 13. Januar 1888, gewidmet von ihren Kindern Amalie Freiin von Bibra, Karl Freiherr von Bibra u. Frau Emma Freifrau von Bibra geb. v. Michels, ihrer Schwiegertochter Wilhelmine Freifrau von Bibra geb. Reineke und ihren Enkeln Franziska, Otto, Thusnelda, Emma, Maria, Willibald, Mathilde, Amalie, Theodor, Carl.

Auch zwei Geistliche haben Denkmäler erhalten, nämlich der erste Vicepfarrer der neuen Kirche, Balthasar Merkel, welcher 1506 starb und dessen Epitaphium sich in der nordwestlichen Ecke befindet mit der Umschrift: Anno dom. M.CCCCCVI obyt dmns Balthaser Merkel in die Cecilie primus vicegerens h. ecclesie c. anima (requiescat in pace ist weggebrochen), und Moritz Schatz, dessen 1500 gemaltes Bild neben der Kanzel hängt, s. Seite 131.

Der Krieg von 1870/71 hat der Gemeinde Veranlassung gegeben zur Stiftung zweier Gedächtnistafeln, von welchen auf der einen die Namen der Männer und Burschen aus dem Orte verzeichnet sind, welche den Krieg mitgemacht haben, während die andere dem Andenken des einzigen Bibraers gilt, welcher ein Opfer des Krieges geworden ist, Ferdinand Handschuh, welcher, am Typhus erkrankt, im Lazarett zu Tournan den 14. Oktober 1870 gestorben und dort beerdigt worden ist.

Was die Schicksale des Kirchengebäudes anlangt, so sind die Jahrhunderte im allgemeinen gnädig an demselben vorübergegangen, und selbst der auch bei uns wütende dreißigjährige Krieg hat nur unbedeutende Spuren hinterlassen. Damals ist ein Stück aus der Thürschwelle der Sakristei ausgeschlagen worden, um die starke, durch einen von innen vorgeschobenen Balken noch besonders geschützte Thür ausheben zu können, die Thür selber ist zertrümmert, später aber sorgfältig zusammengenagelt worden. Die Eindrücke der dagegen gestoßenen Gewehrmündungen sind noch deutlich zu erkennen. Auch die Brüche an der Thür des dort befindlichen großen Schrankes und die Axthiebe an dem Wand= schranke rühren aus jener Zeit her. Mehrfach gefährdet war der Bau durch den Blitz, z. B. 1832 den 7. Juli, wo sich die Reparaturkosten auf 45 fl. beliefen, und 1836, wo allein für Maurerarbeit 168 fl. bezahlt werden mußten. Um vor Wiederholung ähnlichen Unglückes gesichert zu sein, wurde 1860 ein Blitz= ableiter für 367 fl. angeschafft.

Für die äußere Instandhaltung des Baues mußten auch mehrfache außer= gewöhnliche Aufwendungen gemacht werden. 1673 machte sich die Einziehung eines neuen Balkens auf dem Kirchenboden notwendig. 1684 mußte das Dach fortgelegt werden, wozu 2000 Ziegeln und 66 Tonnen Kalk gekauft und 66 fl. 17 Pf. aus der Kirchkasse verwendet wurden, wovon die Dachdecker 15 Reichs= thaler als Arbeitslohn erhielten. 1769 wurden 28 fl. zu dem gleichen Zwecke verwendet. 1808 wurden Schulze und Dorfsmeister vor das Konsistorium nach Meiningen geladen, um zu vernehmen, was mit ihnen wegen Reparatur des Kirchendaches zu reden sei. Was das aber gewesen, darüber geben Pfarrarchiv und Kirchkassenrechnungen keinen Aufschluß. 1873 wurde das Dach abermals fortgelegt und aus der Stiftungskasse 273 fl. dazu beigesteuert.

1687 war ein Häuslein an die Kirche gebaut und 5 Fuhren Holz dazu verwendet worden. Es war das jedenfalls der Überbau der Thür des unter der Sakristei befindlichen Kellers, des ehemaligen Beinhauses, welcher 1882 entfernt wurde.

Auch bezüglich des Inneren der Kirche konnten natürlich im Laufe der Zeit mancherlei Veränderungen nicht ausbleiben. Die wesentlichste war unstreitig der Einbau der Emporen. Ursprünglich war nur eine einzige vorhanden, die untere auf der Westseite, auf welcher sich der Herrschaftstand befand, zu dem neben dem West=Portale außen eine Stiege nach der nordwestlichen Ecke der Kirche emporführte, wo der Eingang war. 1668 wurde behufs Aufstellung eines Positivs die alte Empore weggerissen und eine neue gebaut, wofür der Zimmermann Adam Röber laut Akkord 8 Reichsthaler erhielt, und der Herr- schaftsstand in die Altarhalle verlegt. 1698 machte sich, vielleicht durch Auf- stellung einer neuen Orgel, eine größere Reparatur an der Empore nötig. 1730 wurde „bei Aenderung und Aufbauung der Pohr Kirchen" den Zimmer- lenten, Schreinern und Steinmetzen 25 fl. 14 Pfg. bezahlt. 1749 wurde eine neue Empore gebaut und „da die Männerstände gleichwohl noch zu klein waren, wurde 1768 von der Gemeinde resolviret, dieselben mit zwei anderen zu ver- mehren". Das Holz dazu wurde aus der Gemeinde und dem Heiligen genommen, die Kosten durch eine Kollekte und je 5 fl. aus der Kirch- und Gemeindekasse gedeckt. 1732 wurde „der Kirchenstuhl der Frau Pfarrer" gemacht.

Da die Kirche im Laufe der Zeit innen „sehr baufällig und unansehnlich" geworden war, befahl Karl Philipp von Bibra, die nach des Pfarrers Schubert Tode während der fast zweijährigen Balanz zu exigierende Pfarrbesoldung auf Reparierung und bessere Instandsetzung der Kirche zu verwenden. Es wurde infolge davon 1749 nicht allein anstatt der alten hölzernen Decke eine „feine" Decke von Gips, sondern auch eine neue Empore aufgeführt, neue Frauenstühle und ein neuer herrschaftlicher Stand gefertigt und der Fußboden der ganzen Kirche durchaus mit Platten belegt. Es war damit schon 1711 begonnen worden, indem damals der mittlere Gang auf Kosten der Kirche, die Seiten- gänge auf Kosten der Frau (Martha Sophie) von Bibra auf Brennhausen einen Plattenbelag erhalten hatten. 1852 mußte im Mittelgange eine Erneuerung stattfinden, wozu die Gutsherrschaft 20 fl. steuerte.

Schon 23 Jahre nach der großen Reparatur von 1749, im Jahre 1772 wurde die Kirche auf Kosten der Gemeinde wieder ausgemalt und getüncht. 1817 wurde sie von neuem ausgeweißt und 1860, nachdem am Sonntag Cantate früh nach 4 Uhr ein Stück Decke herabgebrochen war, vollständig innen renoviert. Die Kosten beliefen sich auf 830 fl., wovon 730 fl. die Gemeinde bezahlte und 100 fl. die Gutsherrschaft schenkte. Bei dieser Gelegenheit wurde auch das Christusbild im Hochaltare von Lehrer Humrich, die Bilder Luthers und Melanchthons von Schultheiß Roth und H. Rübsam gestiftet.

Auch an den Fenstern machten sich mehrfache größere Reparaturen nötig, so 1611, nachdem ein Unwetter das große Fenster des Westgiebels eingeschlagen hatte, 1679, 1696, wo 2000 runde Scheiben jede zu einem alten Pfennig (7 fl. 19 ggl.) für 1 fl. 4 ggr. von Nürnberg geholt und 75 ₰ Blei verwendet wurden. 1738 wurden 11 fl. für Ausbesserung der Fenster bezahlt. 1773 wurden sechs Fenster durch den Wind herausgeworfen (15 fl.). 1795 den 29. Juli schlug ein Gewitter 4 Fenster ein, was einen Aufwand von 80 fl. erforderte, wovon 50 fl. die Gemeinde, 8 fl. die Herrschaft, den Rest die Kirchkasse bestritt. Wann die gegenwärtigen Fenster gemacht worden sind, konnte nicht ermittelt werden.

Altäre haben sich, wie schon erwähnt, aus katholischer Zeit noch fünf erhalten, von welchen aber nur noch der ehemalige Hochaltar seinem ursprünglichen Zwecke dient, während der unter dem Triumphbogen als Kapitelstuhl benutzt wird, die beiden Seitenaltäre aber und der in der Sakristei außer Gebrauch gesetzt worden sind. Wie bei den anderen, so ist auch bei dem Hochaltare der Unterbau aus Steinen aufgemauert und mit einer großen Sandsteinplatte bedeckt, auf welcher sich der schon beschriebene hölzerne Aufbau erhebt. Zur Bekleidung der Altäre waren nach einem alten Inventarium aus dem 17. Jahrhundert vorhanden: Ein Tüchlein von braunem Taffent, Ein Tüchlein von Leinwand zum Kelch gehörig, Eine von bunten Zeuge gestickte Decke auf dem oberen Altare, ein weißleinwanden Tuch mit Borten auf demselben, ein weißleinwanden Tuch auf jedem Altare, ein weißleinen Tuch auf dem Altare in der Sakristei. 1675 stiftete Frau Martha Marie Sophie von Bibra geb. Truchseß von Pommersfelden ein noch vorhandenes rotseidenes mit Stickereien verziertes Tüchlein und 1728 eine große weiße in Filet-Guipure und glattem Leinen gearbeitete Altardecke mit den Buchstaben T. U. P. F. (Truchseß von Pommersfelden) — B. F. W. H. — 17 M. S. U. B. 28 — Ein großes weißes Altartuch trägt die Inschrift C. M. M. 1724, ein etwas kleineres mit rot gestickter Kante (Tannenbäume und Hirsche Ps. 42, 2) die Buchstaben S. W. N. S. 1752, ein drittes, welches aus drei durch Filet-Guipurestreifen verbundenen Teilen besteht, zeigt im mittleren Teile den Reichsadler und auf jedem der beiden äußeren Teile gestickte Blumenmuster und die Buchstaben H. J. W. B. — L. K. L. — A. M. B. 1750 schenkte der Pfarrer Er. Freißlich ein großes weißes Altartuch und eine blaue Bekleidung des Altars und Lesepultes. Zwei kleinere blauseidene mit silberner Borte und Quasten besetzte Tücher tragen die Buchstaben J. M. R. W. 1767.

1758 ließ Kaspar Haack, Pächter von Arolbshausen, den mittleren Altar mit buntem Kattun und 1771 Martin Pohl die Kanzel mit „seinem Zig" bekleiden. 1817 wurde eine rote Altar- und Kanzelbekleidung beschafft und 1860 bei der großen Renovierung schenkte Kaspar Schorr eine blaue tuchene Bekleidung des hohen und mittleren Altars, Lesepultes und Taufsteines im Werte von 45 fl. und Margarethe Elisabethe Naumann ließ die Kanzel- und Treppen-Brüstung bekleiden. Jetzt sind durch Zuwendungen seitens der Gutsherrschaft, namhafte Gaben einzelner Gemeindeglieder und Kollekten[1]) seit 1885 zur Neubeschaffung einer Altar- und Kanzelbekleidung 707 Mk. gesammelt worden.

---

[1]) Anläßlich der Einführung derselben wurden von Freifrau Emma v. Bibra geb. v. Michels, Jgfr. Frieda Schorr und der derzeitigen Pfarrfrau je ein zinnerner Kollektenteller aus der Fabrik von Kurz in Stuttgart mit der Umschrift 2. Kor. 9, 6 „Wer da säet in Segen, der wird auch ernten in Segen," und zur Aufstellung derselben an den Kirchthüren von der letzteren, Frau Lisette Tauchert geb. Breitung u. Michael Fehringer je ein Tischchen geschenkt.

Auf dem Altare standen früher zwei große messingene Leuchter, welche, 12½ ℔ schwer, 1805 für 4 ℔ verkauft wurden. Es scheinen seit dieser Zeit keine mehr vorhanden gewesen zu sein, bis die Söhne der am 18. Nov. 1843 verstorbenen Frau Henriette Amalie von Bibra geb. von Weidenbach auf Wunsch ihrer Mutter die gegenwärtig vorhandenen gußeisernen Leuchter, sowie das eiserne Kruzifix schenkten. Kelche scheinen in katholischer Zeit zwei vorhanden gewesen zu sein, der eine derselben wurde 1534 den 15. August gestohlen, was aus dem anderen geworden, ist unbekannt. An der inneren Thür des großen Schrankes in der Sakristei steht mit Rotstift geschrieben: Anno dom. 1534 wurde die Kelch gestolen am abent Mariae Himmelfahrt. Darunter mit Kreide: Nisi duobus .... presbiter missam celobrare non potuerat de consecraDis .... Hoc quoque spolierant. Von den jetzt vorhandenen drei Kelchen ist der kleine, als Krankenkelch benutzte aus starkvergoldetem Silber der älteste. Er trägt am Fuße eingraviert einen crucifixus, darunter die Buchstaben B. v. S.[1]), zwei Wappen und die Jahrzahl 1588. 1676 schenkte Dorothea Eyring 1 fl. 3 ggl. zu einem neuen Kelche; ob derselbe angeschafft worden ist, steht dahin. 1749 wurde der Pfarrer Gr. Freißlich „in Betracht des von Gott ihm erwiesenen Guten in Ambt und Ehestand erwecket, die Notdurft der Kirche anzusehen" außer mit Altartuch und Altarbekleidung, wie bereits erwähnt, auch mit einem neuen silbernen vergoldeten Kelche. Derselbe trägt die Buchstaben E. C. F. G. Z. 1749, die Anfangsbuchstaben des Namens seiner Frau Eleonore Christiane Freißlich geborene Zink. Wann der dritte Kelch angeschafft wurde, ist ungewiß. 1690 wurde von der schon mehrerwähnten Frau Martha Marie Sophie von Bibra geb. Truchseß von Pommersfeld eine schöne zinnerne Abendmahlskanne geschenkt. Sie trägt die Inschrift M. S. V. B. G. T. V. P. Ao. 1690. Eine neue größere schenkte 1846 Ottilie Wachs, Ehefrau des damaligen Kirchrechnungsführers Georg Wachs (C. A. W. Zum Andenken 1846). Außerdem sind an Altargeräten noch vorhanden eine zinnerne und eine silberne, innen vergoldete Hostienschachtel, eine kleinere und eine größere silbervergoldete Patene und ein vergoldetes Löffelchen.

Der Taufstein stammt aus der Zeit der Erbauung der Kirche. Zu demselben gehörte ein „kupferner Kessel". Im vorigen Jahrhundert wurde er durch einen sogenannten Taufengel, ein ziemlich rohes Machwerk, ersetzt und unter die Treppe gestellt, bei der Renovierung 1860 aber wieder zu seinem Rechte gebracht. Ein zinnernes Taufbecken wurde 1772 für 1 fl. 3 ggr. gekauft. Ob und wann die gegenwärtigen Taufgeräte geschenkt oder gekauft worden sind, ist unbekannt.

---

[1]) Wohl Barbara von Schrottberg geb. Marschalk von Ostheim, welche in Bibra bei ihrer Schwester Eva Cäcilie von Bibra, Witwe des 1581 verstorbenen Hans v. Bibra, gelebt zu haben scheint. Sie war 1597 den 4. Jan. schon tot. Gesch. d. Fr. II. 163.

1876 stiftete Frau Frieder. Emilie Humrich geb. Schott 2 weiße Tücher zur Bedeckung des Taufsteines bei Taufen.

Die Kanzel ist unstreitig so alt wie die Kirche. 1749 und 1751 wurden von den Hans Kämpf'schen Eheleuten 18 fl. legiert, welche „zum Kanzelbau" verwendet werden sollten. Was darunter zu verstehen ist, ist unerklärlich.

Als Kapitelstuhl dient der Altar unter dem Triumphbogen. 1772 heißt es im Kirchenbuche: „Weil man vormahlen in der Betstunde von dem mittleren Altare zu lesen pflegte und da die Stimme des Pfarrers wegen Widerhallens undeutlich vernommen wurde, daß sie oben nicht verstanden werden konnte, wünschte jedermann eine Abänderung. Dadurch wurde Margarethe Hölzer bewogen einen feinen Capitel- oder Lesestuhl verfertigen zu lassen, zu dessen Einfassung einige Bretter aus dem Heiligen dargereicht wurden". Wo derselbe aufgestellt war und was daraus geworden ist, konnte nicht ermittelt werden. Jetzt wird wieder der Mittelaltar benutzt, die alte Klage wird aber auch heute noch öfter gehört.

Eine Orgel wurde bereits 1663 angeschafft und von Steinbach geholt, sie mußte aber schon 1667 und 1671 ausgebessert werden und wurde 1698 durch eine neue ersetzt, welche 150 Reichsthlr. kostete. Ihren Platz hatte sie auf der unteren westlichen, damals einzigen Empore. 1730 erhielt der Organist Seeben für Versetzung der Orgel und ein neues Register 23 fl. Gleichzeitig wurde „die Pohr Kirche geändert und aufgebaut", wie schon erwähnt. Ob dabei nur an eine Veränderung der unteren oder einen Neubau der oberen westlichen Empore und die Versetzung der Orgel auf dieselbe zu denken ist, steht dahin. 1749 ließ die Witwe Hans Hölzers, Pachters von Aroldshausen, die Orgel schön malen und zieren, was 1799 mit einem Aufwande von 48 fl., wovon 10 fl. legiert, 14 fl. bei den Nachbarn eingesammelt, das übrige von der Gemeinde bestritten wurde, von neuem geschah. 1854 und 1855 wurde eine neue Orgel vom Orgelbauer Schmidt in Schmiedefeld für 1974 fl. gebaut, wovon die Kirch- und Stiftungskasse 1200 fl. bezahlte, 42 fl. durch Verkauf des alten Holzes erzielt und 732 fl. von der Gemeinde bestritten wurden, welche außerdem den 6 Orgelbauern der Reihe nach die Kost gab.

Gleichzeitig mit der Kirche, wenigstens in seinem massiven Teile, wurde auf der Nordseite der Altarhalle der Turm erbaut. Derselbe erscheint an der Basis, da er zum Teil in die Kirche eingebaut und der Strebepfeiler des Triumphbogens mit ihm verbunden ist, von außen als ein Rechteck, wächst aber in einem Quadrate, dessen Seiten je 7½ m lang sind, aus dem Kirchengebäude heraus und erreicht im Mauerwerke eine Höhe von 23 m. Das hier aufsetzende, aus späterer Zeit stammende Schieferdach bildet zunächst eine zwiebelartige Kuppel: auf dieser steht die Laterne, welche eine kleinere Zwiebelkuppel trägt, die all-

mählich zur Spitze auswächst, aus der die Helmstange mit dem vergoldeten
Turmknopfe herausragt. Auf diesem steht die Fahnenstange mit der Wetter-
fahne, welche auf der Windseite von dem „Biberle", dem Wappentiere der
Freiherrl. von Bibra'schen Familie, auf der dem Wind abgekehrten Seite von
einem halben Reichsadler, dem Zeichen ehemaliger Reichsunmittelbarkeit, gebildet
wird. Spärliches Licht erhält das Innere des Turmes durch schmale Fenster,
vor deren innere Öffnungen teilweise dicke Eichenbohlen geschoben werden können.
Die vier 2½ m hohen Schalllöcher im obersten Stockwerk haben ähnliches
Maßwerk wie die Kirchenfenster. — Die gegenwärtige Bedachung trägt der
Turm erst seit dem Jahre 1731, in welchem dieselbe für 422 fl. 18 ggl. erbaut
wurde, wovon 348 fl. die Kirchkasse, 74 fl. die Gemeinde bestritt. Gelegentlich
einer Reparatur der Helmstange wurde 1865 der Turmknopf abgenommen und
neu vergoldet. Vor seiner Wiederanbringung wurden verschiedene Urkunden
darin niedergelegt. Wie die Kirche wurde auch der Turm 1860 mit einem
Blitzableiter versehen.

Im obersten Stockwerk des Turmes hängen die 3 Glocken, welche durch
lange Stränge von unten geläutet werden. Die große ist noch ein Geschenk
des Bischofs Lorenz von Bibra und trägt außer dem Wappen desselben als
Umschrift den Hexameter: Castoreae praesul gentis Laurentius Annam me
jussit magno sacra boare tono. 1513. Sie wiegt nach Schätzung des Glocken-
gießers 25 Ztr.[1]). Die 2. Glocke, welche man ebenfalls der Freigebigkeit des

---

[1]) Dieselbe hat zu folgender Sage Veranlassung gegeben (Bechstein, Sagen des Rhön-
gebirges 288):

De dar Bibarscher grußa Glocka.

Ueber Queiafelld doba eß a Bargl, bo süll süst an alle Kerche gestanna ho, vo dar
me noch zont e wenl Mauerwarl so geseba, on das eß dar Queiabargl. Da doba dott
nu amoll dar Queiaseller Säuberl mit sa Säu gehütt die bonn bi's halt die Säu macha
in der Arba röm gegroba on gewuhlt; ober an aller weller Beer hott sich so tief ein-
gescharrt gehott, daß er zelezt gor e gruß o schüle Glocka rausgewuhlt hott.

Bi nu die Glocke zum Vürschei kiem, bo eß gerode e Fra dazu gekumma, die eß nei
ins Duhrf gesprunga o hott Larm gemacht. „Ü Leut" söll sa „der Beer hott daba uf dan
Queiabargl gor e gruß on gar e schüle Glocka rausgewuhlt." Bi nu dös im Duhrf bekahnt
iß worn, bonn's ach die Biberscher derfarrn, on die breda Gemee seun off den Bahrgl
zomma kumma on hon sich mit enand röm e nöm gestritta, bonn es woll se jeda gern ho.
Bi nu dar Streit lang genunl gewahrt hott, so honn se endlich ausgemacht, sie wönn die
Glocka off en Wöh lad on e blenn Gaul no spanu on bu se dar hie bröcht, die Gemä söll
se ba. Dos hon se dan aach gethue on die blenn Gaul hott die Glocka noch Biber ge-
schloppt. Do hott sich das ganz Duhrf gefröt on bott die Glocka nof in Duhrm gehange,
bu se noch ömmer hengt. Se löm aber in gor en schönne Tua, tief on feierlich, äs baun
se öricht aus der Aerde raus gekumma wär, on bann se gezöh werd, laute gerad äs baun
se wöll sprech:

Die well Sau hott mich rausgewuhlt,
D'r blenn Gaul hott mich härgehult.

genannten Bischofs zu danken hatte, führte den Namen **Anna Maria** und die
Jahreszahl 1514 (altes Kirchenbuch). Da sie zersprungen war, mußte sie 1781
in Flabungen umgegossen werden. Ein Kostennachweis darüber ist nicht vorhanden, man schuldete aber 1784 dem Glockengießer noch 30 fl., welche bis
1789 mit 1 fl. verzinst wurden. Die neue Glocke wog 702 ℔ und hatte auf
der einen Seite eine Inschrift, welche sich auf den Umguß in Flabungen bezog,
und auf der anderen Seite ein schön ciseliertes biblaisches Wappen. Die kleine
Glocke stammte wahrscheinlich noch aus der alten Kirche, war fast cylindrisch
und hatte am oberen Kranze eine Majuskelumschrift, welche schon Archivrat
Brückner vergebens zu entziffern gesucht haben soll. Sie hatte einen schönen
hellen Ton und wog 259 ℔. Da die beiden kleinen Glocken weder unter sich,
noch mit der großen harmonierten, die mittlere überdies 1870 gesprungen war,
wurden 1875 zwei neue beschafft, deren Gewicht auf 15 Ztr. erhöht werden
mußte. Der Glockengießer übernahm dafür die beiden alten Glocken und erhielt
dazu 433 Thlr., wovon 100 Thlr. seitens der Gutsherrschaft geschenkt, das übrige
aus Kirch- und Gemeindekasse bestritten wurde. Nachdem am 14. Mai die alten
Glocken abgenommen und den 15. Mai die neuen aufgewunden worden waren,
wurde das neue harmonische Geläute zum ersten Male am 16. Mai, dem
1. Pfingsttage, geläutet. Die mittlere Glocke trägt die Inschrift:

Ehre sei Gott in der Höhe.

Ich rufe zu Gott,   Ich mahn an den Tod,
Ich weihe die Freude,   Und segne die Gemeinde.

Gegossen von Gebr. Ulrich in Apolda 1875.

Die Inschrift der kleinen Glocke lautet:

Und Friede auf Erden.
Verkündige den Bund der Taufe,
Ruf uns zu Kirch und Unterricht,
Und rufe, wenn nach unserm Laufe
Der Pilgerstab am Grabe bricht.

Gegossen von Gebr. Ulrich in Apolda 1875.

Eine Uhr befand sich schon 1549 auf dem Turme. 1612 erhielt Michael
Debertshäuser, Kleinuhrmacher zu Nürnberg, 1 fl. für Ausbesserung derselben.
1650 wurde sie behufs Ausbesserung nach Mellrichstadt getragen, ebenso 1719
und 1729. 1771 wurde auf Kosten der Gemeinde eine neue Uhr angeschafft,
welche „der Wülfershäuser Uhrmacher", Joh. Adler, für 42 fl. lieferte. Aber
schon 1836 mußte sie, gleichfalls auf Kosten der Gemeinde, durch eine neue
ersetzt werden, welche der Schmied Rommel in Züchsen verfertigt hat. 1872
wurde ein neues Zifferblatt beschafft.

Als Begräbnisplatz diente früher der Kirchhof. Ein kleines, roh gearbeitetes, halb in der Erde steckendes, in der südlichen Kirchhofsmauer eingemauertes Kreuz trägt noch die Jahrzahl 1548. Wenn aber 1612 eine kleine Reparatur an der Gottesackerkirche erwähnt wird, so muß damals der jetzige Friedhof schon länger in Gebrauch gewesen sein. 1680 wurde das Kirchlein mit 10 Bau- stämmen repariert und 1694 eine Sanduhr für dasselbe angeschafft. Nach wiederholten Reparaturen wurde es 1828, völlig baufällig geworden, bis auf die unteren Mauern eingelegt, innerhalb deren unter Benutzung des seit 1714 vorhandenen Gewölbes von der Freiherrl. Familie eine Familiengruft angelegt wurde [1]. 1844 wurde die Gottesackermauer bis auf die westliche Seite für 178 fl. neu aufgeführt. Da der Friedhof zu klein und deshalb bei der Sepa- ration oberhalb der Freiherrl. Gruft ein Stück Gemeindeland dazu gelegt worden war, wurde auf Gemeindekosten 1878 die obere Mauer eingelegt und die Steine zur Flankierung des neuen Stückes verwendet, nach Norden aber der Friedhof durch einen Lattenzaun geschlossen.

---

[1] Eine Erweiterung des Gruftgewölbes nach Osten zu fand 1862, des Überbaues 1874 statt.

XIV.

Gottesdienst und kirchliche Ordnung.   Einige Bräuche.

Die Anfangszeit des sonntäglichen Hauptgottesdienstes scheint mehrfachen Schwankungen unterworfen gewesen zu sein und sich erst im Laufe der Zeit die gegenwärtige Ordnung herausgebildet zu haben, nach welcher von Palmarum bis Erntefest der Vormittagsgottesdienst um ½10 Uhr, im Winterhalbjahre um 10 Uhr seinen Anfang nimmt. Der Gottesdienst verläuft in hergebrachter einfacher Form: Eingangslied, Intonation und Kollekte, Schriftverlesung, Predigtlied, Predigt, Liedervers, Intonation und Kollekte, Segen, Schlußvers. Für die Festtage ist seit 1883 eine erweiterte Liturgie eingeführt. Nachmittags ist an den ersten Tagen der drei großen Feste ebenfalls zu predigen, sonst Betstunde zu halten, sei es in Form von Bibelbetrachtungen, Missionsstunden oder liturgischer Gottesdienste, wie am Karfreitag und Totenfeste. Wochengottesdienste finden das ganze Jahr hindurch am Mittwoch statt, früher im Winter um ½10 Uhr, im Sommer um ½12 Uhr, seit 1877 aus praktischen Gründen auch im Winter um diese Zeit. Am Weihnachtsabend wird seit 1883, wie es noch gegen Ende des vorigen Jahrhunderts Sitte gewesen, ein liturgischer Abendgottesdienst gehalten. Der Kirchenbesuch ist ein guter.

Als Gesangbuch war im vorigen Jahrhundert das alte Römhilder in Gebrauch, ein, äußerlich betrachtet, schmales Buch in Halbquart, welches 1747 durch Diakonus Wetzel nach dem Grundsatze, „daß man jedem Verfasser seine Lieder ohne die geringste Veränderung lassen müsse", verbessert und 1760 von Pfarrer Zizmann im wesentlichen unverändert mit einem Anhange neu herausgegeben wurde. Es enthielt 761 Lieder, davon 60 im Anhang, Kollekten- und Gebetsammlung, im allgemeinen ein gutes Gesangbuch, welches aber leider im Jahre 1800 dem „Gesangbuch für einige ritterschaftliche Orte in Franken" weichen mußte, zu dessen unentgeltlicher Verteilung unter die Nachbarschaft Kirch- und Gemeindekasse je 24 fl. und letztere 1801 nochmals 15 fl. bezahlen mußten. Dasselbe atmet durchweg den Geist damaliger Zeit. Wenn es in der Evang. Lutherischen Kirchenzeitung 1885 Nr. 48 in einer Gesangbuchskritik heißt: „Man erbaut sich nur in Wismar noch an Liedern wie: Des Leibes warten und ihn nähren, Nicht mürrisch, finster, ungesellig ist, wer ein Christ zu sein sich freut, und kann nach der Melodie: Jesu, meines Lebens Leben an den Gräbern verdienter Bürger das schöne Lied singen: Wer mit Lust und Eifer strebte, nützlich für die Welt zu sein. Doch ist diese Poesie glücklicher Weise auf Wismar beschränkt geblieben und könnte nachgerade auch dort der wohlverdienten Vergessenheit anheim fallen", so wird dieser Wunsch wohl angesichts des in Mecklenburg allgemein eingeführten vortrefflichen neuen Mecklenburger Gesangbuches unterdessen in Erfüllung gegangen sein, in Bibra aber steht diese Poesie noch in voller Blüte. Ihr gegenüber konnten freilich Lieder wie: Ein feste Burg ist unser Gott, Ach bleib mit deiner Gnade, O Ewigkeit du Donnerwort, Valet will ich dir geben, Vom Himmel hoch da komm ich her, Laß mich dein sein und bleiben, und viele andere Perlen unter unseren Kirchenliedern keine Stätte in Gesangbuche finden. Trotz wiederholter und dringender Anregung konnte eine Änderung bisher nicht herbeigeführt werden.

Zur Unterstützung des Kirchengesanges und zu musikalischen Aufführungen an den Festtagen war schon frühzeitig ein Kirchenchor gegründet worden. Bereits 1612 wurde „dem Schulmeister samt den Schülern allhier zu einem Neujahrsgeschenk beim Umsingen 1 fl. 12 ßl. verehret". Es hatte der Kirchenchor nämlich bis in die neuere Zeit zu Neujahr von Haus zu Haus zu singen, wofür seitens der Hausbesitzer entweder eine Gabe an Geld, welche als Besoldungsstück dem Lehrer zufiel, oder dem Chore Speise und Trank gegeben wurde, wie es auch der Pfarrer erst freiwillig, später gezwungen thun mußte, bis die Mahlzeit, wie früher erwähnt, mit 12 ML jährlich abgelöst wurde. Jetzt wird nur noch an 6 Plätzen im Dorfe gesungen. 1676 und 1695 wurde den Choradjuvanten 1 fl., 1698 1 fl. 3 ggr. zu einem Eimer Bier ausgezahlt, was sich bis auf den heutigen Tag erhalten hat. 1694 wurden 30 Notenbücher zur Hälfte aus der Kirch-, zur Hälfte aus der Gemeindekasse, sowie 1695 auch die Partiturbücher auf Kosten beider Kassen der Frau Schullehrerin abgekauft. Als 1697 die Empore vergrößert wurde, erhielt der Chor dort seinen Platz. Die Chorabstanten und Adjuvanten scheinen aber ihrer Pflicht nicht immer in wünschenswerter Weise nachgekommen zu sein, denn 1754 muß ihnen eingeschärft werden, nicht bloß auf dem Chore und in der Kirche, sondern auch bei Leichen ihre schuldige Aufwartung zu thun, sowie in der Schule sich zum Probieren einzufinden. Gegenüber der Beschwerde der jüngeren Chorabstanten, daß die älteren sie nicht mit auf die Hochzeiten nehmen wollten, wurde sogar 1755 seitens des Patrimonial-Gerichtes bei 5 Thlr. Strafe angeordnet, daß jederzeit 2 alte Choradjuvanten nebst einem jüngeren auf Hochzeiten aufwarten und spielen sollten. Es war das gar kein schlechtes Geschäft, denn noch 1838 konnte in der damals aufgestellten Chorordnung bestimmt werden, daß bei Hochzeiten 4 breite Kuchen und 2 Semmelkuchen, 4 Kannen Bier, 2 Laib Brot, 15 ℔ Fleisch, eine Suppe mit Brot eingeschnitten den Choradstanten zu verabreichen oder dafür 1 fl. 20 kr. zu entrichten sei. Tanzmusiken im Dorfe zu machen, war der Kirchenchor allein berechtigt; wollte eine fremde Musik spielen, so hatte sie sich erst mit der Chorkasse abzufinden. Für das Singen bei Beerdigung Erwachsener mußten damals 30 kr., bei Kinderleichen 20 kr. bezahlt werden. Eine den gegenwärtigen Verhältnissen entsprechende Chorordnung ist 1891 aufgestellt und von der Oberbehörde bestätigt worden.

Behufs Feier des heil. Abendmahles war die Gemeinde in 6 Klassen geteilt, von welchen jede jährlich dreimal ging. Begonnen wurde am Karfreitage; wenn aber auch einige Abteilungen zusammengingen, so dauerten die Abendmahlsfeiern doch bis in den Advent hinein. 1828 (frühere Konfitentenregister sind nicht vorhanden) betrug die Zahl der Kommunikanten 801. Später wurden die 6 Klassen in 4 zusammengezogen, welche ebenfalls dreimal gingen. Die Beteiligung beim zweiten und namentlich beim dritten Male wurde aber immer geringer, und 1874 war die Kommunikantenzahl auf 592 herabgesunken. Es wurde daher und auch wegen der vielen Vikarien in der Umgegend der dreimalige Turnus aufgegeben und das h. Abendmahl nur noch viermal im Frühjahre, beginnend mit Karfreitag, und viermal im Herbst, beginnend um Michaelis, gehalten. Freilich ging in den ersten Jahren die Zahl der Kommunikanten noch weiter herunter, sie ist aber allmählich wieder bis auf 575 im Jahre 1890, also fast auf ihre frühere Höhe gestiegen, und es ergibt sich daraus das günstige Resultat von 108%. Bei der Konsekration knieen die Kommunikanten.

Die Beichte war früher wie überall Privatbeichte, die am Sonnabend abgehalten wurde. Der Geistliche saß dabei im Beichtstuhle, der sich bis in die neueste Zeit erhalten hat, und nahm den Einzelnen ihre Beichte ab, sie entweder absolvierend oder wohl auch einzelne zurückweisend. So wurde 1664 der Pfarrer Seyffart verklagt, er habe nach seiner Verabschiedung von dem während der Vakanz fungierenden Pfarrer von Nordheim verlangt, daß er Bernhard von Bohlen, Steffen Gantz, Hans Seifert und Johann Hofmann wegen „wider ihn verübter Verfolgung bis uffn Todt" vom h. Abendmahl suspendieren solle. Gefallene wurden erst nach gethaner Kirchenbuße zum h. Abendmahle zugelassen. Auch nach der Aufhebung der Privat- und Einführung der allgemeinen Beichte wurde dieselbe noch am Sonnabend mittags gehalten, aber 1874 während der Eisenbahnbauzeit aus praktischen Gründen auf den Sonntag früh verlegt.

Die Trauungen, denen ein dreimaliges Aufgebot vorauszugehen hatte, fanden entweder in der Stille oder öffentlich statt. In letzterem Falle hatte der Pfarrer eine Traupredigt zu halten, die Hochzeitsgäste aber mußten einen Zug um den Altar veranstalten und dabei außer der vom Bräutigam zu entrichtenden Gebühr für den Pfarrer „opfern". Gefallene hatten bis in den Anfang dieses Jahrhunderts öffentlich Kirchenbuße zu thun. Daß dieselben bei der Trauung keinen Kranz tragen, ist noch heute löbliche Sitte.

Die kirchliche Trauung findet unmittelbar nach dem Civilakte statt. Die Hochzeitsfeier erstreckt sich bei großen Hochzeiten auf 2—3 Tage. Die „Troll-hütes", welche am letzten Tage gegessen zu werden pflegen, geben den geladenen Gästen das Zeichen, daß es nun Zeit werde, aufzubrechen. Die Brautleute nehmen an der Hochzeittafel nicht Platz, sondern bedienen die Gäste.

Die Taufen fanden früher am Tage nach der Geburt statt, jetzt fast durchweg 3—4 Wochen nach derselben am Sonntag nach dem Nachmittagsgottesdienste, und es wird ohne Unterschied, ob ehelich oder unehelich, dazu das Zeichen mit der Taufglocke gegeben. Gesungen wird dabei nicht. Es dürfen der Sitte gemäß nie zwei Kinder zusammen getauft werden. Eheliche Kinder bekamen einen, uneheliche Kinder zwei Paten, von denen der Täufling den Namen erhielt, eine Sitte, die auch heute noch vielfach Beachtung findet. Daß noch nicht konfir-mierte Kinder als Paten gewählt wurden, war nicht selten, ist aber neuerdings durch Reskript des Oberkirchenrates abgestellt.

Wenn die Taufpatin ein junges Mädchen ist, so pflegen die Eltern des Täuflings deren Altersgenossinnen mit einzuladen, welche dann als „Züg-gevattern" an dem Taufzuge in die Kirche teil nehmen, welchen der Kindesvater barhäuptig zu eröffnen pflegt. Trotz des polizeilichen Verbotes ist es bei Taufen und Trauungen an der Tagesordnung, innerhalb des Dorfes zu schießen.

Danksagungen beim Kirchgange der Wöchnerinnen fanden früher statt, sind aber abgekommen.

Die Beerdigungen sind fast durchweg sogenannte öffentliche und finden als solche mit Leichenpredigt statt. Der Kirchenchor hat dabei vor dem Trauerhause und in der Kirche nach der Predigt und im Falle, daß der Verstorbene Mit-glied des Chores war, auch auf dem Friedhofe eine „Arie" zu singen. Der vom Lehrer zu fertigende Lebenslauf darf nicht fehlen. Nur Kinder unter 1 Jahre werden mit der bloßen Grabrede beerdigt. Geläutet wird bei der Beerdigung von Kindern mit den beiden kleinen Glocken, bei Erwachsenen mit vollem Geläute.

An den Beerdigungen nehmen Männer und Frauen teil und zwar sondern sich die beiden Geschlechter im Trauergefolge streng von einander ab. Unmittelbar hinter dem Sarge gehen die Männer, anverwandte und ferner stehende, dann erst kommen die Frauen, unter welchen die Verwandten wieder den Vortritt haben. Burschen und Mädchen beteiligen sich nur dann, wenn sie mit dem Verstorbenen verwandt sind. Die ehemaligen großen Leichenschmäuse sind fast ganz außer Gebrauch gekommen.

Verein für Meiningische Geschichte und Landeskunde. Heft 13.

12

Die Kirchenbücher reichen zurück bis 1662. Das erste in Halbfolio wurde den 6. Juli gedachten Jahres von M. Hartmann Schenk begonnen und von Hauff, Woytt, Schubert, Chr. Erasm. und Karl Christoph Freißlich geführt bis zum Schluß des Jahres 1799. Durch Kleinheit und Unleserlichkeit der Schrift zeichnet sich nur Chr. Erasmus Freißlich aus, und sind namentlich die späteren Einträge desselben kaum zu entziffern. Im Taufregister ist eingetragen der Tauftag, der Name des Vaters, des Paten, des Täuflings, welcher nach dem Paten benannt wurde, und daran vielfach ein Segenswunsch des Täufers geknüpft. Von 1700—1800 fanden 900 Taufen statt, darunter 52 unehelicher Kinder. Im Trauregister heißt es: An dem und dem Tage wurden der und die „ehelich zusammengetraut, ehelich zusammengegeben, kopuliert und in den Ehestand eingewiesen." Getraut wurden 1700—1799 260 Paare, worunter 17, die in Unehren zusammen kamen. De occultis ecclesia non judicat, wie Karl Christoph Freißlich bemerkt. Beerdigungen fanden 698 statt, darunter 4 Verunglückter. Es wurde nur der Beerdigungs-, nicht der Todestag eingetragen und bis 1704 dem kurzen Eintrage der Leichentext beigefügt. Erwähnt wird, wenn eine Beerdigung auf öffentliche Kosten stattzufinden hatte, ob und wieviel dafür von der Gemeinde bezahlt wurde.

Öffentliche Kirchenbußen fanden von 1680 bis 1799 52 statt. In älterer Zeit vollzogen sich dieselben so, daß die Delinquenten in eine dazu bestimmte Bank an der südlichen Thür treten, nach der Predigt aber vor dem Hauptaltare knieend Abbitte thun mußten. Später erfolgte mehrfach nur eine Abkündigung, Denunziation, von der Kanzel.

Das 2. Kirchenbuch in Folio von 1800—1859 ist protokollarisch geführt. Getauft wurden in dieser Zeit 862 Kinder, getraut 182 Paare, beerdigt 510 Personen. Die Trauungen sind nicht nach der Folge der Jahre, sondern alphabetisch eingetragen.

Das 3. Kirchenbuch, ebenfalls ein Folioband und protokollarisch geführt, geht von 1860 bis 1875. Geburten sind 236, Trauungen der Reihe nach 84, Beerdigungen 156, eingetragen.

Seit Einführung des Standesamtes, 1876, wird ein neues Kirchenbuch tabellarisch geführt.

XV.
Die Kirchkasse.

Als die erste auf das Vermögen der Kirche bezügliche Nachricht muß angesehen werden, daß 1492 von dem Meister Paulsen (Paulus Fries), Pfarrer zu Geroldshofen, der Pfarrei 15 fl. jährliche Nutzung vermacht wurden zu Seelenmessen, welche an den Quatembern gehalten werden sollten. Der Pfarrer hatte die Zinsen zu beziehen, das Kapital aber wurde wohl von der Kirche und den bestellten Heiligenmeistern verwaltet. 1494 dotierte behufs Errichtung einer Vikarie Kilian von Bibra die Kirche mit einer auf Münnerstadt ruhenden Gült von 40 fl., welche 1535 mit 1000 fl. von dieser Stadt abgelöst wurde. Nach Einführung der Reformation und Aufhebung der Vikarien wurde das Vermögen derselben, insbesondere jene 600 fl., welche 1474 vom „alten Haus" gestiftet worden waren, der Kirche zugewiesen.

1549 zahlte der Rat von Mellrichstadt 10 fl. Zins, der Rat von Schweinfurt „wegen der 2. Vicarei und der Capeln auf dem Schlosse" 30 fl., der Rat von Dettelbach 20 fl., 28 zinspflichtige Ortsinsassen für kleine Darlehen und 8 Fremde, darunter Junker Hans von Romrod, zusammen 70 fl., sodaß das Gesamtvermögen der Kirche bei einem Zinsertrag von 130 fl. zu 5%, dem damals gebräuchlichen Zinsfuße, 2600 Gulden betragen hätte. Wann der Rat von Mellrichstadt sein Kapital abgetragen hat, ist unbekannt. Die Schweinfurter Schuld wurde, nachdem von 1550—1555 keine Zinsen gezahlt worden waren und der Rat um Stundung auf bessere Zeiten gebeten hatte [1]), von demselben nach vorausgegangener Kündigung den 2. Mai 1602

---

[1]) Das interessante Schreiben lautet: „Unser freuntlich Dinst zuvor. Ersame liebe freunde. Euer schreiben an uns der Zinse halben, so wir an die Gotheuser und Capeln zu Bibra verfallen und schuldig gethan, haben wir empfangen und seins Inhalts vernomen Und geben euch darauff zu vernemen das es des grossen unraths halben, so uns zugestanden dieser Zeitt In unserm vermögen mitt Euch solche Zinß wie gern wir es thetten zu entrichten Und ist demnach unser freunttliche bitt, an euch Ir wollett gedultt mitt uns

abgetragen. Er schuldete dieselbe „an die Kapelle auf dem Schlosse". Die Dettelbacher Schuld wurde nach mancherlei Schwierigkeiten wegen der Zins=zahlung (man mußte beispielsweise 1657 fünfzehn Eimer Wein à 2 Rchsthl. übernehmen, um nur überhaupt etwas zu erhalten) 1676 abgetragen.

1612 gaben die kleinen bäuerlichen Kapitalien, 80 an der Zahl, 86 Gulden Zins. Das Kapital mochte also 1720 Gulden betragen.

1616 wurden 30 Gulden Pension eingenommen von 600 Gulden, „welche ehemals zu Mabrichshausen bei Junker Ulrich von Maßbach standen und nun auf Herrn Jakob Span (in Bibra) gekommen sind" (dieselben waren 1650 bis auf 200 fl. abgezahlt). Überdies entrichtete der Rat von Dettelbach 20 fl., die Gemeinde Zeilsheim 20 fl., die Gemeinde Schwebheim 1 Gulden, Hans Dietrich von Diemar in Walldorf 50 Gulden und 48 bäuerliche Schuldner 47 Gulden. Es hätte also bei einem Zinsertrag von 168 fl. das Kapital 3350 fl. betragen. Die Zeilsheimer Schuld wurde 1698 getilgt.

1626 zahlen Zinsen: Dettelbach 20 fl., Zeilsheim 20 fl., Schwebheim 1 fl., Hans Dietrich von Diemar 50 fl. (er hatte aber bereits seit 1615 keine Zinsen mehr entrichtet) und „Unsere Junkherrn von Bibra, die zu Irmelshausen drei Brüder" 50 fl., sowie 73 bäuerliche Schuldner 78 fl. Das Gesamtkapital mochte sich demnach damals auf 4500 fl. belaufen.

Für 1634 waren Zinsen einzunehmen: von Zeilsheim 20 fl., Schweb=heim 1 fl., Hans Dietrich von Diemar 50 fl., Hans Kaspar von Bibra für innhabende eintausend Gulden 50 fl., von 93 bäuerlichen Schuldnern 127 fl., zusammen 248 fl., was einem Kapital von 4950 fl. entsprechen würde.

Nach dem Register, welches Pfarrer Seyffart 1650 unter Zugrundelegung alter Rechnungen aufgestellt hat, belief sich das Gesamtvermögen der Kirche auf 5397 fl. 21 Schilling und 1300 fl., zu welchen er nur drei große NB gemacht hat, ohne den Schuldner näher zu bezeichnen. Sie scheinen ihm selber schon von vornherein als verloren und darum gar nicht ansetzbar gegolten zu haben. Das Kapital der Gemeinde Schwebheim von 20 fl. hatte Pfarrer Baldermann erhoben (vergl. oben, Seite 23), und mehrere andere kleine Kapitalien waren ganz erlassen oder herabgesetzt worden, z. B. Hans Grieß=mann von 106 auf 80 fl. „wegen der Verwüstung durchaus und großen Zins", sodaß in der Kirchkasserechnung das Kirchenvermögen nur mit 5333½ fl. und 267 fl. Zins angesetzt, von diesen aber nur 2499 fl. für gangbar, dagegen 2851 fl. als ungangbar angesehen wurden, darunter die 400 fl. von Dettel=bach, die aber bald wieder gangbar und 1676 abgetragen wurden, und 1000 fl.

---

haben, puß gott der almechtige gnabt gibtt, baß wir solicheß zu thun in vermögen komen, alß ban wollen wir Euch und andern unsern glaubigern freunttlichen willen machen, und solicheß umb Euch freunttlich zuverdienen willig erfunden werden. Datum am Freitags nach Mich. anno c Cv (b. ist 1655) Bürgermeister und Rathe der Statt Schweinfurtt."

bei Hans Dietrich von Diemar, welcher „solches nicht geständig sein will, ist aber beim kaiserlichen Kammergericht anhängig". Des Zinsenzahlens hatte der Edle und Gestrenge sich freilich schon 1626 seit 11 Jahren enthalten und seit 1634 war überhaupt nichts erhoben worden, sodaß er seine Schuld für verjährt halten mochte. Der beim kaiserl. Kammergerichte anhängig gemachte Prozeß währte bis 1711, scheint aber zu Ungunsten der Kirche entschieden worden zu sein, da in der Kirchkassenrechnung nur Prozeßkosten erwähnt werden, das strittige Kapital aber nicht wieder gangbar geworden ist. Die Summe der ungangbaren Kapitalien stieg bis 1669 auf 3814 fl. und sank dann allmählich bis auf 2750 fl., diese aber waren unrettbar verloren und wurden 1739 aus der Kirchkassenrechnung, in welcher sie bis dahin fortgeführt worden waren, gestrichen. Der Kapitalstock betrug jetzt nur noch 1731 fl. Verloren waren somit von dem von Pfarrer Senfart 1650 ermittelten Kapitalstocke 3666 fl. Rechnet man hierzu den Zinsverlust[1]), den die Kirchkasse von 1633—1650 erlitten hatte, so beträgt der Gesamtverlust, welcher derselben durch den 30jährigen Krieg erwuchs, nicht weniger als 13245 fl., eine für damalige Verhältnisse sehr bedeutende Summe.

1676 wurde die Dettelbacher Schuld abgetragen und das Kapital an die Herrschaft geliehen, von welcher es später ratenweise zurückbezahlt wurde.

1791 wurden 450 fl. Holzgeld von der Herrschaft geliehen, welche neben den damals vorhandenen 1896 fl. bäuerlicher Kapitalien den Stock für das gegenwärtige Kirchkassekapital bildeten. Sie wurden wieder zurückgezahlt 1808 und in diesem Jahre zugleich mit 267 fl. abgetragenen bäuerlichen Kapitalien, welche dadurch auf 1573 fl. sanken, in Höhe von 960 fl. bei der Großherzogl. Würzburgischen Hauptkasse angelegt, 1815 aber von Herrn Kammerdirektor von Bibra übernommen.

1830 war durch den Waldertrag das Kirchenvermögen auf 3692 gestiegen, nämlich: 1905 fl. bäuerliche Kapitalien, 950 fl. beim Herrn Kammerdirektor, 837 fl. auf der Landschaft in Meiningen. Nachdem in den Jahren 1834 bis 1840 für 3132 fl. Holz verkauft worden war, war das Kirchenvermögen auf 4933 fl. gestiegen. Durch abermaligen Holzverkauf kam es 1844 auf 5033 fl. und aus demselben Grunde 1854 auf 5908 fl., sank aber infolge des Orgelbaues und der Kirchenrenovierung bis 1864 auf 5125 fl. Nach mehrfacher Schwankung belief es sich 1872 auf 5555 fl., wovon 3830 fl. in Obligationen angelegt waren und 1725 fl. die bäuerlichen Kapitalien betrugen. 1876 wurden dieselben gekündigt und allmählich zurückgezahlt, der Kapitalstock hatte 1890

---

[1]) Kirchkassenrechnung 1650/51: „Dieweilen aber an den obgesetzten Hauptcapitalien als von Petri Cathedra 1633 biß auf Petri Cathedra 1651 einige Zinß nicht gefallen, ist solcher Rest von anno 33 biß ao. 51 zusammengerechnet worden vnd thut in einer Suma 9579 fl. 2 gr. 5 Pf. 1 Hlr."

eine Höhe von 8604 Mk. = 5019 fl., also annähernd so viel wie vor dem 30jährigen Kriege.

Wachszins hatten 1549 Andreas Ruck und Georg Moler von Oberstreu 2 ₰ zu geben. Die Abgabe erhielt sich bis 1701 und wurde in diesem Jahre von den damaligen Besitzern des Kirchgadens zu Oberstreu für 24 fl. abgelöst. In Bibra gab es 1549 elf wachszinspflichtige Personen, welche 24 ₰ und 2 Vierlinge jährlich zu entrichten hatten. 1602 wurden über Erb- und Wachs= zins besondere Register geführt und 5 fl. 4 Bß. 2 Pf. als Gesamtertrag in die Kirchkassenrechnung eingesetzt. Weil während des Krieges diese Register ver= brannt waren, konnte man 1650 nicht mehr nachkommen, auf wem diese Zinsen lasteten, und mußte deshalb für die Zukunft von der Erhebung derselben ab= gesehen werden.

Eine nicht hoch genug zu schätzende Einnahmequelle bildete für die Kirch= kasse der in dem Grundbuche freilich der Pfarrei zustehende Wald. Wenn aber auch 1704 und 1748 der Pfarrer laut Besoldungsnachweis mit seinem Bedarf an Brennholz auf denselben angewiesen war, so war doch schon damals die Pfarrei nicht alleinige Nutznießerin desselben, denn soweit die Nachrichten zurück reichen, wurde das für Instandhaltung der geistlichen Gebäude nötige Bauholz aus dem Pfaffenstriche genommen, und nur bei größeren Bauten z. B. Turm-, Schul= und Pfarrhausbau hat die Gemeinde an der Darreichung desselben sich beteiligt. Wenn aber schon dadurch der Kirchkasse ganz bedeutende bare Auslagen erspart wurden, so fällt nicht minder der Gewinn ins Gewicht, welcher aus dem Erlös von geschlagenem Holze der Kirchkasse zufloß, so daß nicht nur durch denselben mehrfach bedeutender Bauaufwand gedeckt, sondern auch die durch den 30jährigen Krieg herbeigeführten Verluste an Stammkapital ersetzt und Mittel zur Bestreitung der stetig wachsenden laufenden Ausgaben beschafft werden konnten, ohne zur Erhebung von Kirchgemeindeumlagen schreiten, oder die Gemeindekasse behufs regelmäßiger Zuschüsse in Anspruch nehmen zu müssen. Erst als 1875 infolge des Zivilstandsgesetzes die Accidenzien für Taufen, Trauungen und Beerdigungen auf die Kirchkasse übernommen und das Opfergeld aufgehoben wurde und infolge des Volksschulgesetzes die Remuneration des Lehrers für den Kirchendienst auf 175 Mk. erhöht werden mußte, dabei aber der Zinsfuß allmählich von 5°⁄₀ auf 3¹⁄₂°⁄₀ herunter ging, wurde 1 Termin = 8¹⁄₂°⁄₀ Kirchgemeindeumlagen erhoben.

Bereits 1735 war die Reparatur des Pfarrhauses teilweise aus dem Erträge des Waldes mit 240 fl. gedeckt und zugleich durch weiteren Holzverkauf ein Kapital von 130 fl. zur Erhaltung des Pfarrhauses begründet worden, welches zu 6°⁄₀ ausgeliehen und 1747 mit der Kirchkasse vereinigt wurde. 1787 wurden 20 fl. und 1789 30 fl. Holzgeld zur Bestreitung des Glockengusses ver= wendet. 1791 wurde für 450 fl. Holz geschlagen, von deren Abwurf der

Pfarrer für seinen Brennholzbezug entschädigt werden sollte. Nach vielen kleineren Jahreserträgen wurde 1828 für 558 Reichsthlr. Holz geschlagen und dadurch das Kirchenvermögen um 837 fl. vermehrt. 1830—1873 wurde für 8200 fl. Holz verkauft, allein 1853 für 1519 fl., sodaß trotz erheblichen Bauaufwandes der Kirche ein bedeutender Kapitalzuwachs zu teil werden konnte.

„Weilen die Einkünfte des Aerarii ecclesiastici zur Bestreitung der Pfarr- und Schulbesoldung und Erhaltung der Kirche, Pfarrhofs und Schulhauses und zu andern notwendigen Ausgaben nicht zureichen wollen, haben gnädige Herrschaft für gut befunden und auch in einer de dato 8. September 1749 an den Pfarrer ergangenen Anweisung, die Verordnung gethan, hinführo einen Klingelbeutel in der Früh-Kirchen Sonn- und Feittags herum gehen zu lassen, welches nach Publikation zwar vielen Widerspruch gefunden, nachdem man aber den wahren Vorteil davon gespüret, sichs gefallen lassen. Man versuchte dieses auch bei Hochzeiten und Kindtaufen zu thun und einen Teller zum Besten des Gotteshauses herumgehen zu lassen. Außer einigen wenigen Personen aber, die die Billigkeit erkannt und sich zu einer Beilage willig finden ließen, ists von den Meisten als ein neu Recht, das man also nicht gelten lassen müsse, verworfen worden“. So schreibt Chr. Er. Freißlich im Kirchenbuche. „1750 wurde darauf hin von Herrn Joh. Casp. Krieg, Schuldiener allhier, die Kirche mit einem feinen Klingelbeutel verehret“. Es wurden von 1750—1830 auf diese Weise der Kirchkasse 750 fl. zugeführt und zwar betrug der höchste Jahresertrag 1763 17 fl. 4 Bg., der geringste 1830 4 fl. 24 kr., der Durchschnittsertrag 9½ fl. „Um die Jubelfeier der Augsburgischen Konfession nachhaltig segensreich zu begehen“, wurde 1830 der Klingelbeutel abgeschafft. Es sollte dafür der Heiligenmeister vierteljährlich freiwillige Beiträge einsammeln. Da die hierdurch demselben entstehende Belastung aber in keinem Verhältnisse zu der Einnahme stand — 1835 betrug dieselbe nur 2 fl. 40 kr. — so wurde von 1836 an am Erntefeste eine Beckenkollekte „für den Ausfall des Klingelbeutels“ erhoben, durch welche des geringen Ertrages Vereinnahmung wenigstens erleichtert wurde.

Auch bei anderen Gelegenheiten suchte man der Kirchkasse einige Mittel zuzuführen. So wurden 1650 beim Friedensfeste 5 fl. 12 ggr. von den Gemeinden Bibra und Bauerbach „auf dem Altare geopfert“ und 1763 fanden sich beim Friedensfeste im Becken 10 fl. 6 ggr.

1830 wurde anläßlich der Jubelfeier des Augsburgischen Glaubensbekenntnisses seitens des Pfarrers beantragt, ihn von der Einnahme des Beichtgeldes zu befreien und dafür seitens der Kirchkasse von jeder abendmahlsfähigen Person 5 kr. erheben zu lassen. Es wurden ihm daraufhin anfangs 20 fl., von 1837 an 25 fl. Opfergeld aus der Kirchkasse ausgezahlt, während diese circa 35 fl. erhob. Da später sich mancherlei Unzuträglichkeiten mit dieser Einnahme ergaben, wurde dieselbe 1875 zugleich mit der Übernahme der Stolgebühren auf die Kirchkasse fallen gelassen.

Auch die 1749 mit 1 ggl. eingeführte Abgabe, durch welche jeder junge Ehemann einen Kirchenstand erwerben mußte (zuletzt 7½ kr.), hörte mit dem genannten Jahre auf.

Vermächtnisse erhielt die Kirche im Laufe der Zeit mehrere. 1743 vermachte Peter Möller derselben testamentarisch 10 fl., 1752 die Kämpfschen Eheleute 18 fl. und 1791 Johann Hölzer zum Bemalen der Orgel 10 fl. 1847 schenkte der hiesige Einwohner Kaspar Gerbig der Kirche sogar 400 fl. und vermachte ihr bei seinem Tode noch den Wolframs- und Tenschnickelsacker, wofür 1855 24 fl. gelöst wurden.

Die Ausgaben der Kirchkasse bestanden ehemals und bestehen noch heute zum größten Teile in den zu leistenden Besoldungen und dem Aufwande für Instanderhaltung der kirchlichen Gebäude, wozu in der neuesten Zeit noch ein sehr erheblicher Beitrag zur Landeskirchkasse (1891 110 Mk.), gekommen ist.

Die Besoldungsbezüge des Pfarrers aus der Kirchkasse sind schon früher gelegentlich erwähnt worden. Es sind: (1612 zum ersten Male erwähnt) 10 Gulden Besoldung (= 21 Mk. 43 Pf.) und als Neujahrsgeschenk 1 fl. 12 Bg. oder ein spanischer Thaler (3 Mk.); seit 1786 Entschädigung für Brennholz, ursprünglich 18 Gulden (38 Mk. 57 Pf.); seit 1830 Opfergeld und zwar erst 20, dann 25 fl.; seit 1875 Entschädigung für Stolgebühren und Konfirmandeneier (71 Mk. 6 Pf.).

Der Schulmeister erhielt 1549 aus der Kirchkasse 12 Gulden „Lohn". 1612 betrug seine „Jahrbesoldung" 45½ Gulden und 1700 stieg sie auf 50 Gulden. Außerdem erhielt er noch 1 Gulden für das Reinigen der Kirchengeräte und 1 Gulden, wie es 1654 heißt, „zur Neujahrsverehrung altem Brauche nach". Zusammen 52 Gulden fr. = 65 fl. rh. 1856 kamen dazu noch 4 fl. als Entschädigung für Minderertrag der Stolgebühren und 2 fl. als Entschädigung für zu hohen Anschlag der Dienstgrundstücke. Seit 1875 sind diese Bezüge von 71 fl. = 121 Mk. 71 Pf. auf 175 Mk. erhöht worden.

Die beiden Kastenmeister erhielten 1612 für „die Rechnung zu machen, zwiefach abzuschreiben und das Jahr über einzuzeichnen" 1 Gulden und 1 Gulden 9 Bg. 2 Pf. „so von unseren gn. Junkherren uns uf die hohen Feste im Jhar zu einer Verehrung gewilliget und zu verthun ist zugelassen worden". Die Besoldung stieg allmählich bis auf 20 Mk. 57 Pf. und 12 Mk. für Fertigstellung der Rechnung [1]).

---

[1]) Dazu kommt jetzt noch: 2% für Einnahme des Pfarrpachtes : 30 Mk.; 3% für Erhebung der Kirchgemeindeumlagen = 8,55 Mk., zusammen 60 Mk. 35 Pf.

Den Chorschülern und dem Schulmeister wurden 1612 zu einem Neujahrs-geschenk „im Umbsingen verehrt" 1 Gulden 12 Batzen. Da der Lehrer diesen Posten aber später für sich allein vereinnahmte, erhielten seit 1674 die Chor-adjuvanten 1 fl. 4 ggr., jetzt 8 Mk. 23 Pf. für einen Eimer Bier.

Auch des „gemeinen Knechtes" Bemühung wurde nicht unentgeltlich in Anspruch genommen. Schon 1611 erhielt Lorenz Völler zu einem Paar Schuhe ½ Gulden, weil er „in Einnehmung der ausstehenden Zinsen und anderer Geschäfte mehr die Kirche betreffend bisweilen gebraucht und ver-schicket wird", und 1632 Baltin Erk „gemeiner Dorfsknecht" zu demselben Zwecke 9 Batzen 2 Pf. (1 Mk. 71 Pf.).

Alle für Instanderhaltung des Pfarrgrundbesitzes erwachsenden Ausgaben, wie Löhne für Grasenmachen, Steinsetzen und dergleichen hatte die Kirchkasse zu tragen. Bereits 1615 bekamen die Steinsetzer für Versteinen der Pfarrwiese im Schopfen 1 Bz. 2 Pf.

Bezüglich des Gottesdienstes war für Hostien ("Beicht-Brod") und Wein zur Feier des h. Abendmahles, und für Lichter zur Christmette zu sorgen, wenn solche nicht geschenkt wurden. 1611 wurden „laut der Kerben" d. h. nach Ausweis des Kerbholzes 26½ Maß Wein zu 5 Schilling das Maß gebraucht.

Die Ausgaben für die Schule wurden vor und nach dem 30jährigen Kriege aus der Kirchkasse, später, z. B. 1825 beim Schulhausbau, teilweise mit aus der Gemeinde bestritten.

Der Bauaufwand für Kirche und Pfarrhaus ging, soweit es sich nur um die laufenden Ausgaben handelte, der Kirche zur Last. Bei größeren Bauten participierte die Gemeinde oder bestritt wohl auch die Kosten allein. So zahlte die Gemeinde: 1731 zu dem Turmbau 74 fl. (Gesamtkosten 422 fl.), 1795, als die Kirchenfenster eingeschlagen waren, 50 fl. (80 fl.), 1799 zum Malen der Orgel 16 fl. (48 fl.), 1836 die Turmuhr ganz, 1844 beim Neubau der Fried-hofsmauer von 172 f. die Hälfte, 1846 beim Pfarrhausbau das eichene Holz und die Fuhren, 1852 bei Neuplattung der Kirche die Fuhrlöhne, 1854 beim Orgelbau von 1974 fl. 732. 1857 wollte sie durch Abtretung von Grund-stücken an die Kirche sich von ihrer Beitragspflicht loskaufen, aber darüber gefaßte Beschlüsse wurden von einigen Gemeindegliedern, welche sich in ihrer Ge-meindenutzung beeinträchtigt glaubten, hintertrieben. 1860 trug die Gemeinde die Gesamtkosten der inneren Renovierung, ebenso 1865 die Reparatur der Helm-stange ꝛc., 1875 zahlte sie beim Glockenguß von 1687 Mk. Gesamtkosten 928 Mk., 1876 bei dem Bau des oberen Stadelgiebels, Kuhstalles u. s. w. die Gesamt-kosten, 1883 bei der Neubedachung des Pfarrhauses von 330 Mk. die Hälfte.

Einen regelmäßig wiederkehrenden Ausgabeposten bildete auch das, „was armen und vertriebenen Leuten um Gotteswillen aus dem Kasten dargereicht wurde". 1611 waren es alles in allem 25 Schilling, später schwankte der

Gesamtbetrag zwischen 1 und 3 Gulden. Vor dem 30jährigen Kriege waren die Einzelgaben nicht unbedeutend, sie betrugen beispielsweise 1611 7 Schilling, 4 Sch. 4 Pf., die kleinste 1 Schilling. Später, als das Kriegselend sich immer mehr fühlbar machte und die Zahl der Bittenden immer mehr anschwoll, wurden die Gaben kleiner und sanken im Jahre 1669, in welchem sie zum letzten Male einzeln in der Rechnung eingesetzt sind, auf 9, 6 und 3 Pf. Es waren freilich auch anstatt der 5 Personen, welche im Jahre 1611 Gaben heischten, 1665 nicht weniger als 52. Groß war unter diesen fahrenden Leuten die Zahl der ver= triebenen Pfarrer, Schulmeister und Rektoren, der reisenden Studenten, in einem Jahre nicht weniger als 12, der Abgebrannten oder „Verbrannten". Doch war auch sonst kein Stand, der nicht sein Kontingent zu ihnen gestellt hätte und nicht bloß „arme vertriebene vom Adel", selbst adelige Frauen und Jungfrauen mußten die Wohlthätigkeit der Kirche in Anspruch nehmen; kein Land auch von Lothringen bis Österreich, von Holstein bis nach Italien, welches nicht seine Vertreter unter ihnen gehabt hätte.

Auch Stipendien an Studenten wurden aus der Kirchkasse verliehen, so 1615 dem Pfarrer Tobias Freund von Irmelshausen für seinen Sohn, Studiosus in Leipzig, 25 fl., und dem Bartholomäus König, „als er nach Jena ging" 5 fl.; 1626 dem Studiosus Heinrich Gottschalk „zur Fortsetzung seiner Studien" 12 fl.; dem Bruder des Pfarrers Petrus Baldermann zu Aubstadt, „als er nach Jena ging", 10 fl. und 1626—1633 dem Studiosus Johann Reiß, Sohn des Schneiders Oswald Reiß von Bibra, zuletzt in Rostock, jährlich 25 fl.

Kirchkasserechnungen haben sich noch erhalten von 1549, 1611, 1615, 1626, 1629, 1631, 1633 und von 1650 an vollständig. Die ältesten bis 1670 sind schmale Hefte in Halbfolio, von 1671 bis 1770 haben sie Quart=, von 1771 an Folioformat. Die von 1549 hat 8, die von 1611 schon 14 Blätter (2 fehlen). Erst wurden die Einnahmen verzeichnet, dann die Ausgaben; letztere wohl wie sie sich im Laufe des Jahres ergeben mochten, erst von 1650 an werden sie sachlich geordnet. Das Rechnungsjahr ging von Petri bis wieder zu Petri. Die beiden verordneten Heiligenmeister waren für richtige Aufstellung der Rechnung verantwortlich, die Reinschrift besorgte irgend ein Schreiber, später der Schul= lehrer. Eine öffentliche Verlesung fand ursprünglich vielleicht nicht statt. 1549 wurde im Beisein des Pfarrers mit den „Junkherrn" persönlich gerechnet, 1611 die Rechnung im Beisein des Pfarrers, „der Junkherrn Vögte" und anderer Diener „verhört", außerdem aber am Tage nach Petri Cathedra die Zinsen eingenommen, Rechnung gelegt und dem neuen Heiligenmeister „Kasten und Schlüssel eingeräumt". Es scheint bei dieser Gelegenheit mit der Zeit immer festlicher hergegangen zu sein, denn wenn man sich 1549 begnügte, dabei 3 fl., und 1611 8 fl. „zu verzehren", so verbrauchte man 1631 nicht weniger als 13 und 1633 10 Gulden, und es wurde im letztgenannten Jahre „2 Tage damit umb=

gangen". Nach dem 30jährigen Kriege wurde die Kirchkassenrechnung zugleich mit der Gemeinderechnung verlesen und den Beteiligten eine kleine Geldentschädigung gewährt, das gemeinsame „Verzehren" aber abgestellt.

1611 betrugen die Einnahmen 337, die Ausgaben 157 Gulden; 1633 die Einnahmen 2010 Gulden, darunter aber 1735 Gulden Resten, die Ausgaben 136 Gulden. 1650—1700 hatte das erstgenannte Jahr, in welchem nur ein Viertel aller schuldigen Gefälle erhoben wurde, die geringste Einnahme mit 27 fl. 6 ggr., die geringste Ausgabe mit 32 fl. 8 ggr., die höchste Einnahme 1688 mit 834 fl. 5 ggr., darunter aber 462 Gulden Resten, und auch die höchste Ausgabe mit 308 Gulden.

Von 1701—1750 hatte das Jahr 1713 die niedrigste Einnahme, nämlich 476 Gulden, darunter 392 Gulden Resten, die höchste 1731 mit 888 Gulden, darunter aber 619 Gulden Resten. Die geringste Ausgabe hatte 1742 mit 53 fl., die größte 1731 mit 455 fl.

Von 1751—1800 betrug 1787 die geringste Einnahme 283 Gulden (186 Gulden Resten), die höchste 1752 826 Gulden (612 Gulden Resten), die niedrigste Ausgabe 1755 91 Gulden, die höchste 1798 242 Gulden.

Von 1801—1850 hatte 1821 die niedrigste Einnahme mit 165 Gulden, die höchste 1846 mit 1854 fl. (darunter 366 Gulden Resten), die niedrigste Ausgabe 1816 mit 46 fl., die höchste 1847 mit 1708 fl.

Von 1850—1873 hatte die höchste Einnahme das letzte Jahr mit 6667 und die höchste Ausgabe mit 6596 Gulden. 1890 beliefen sich die Einnahmen auf 19267 Mk., die Ausgaben auf 19369 Mk.[1]).

Das Amt eines Kirchkassenrechnungsführers bekleideten, seitdem dasselbe nicht mehr alljährlich wechselt: Just Schorr 1831—1842, Georg Wachs 1842—1864, Ludwig Ernst Wachs 1864—1869, Michael Fehringer seit 1869.

Erwähnt sei noch, daß 1612 „wegen des zu leichten und beschnittenen Goldes ein Goldwägelein" angeschafft wurde, daß man 1763 bei der Einwechselung von 11 Gulden 9 Batzen Neugeld nur 3 Gulden 11 Batzen Altgeld erhielt und daß 1838 „das Kästchen für die Obligationen" gekauft wurde.

---

[1]) In beiden Jahren fand eine Konvertierung vorhandener Obligationen statt, deshalb die hohen Zahlen. Der für 1891 aufgestellte und nur unwesentlich überschrittene Voranschlag rechnete einschließlich der gesamten Pfarrdotation auf eine Einnahme von 5005 Mk. und auf eine Ausgabe von 2978 Mk. mit Einschluß der ganzen Pfarrbesoldung.

XVI.
Stiftungen bei der Kirchkasse.

1547 hatte der Domherr Jakob von Bibra als letzter männlicher Sproß der mit ihm aussterbenden Friedrich'schen Geschlechtslinie seine sämtlichen Güter in und um Bibra seinem Vetter Georg von Irmelshausen vermacht mit der Bedingung, daß derselbe 4000 fl. an das Domstift zu Würzburg auszahle, welches davon 1000 fl. an die Armen zu Bibra zurückgeben solle. Aber obwohl Georg seiner Verpflichtung längst nachgekommen war, drang 1593 Heinrich von Bibra vergebens auf endliche Auszahlung, und in dem Prozesse, welchen das Geschlecht um den Lehensnachlaß Heinrichs mit dem Stifte Würzburg von 1602—1681 führte und der mit einem Vergleiche abschloß, waren diese 1000 fl. ein zu nebensächliches Objekt, als daß man da, wo Hunderttausende verloren gingen, desselben nur noch Erwähnung gethan hätte.

In der Voraussicht, daß diese Stiftung nimmermehr den Bibraer Armen zu gute kommen würde, vermachte Heinrich, obwohl er katholisch war, bei seinem den 12. Juni 1602 erfolgten Tode der Kirche ein Kapital von 200 fl., von dessen Zinsabwurf für die Armen des Ortes Tuch gekauft werden sollte. Das Kapital stand 1611 zur Hälfte bei Rudolf von Ponickau, kur- und fürstl. sächs. Amtmann zu Maßfeld und Meiningen, und zur anderen Hälfte bei Hans Ganz zu Einödhausen. 1611 und 1615 wurden stiftungsgemäß 36 Ellen schwarzwollenes Tuch, die Elle zu 8 Schilling weniger zwei alte Pfennige, verteilt. Die Kirchrechnung von 1626, 1629, 1631 und 1633 schweigen sich aber bereits darüber aus, und nach dem Kriege war das zu Einödhausen stehende Kapital längere Zeit ungangbar; als aber die Zinsen wieder gezahlt wurden, war der Zweck der Stiftung vergessen.

1748 stiftete Friedrich Kaspar Freiherr von Bibra in seinem vom 5. April datierten Testamente 2 Legate, nämlich 1000 fl. fr., deren Abwurf vorkommenden Falls zur Abwehr etwaiger Angriffe auf den evangelischen Glauben der Kirchen zu Bibra, Höchheim und Aubstadt verwendet und, wenn ein solcher Notfall nicht eintrete, dem nachfolgenden Stipendium zugelegt werden solle, und 1200 fl. fr. = 1000 Reichsthaler, wovon die Zinsen einem jungen Herren von Bibra evangelischer Konfession während seiner Studienzeit auf 3 Jahre verliehen und, falls ein solcher sich nicht auf Universitäten befinde, nötigenfalls zur Unterstützung vorgenannter Kirchen verwendet werden sollten. Da nun aber seit 1748 kein Fall der Verteidigung des Glaubens und der Gerechtjame der genannten Kirchen vorgekommen war, während die Stipendienbezüge öfter stattfanden, und somit die Kirchen keinen Nutzen von ihrer Stiftung beziehen konnten, wurde durch die Fürsorge der Familie von Bibra als Kirchenpatronin, nachdem bereits mit den 1811 und 1813 zu dem großherzogl. Würzburgischen Gebiete geschlagenen Orten ein ähnliches Abkommen getroffen war, 1841 eine Teilung des gemeinsam verwalteten Stiftungskapitales zwischen der von Bibra'schen Familie und der Kirche zu Bibra in der Weise vorgenommen, daß von dem damals vorhandenen Kapitalstocke der Gesamtstiftung, welcher 2215 fl. rh. betrug, die Kirche 1107 fl. 30 kr. zu eigner Verwaltung und Benutzung überwiesen erhielt, wozu 1844 noch 112 fl. 52½ kr. als Anteil an einem bei der Teilung in Konkurs gewesenen Kapitale kam, wogegen sie sich verpflichtete, das Kapital von dem Kirchenvermögen gesondert zu verwalten und die Zinsen nicht zur Bestreitung der laufenden Ausgaben, sondern nur zu außerordentlichen Zwecken zu verwenden und somit die Stiftung als einen Reservefonds für die Kirche zu betrachten. Es beträgt der Kapitalstock also 1220 fl. 22¼ kr. = rund 2092 Mk., deren Zinsen schon mehrfach stiftungsgemäß Verwendung gefunden haben, z. B. konnten 1854 700 Gulden auf den Orgelbau und 1875 758 Mk. zum Glockengusse verwendet werden.

XVII.
Die Schule.

In engster Verbindung mit der Kirche stand früher, wie schon die Lage des alten Schulhauses an und auf der südlichen Kirchhofsmauer und die Bezeichnung desselben als „Küsterei" im Jahre 1650 andeutet, die Schule. In katholischer Zeit war der Lehrer in der Hauptsache Küster oder „Kirchner" und versah die Schule, wenn solche überhaupt gehalten wurde, nur nebenbei. 1524 war in Bibra Kirchner Hans Hutt aus Haina, bei welchem, wie schon früher erwähnt, Thomas Münzer nach seiner Vertreibung aus Allstädt Unterschlupf gefunden, und der, da er sein Kind nicht taufen lassen wollte, Bibra verlassen mußte, dann eine Rolle im Bauernkriege spielte und schließlich 1527 sein Leben in Augsburg bei einem Versuche, sich aus dem Gefängnisse zu befreien, einbüßte. Durch die Reformation wurde die Stellung des Kirchners eine wesentlich andere. Bereits 1549 wird er mehrmals in den Kirchkassenrechnungen als „Schulmeister" bezeichnet. Sein Gehalt bestand damals in 12 Gulden, wovon er zu Walpurgis und Martini je „den halben Lohn" erhielt, außerdem bekam er noch zweimal im Jahre je 20 Pfennig.

1578 war Leonhard Schatz, ältester Sohn des 1569 verstorbenen Pfarrers Moritz Schatz, hiesiger Schulmeister. Da er im Mai d. J. 1578 vor das Konsistorium in Maßfeld zitiert wurde, aber nicht ganz willig war, zu gehorchen, so erging an ihn folgendes Dekret: „Lieber Domine Leonharde, Ihr wisset euch zu berichten, das ihr heut diesen tag Eures getragenen ampts halben (von welchem ihr jederzeit rechenschafft zu geben nochmals verpflichtet) für uns beschieden gewesen. Wiewol ihr aber ankommen, seid ihr doch für uns nicht erschienen, habt euch auch nicht wie billig angeben, sondern seid uber zuversicht ohne bescheidt widerumb Eures Pfadts gangen, dieweil es aber weder unsere G. J. und Herrn noch uns gelegen, alhie der sachen halben allein in die leng zuverwarten, als wollen wir Euch eurer noch obliegenden Pflichten erinnert und Amptshalben Ernstlich begeret haben. Ihr wollet angesichts wieder umbkeren und noch heint für uns erscheinen oder, do es nicht möglich, morgen zum

frückten bey uns anlommen und etlicher Poſten halben antwort geben, damit
wir zu andern unglimpflichen Wegen nicht wider unſern willen geurſacht werden.
Daran thut ihr, was an ihm ſelbſt billig, und wir ſind euch ſonſten zu dienen
willig. Datum d. 14. May anno 1578. J. hennebergiſche kirchenrethe itzo
zu Maſſelt."

1611 hatte Georg Werner das Schulamt inne und ſtand in demſelben
noch im Frühjahre 1634. Seine „Jahrbeſoldung" betrug an barem Gelde
45½ Gulden, außerdem wurde ihm noch, wie auch dem Pfarrer, 1 Gulden
12 Schilling „zu einem Neujahrsgeſchenk ſampt den Schülern im Umbſingen
verehret".

1650 war Hans Bickhardt Schulmeiſter. Sein Einkommen war infolge
des Krieges außerordentlich gering. „Hat zuvor", heißt es, „vor Alters aus dem
Kaſtenvermögen 45½ Gulden jährlichen zu erheben gehabt, weilen es aber alles
zurückgeblieben, iſt ihm heuer gereichet worden 3 fl. 4 ggl. 2 Pf." Er bekam
damit aber immer noch mehr als der Pfarrer, denn der bekam gar nichts.

Bereits 1651 hat er einen Nachfolger erhalten in Georg Was, der freilich
in einem ſehr ärmlichen Aufzuge ſein Amt angetreten zu haben ſcheint, denn die
Kirchkaſſe mußte Folgendes für ihn aufwenden: „4 fl. 8 Schilling vor 12 elln
Tuch zum Kleid und Mantel, die elln vor 10 Schilling. 11 Sch. vor Boy¹)
unter den mantel, 14 Sch. 4 Pf. vor Knopf, ſeiden, bänder und hacken zum
Kleid, 13 Sch. 6 Pf. Vor 5 Eln futter auch unter das Kleid, die Elle vor
2 Sch. 6 Pf., 22 Sch. 6 Pf. dem Schneider zu machen lohn, 22 Sch. 6 Pf.
vor ein pahr ſchuh, 6 Pf. vor ein pahr neſtel, 3 fl. 13 Sch. Vor ein bett,
dem Juden abkaufft, 7 Sch. 5 Pf. haben beyde heiligenmeiſter verzehrt, wie ſie den
ſchulmeiſter gekleidt haben. Sum 11 fl. 2 Sch. 2 Pf." Georg Was, vielleicht
einer jener Schulmeiſter von der Landſtraße, deren wir früher Erwähnung gethan
haben, ſcheint es in ſeiner Stellung nicht lange ausgehalten und dieſelbe ohne
Auskündigung verlaſſen zu haben, denn eine Zeit lang gab es keinen Schulmeiſter und mußten deshalb „5 Sch. Wendels Magd von der Uhr zu richten
und zum gebet leuten morgens und abends weil kein Schulmeiſter dageweſen"
aus der Kirchkaſſe verabreicht werden. Man ſcheint auch bei der Neuanſtellung
etwas vorſichtiger geweſen zu ſein, denn der neue mußte erſt eine Probe ablegen
und wurden ihm bei dieſer Gelegenheit 11 Sch. 3 Pf. „zur Zehrung geben".

1652 zu Petri Cathedra hatte er ſein Amt bereits angetreten und waren
„dem itzigen Schulmeiſter Jörg Elle 8 fl. zur Beſoldung aus dem Kaſten zu
erlegen, verſprochen worden." 1656 hatte man, nachdem unterdeſſen wieder
etwas Ordnung in die Abgewärtung der ſchuldigen Gefälle gebracht worden
war, ſeinen Gehalt auf 16 fl. erhöht, wozu noch 1 fl. Neujahrsgeſchenk kam.

---

¹) Boi war ein locker gewebtes, wollenes Zeug.

Seine Frau erhielt ½ fl. für Waschen des Chorrocks und der Kirchentücher. Gleichwohl scheint er mit seiner Stellung nicht zufrieden gewesen zu sein, oder es kam sonst etwas vor, denn 1659 wurde der Herr Schulmeister Peter Reinhardt mit 3 Wagen von Gleichenwiesen abgeholt. Ihm war die Besoldung auf 25 fl. erhöht worden. Bereits Petri 1662 hatte jedoch Georg Elle den hiesigen Schuldienst wieder mit der Besoldung seines Vorgängers übernommen, welche ihm 1665 auf 30 fl. und 1 fl. zum neuen Jahr erhöht wurde. Petri 1670 aber scheint er des Schulehaltens in Bibra endgültig überdrüssig gewesen zu sein. Seine Frau Ursula gebar ihm während seiner zweiten Amtsperiode 3 Kinder: Hartmann Friedrich, Johann Hieronymus, welcher bald wieder starb, und Ursula Elisabeth.

Elles Nachfolger war Johann Georg Keller, welcher das hiesige Schul= amt verwaltete bis zu seinem 1691 erfolgten Tode. Beim Amtsantritt erhielt er „zum Dinggeld" 1 fl. 4 ggl. 3 Pf. Für „Schulmeisters Fuhrlohn" wurden von der Gemeinde 6 Batzen verausgabt, man scheint ihn also nicht weit haben holen zu müssen. Sein Gehalt betrug 30 fl., von 1675 an 34 fl., 1 fl. zum neuen Jahr, 1 fl. Wäscherlohn für die weißen Kirchengewande. Seine Frau, welche den 2. Dezember 1697 begraben wurde, hieß Anna Maria. Er hatte verschiedene Kinder schon bevor er hierher kam, Hans Georg, Katharine, welche später in Mahfeld in Dienst war, und einen Sohn, welcher den 7. Mai 1673 von einer einstürzenden Wand erschlagen wurde. 2 Kinder, Elisabeth und Johann Caspar, bei welchem Hans Kaspar von Bibra Pate war, wurden ihm hier geboren. Er starb als „an die 22 Jahre allhier gewesener Schulmeister" und wurde den 17. November 1691 beerdigt.

Die erledigte Schulstelle fand mehrfache Bewerber, denn „1 Gulden ist ver= zehret worden, als unterschiedliche Schulmeister wegen des Schuldienstes haben anhier angemelt zu der Gemeinde an Theil", und 1 Gulden ist „ufgangen und verzehret worden von dem neuen Schulmeister und theils von etlichen Schul= meistern, so sich allhier angemeldet haben wegen des Schuldienstes, zu dem Heiligen an Theil." Gewählt wurde von den Bewerbern Johann Heß und demselben „beym an Nehmung des Schuldienstes 1 fl. 4 Sch. 3 Pf. verehret." Der bare Gehalt war ihm erhöht worden auf 44 Gulden und 1 Gulden zum neuen Jahr. 1693 wurde ihm noch 6 fl. 8 Sch. 6 Pf. für ein Malter Korn bezahlt, welches ihm „uf ansehung dieser schwerheit gnädigst verwilligt worden", und 1694 von der Gemeinde ein halbes Malter „in Ansehung dieser teuren Zeit" für 4 fl. verehret. Er scheint ein noch junger Mann gewesen zu sein, starb aber schon im Dezember 1695 und wurde den 13. Dezember beerdigt. Seiner Wittwe wurde der volle Jahresgehalt bis Petri ausgezahlt und die mit vielem Fleiß sehr schön und sauber geschriebenen, noch vorhandenen Partitur-Bücher für 5 Gulden abgekauft, woran die Gemeinde mit der Hälfte partizipierte.

Sein Nachfolger wurde Petri 1696 Hans Kaspar Hellmuth, welcher den üblichen Betrag von 1 fl. 4 ggr. 3 Pf. „bei an Rechnung des Dienstes zum Recompens" erhalten hatte. Damit die Jugend durch eine längere Vakanz nicht zu sehr verwildere, hatte sich der Schultheiß Lorenz Spieß der Mühe des Schulhaltens unterzogen. Es scheint ihm das aber ziemlich sauer geworden zu sein, da ihm „für gehabte Mühe, die er 8 Wochen und 1 Tag in der Schule gehabt, als er in Abwesenheit der Schulmeister die Jugend fortgepflanzet", 6 fl. aus der Kirchkasse ausgezahlt werden mußten. Hellmuth war verheiratet mit Elisabethe geb. Beinersdorf, welche ihm in Bibra 2 Kinder gebar, einen Sohn, der 9jährig starb, und eine Tochter. Er scheint aber schon Kinder mit hierher gebracht zu haben, namentlich einen Sohn Johann Martin, der sich hier verheiratet hat und von dem die hiesige Familie Hellmuth abstammt. Er starb den 26. September 1725, nachdem er über 29 Jahre in Bibra gewirkt hatte. Seine Frau überlebte ihn 7 Jahre und wurde den 21. Dezember 1732 beerdigt. Von 1712 bis zu seinem Tode wurden ihm 2 Klaftern Holz samt zugehörigem Reisig, so er jährlich von der Gemeinde empfangen, mit 2 fl. 10 Batzen, dann mit 3 fl. entschädigt.

Joh. Nikolaus Breitung, welcher nach ihm in die Schulstelle eintrat, war, da das Kirchenbuch über seine Familienverhältnisse nichts berichtet, wohl schon ein älterer Mann. „In die 23 Jahre sorgfältig gewesener Schulmeister allhier" starb er den 5. Dezember 1748 und wurde den 8. Dezember beerdigt.

Ihm folgte Johann Kaspar Kriegk, der von Römhild geholt wurde, ein noch junger Mann, der aber mit Hinterlassung von drei Kindern, erst 38 Jahre alt, „seit 8 Jahren wohlverdienter Schulmeister allhier", starb und den 21. Nov. 1757 beerdigt wurde. Seine Frau war Johanne Kunigunde Heyderich aus Römhild, mit welcher er den 22. April 1749 in Bibra getraut worden war.

Sein Nachfolger wurde Ludwig Ernst Breitung, welcher bis dahin Schullehrer in Queienfeld gewesen war, ein Sohn des Lehrers Joh. Nikolaus Breitung. Er war verheiratet mit Johanne Helene geb. Schorr von Bibra (geboren den 7. April 1716) und starb den 18. September 1795 in einem Alter von 79 Jahren 3 Wochen 5 Tagen: er wäre demnach geboren worden den 13. August 1714 wo, ist unbekannt. 1774 fertigte er für die Gemeinde ein neues Feldbuch, wofür ihm 26 fl. ausgezahlt wurden. 1780 legte er, von seiner Frau aus mit Grundbesitz angesessen, sein Schulamt nieder, in welches sein Sohn

Johann Kaspar Breitung eintrat, der schon einige Zeit Gehülfe seines Vaters gewesen war. Geboren zu Queienfeld den 14. April 1757, wurde er nach absolvierter Schulzeit von seinem Vater und dem damaligen Pfarrer Frießlich zum Schuldienst vorbereitet, trat dann aber in eine Stelle als Schreiber bei dem Amtmann Sternberg in Themar, bis ihn sein damals schon bejahrter Vater nach 3 Jahren zu seiner Unterstützung nach Hause nahm. Nachdem dieser seine Stelle 1780 niedergelegt hatte, wurde sie seinem Sohne übertragen, dessen Einführung den 24. Oktober genannten Jahres stattfand. Den 13. Nov. 1787 verheiratete er sich mit Susanne Martha, der jüngsten Tochter des hiesigen Schultheißen Erhard Schorr, welche ihm 4 Kinder schenkte: Johann Kaspar, geb. 1789, später Schullehrer in Eckardts; Karl August, geb. 1792, nachmals zu Bibra verheiratet; Margarethe Elisabethe, geb. 1798, später verheiratet mit Andreas Höhn in Bibra, und Kaspar Ludwig, geb. 1801, nachmals Lehrer in Schmiedebach. Da das alte Schulhaus sehr baufällig geworden war, wohnte Breitung in seinem eigenen, ererbten Hause, der oberen Vikarei Nr. 11, wo er auch die Schule hielt, weshalb das Haus bis in die neuere Zeit herein zuweilen noch „die alt Schul" genannt wurde. Wegen überhand nehmender Schwerhörigkeit erhielt Breitung 1825 einen Substituten in seinem jüngsten Sohne Caspar Ludwig Breitung, welcher auf dem damals neu begründeten Seminare in Meiningen ausgebildet worden war. Als derselbe 1835 nach Schmiedebach versetzt wurde, trat den 1. Nov. 1835 Heinrich Rübsam aus Salzungen in die Stelle, welchem nach seiner Michaelis 1837 erfolgten Versetzung nach Barchfeld Wilhelm Humrich aus Fehrenbach folgte. Nachdem Breitung 1830 noch sein 50jähriges Amtsjubiläum gefeiert hatte, bei welcher Gelegenheit ihm von der Gemeinde ein silberner, vergoldeter Becher im Werte von 20 fl. geschenkt wurde, starb er, 82 Jahre und 7 Monate alt, den 30. Nov. 1839.

Auf Präsentation der Patronatsherrschaft wurde die Stelle dem bisherigen Schulgehülfen Friedrich Wilhelm Humrich übertragen, welcher Dom. Exaudi, den 31. Mai 1840, im Auftrage des Konsistoriums zu Hildburghausen von dem Ortspfarrer in sein Amt eingewiesen wurde. Er war geboren den 13. Nov. 1816 zu Fehrenbach als der älteste Sohn des damaligen Schultheißen und Glasmeisters Jakob Humrich und dessen Ehefrau Margarethe geb. Edelmann aus Schnett. Nach dreijährigem Besuche des Seminars zu Hildburghausen von Ostern 1832—1835 wurde er Präceptor in Buchbach bei Gräfenthal und kam von dort den 23. Januar 1838 als Schulsubstitut nach Bibra. Als solcher hatte er aber, wie er selbst schreibt, „anfangs mit der lieben Not zu kämpfen," betrug doch sein ganzer Gehalt außer der Wohnung nur 96 fl. 22 kr., wovon seinen Unterhalt zu bestreiten für ihn um so schwerer wurde, als der Wandeltisch, den sein Vorgänger gehabt hatte, weggefallen war. Die Gemeinde legte ihm deshalb 20 fl. zu. Infolge Revision des Anschlags der Schulbesoldung, von welcher er die Hälfte erhielt, stieg 1839 sein Gehalt auf 150 fl. und 1840 nach seiner definitiven Anstellung auf 250 fl. Die Zahl der Schüler betrug bei seinem Antritte 55, sank 1839 auf 49, war aber 1845 schon auf 69 gestiegen. Mit der freiwilligen Fortbildungsschule wurde 1839 ein schöner Anfang gemacht, wie überall schlief sie aber nach wenigen Jahren wieder ein. Den 16. August 1843 verheiratete sich Humrich mit Friederike Emilie Schorr. Die Ehe wurde mit drei Kindern gesegnet: Emilie Rosalie, Eduard, Auguste Emilie. Da die Lehrerwohnung sehr beschränkt war, wohnte Humrich später in dem von seinem Schwiegervater Johann Kaspar Schorr ererbten Hause Nr. 37. Wegen eines sich immer mehr entwickelnden Augenleidens sah er sich nach 40jähriger Thätigkeit in Bibra genötigt, um seine Pensionierung einzukommen, welche ihm mit Ende 1878 gewährt wurde. Nachdem er trotz mehrfacher Operationen des Augenlichtes fast völlig beraubt war, starb er den 7. August 1885 an Brustfell= entzündung.

Zu seinem Nachfolger wurde ernannt und als solcher den 14. Februar 1879 in das Schulamt und den darauf folgenden Sonntag in den Kirchendienst ein= gewiesen sein Schwiegersohn Armin Fickel, welcher erst 2. Lehrer in Untermaßfeld und zuletzt Lehrer in seinem Geburtsorte Ritschenhausen gewesen war. Daselbst geboren den 22. August 1837, verheiratete er sich den 22. August 1863 mit Emilie Rosalie Humrich von Bibra, welche ihm drei Kinder schenkte: Frieda, verheiratet mit Lehrer Fritsch in Meiningen, Alfred, Schulamtskandidat, und Emma.

Nachdem auf Grund des Volksschulgesetzes vom 22. März 1875 seitens der Israeliten die Vereinigung der bisher von ihnen erhaltenen Schule mit der evangelischen Dorfschule zu einer gemeinsamen Ortsschule beantragt worden war und infolge davon sich die Anstellung eines 2. Lehrers nötig machte, wurde der Schulamtskandidat Schmidt aus Plöhra, bisher in Themar thätig, mit der provisorischen Verwaltung der neugeschaffenen 2. Lehrerstelle betraut und nach bestandenem zweiten Examen definitiv in dieselbe eingewiesen, aber schon im November 1879 nach Rentwertshausen befördert.

An seine Stelle trat Karl Friedrich Spörer, bis dahin Lehrer in Seiding= stadt. Er verheiratete sich mit Anna Margarethe Hoffmann aus Wiesenfeld bei Coburg, gab aber schon Ostern 1884 sein Amt auf, um nach Amerika aus= zuwandern.

Sein Nachfolger wurde der Schulamtskandidat Arnold Fritsch aus Vier= zehnheiligen, welcher, nach erfolgter 2. Prüfung definitiv angestellt, sich den 14. Februar 1886 mit Frieda Fickel verheiratete und Ostern 1888 an die Bürgerschule in Meiningen versetzt wurde.

Ihm folgte der Schulamtskandidat Oskar Weingarten, welcher, nachdem er das zweite Examen abgelegt hatte, definitiv als 2. Lehrer angestellt wurde und sich den 23. April 1890 mit Dorothea Hermine Brell von hier ver= heiratete.

13*

Die Besoldung des Lehrers bestand noch anfangs dieses Jahrhunderts aus folgenden Bezügen:

Aus der Kirchkasse:

50 fl. fr. — ggl. „Lohn, Besoldung" (1549 = 12 fl., 1516 45½ fl. 1650 = 3 fl. 4 ggr. und seitdem allmählich bis 1700 gestiegen auf 50 fl.),

1 fl. fr. — ggl. zum neuen Jahr altem Brauche nach,

1 fl. fr. — ggl. von den weißen Kirchengewanden zu waschen des Schulmeisters Hausfrawen,

1 fl. fr. — ggl. die Kirchkasserechnung zu verfertigen.

— fl. fr. 3 ggl. für Papier dazu.

Mit dem Pfarrer und den Heiligenmeistern hatte er das Recht an der bei der Rechnungsverlesung zu haltenden Mahlzeit teil zu nehmen. Seit 1682 wurden dafür den Berechtigten 2 fl. 9 ggl. 10 Pf. gegeben, woran der Lehrer mit

— fl. fr. 10 ggl. partizipierte.

53 fl. fr. 13 ggl.

Von dem Pfarrer:

⅛ des Zehntgetreides, wofür er mit dem Flurer, der den gleichen Teil erhielt, den Zehnt zusammen zu tragen hatte. Derselbe trug nach dem Durchschnitt von 1749—1770: 2 Schock 19 Garben Stroh, 4 Mltr. Körner.

⅛ von dem Erdrusch der Zehnterbsen und Zehntlinsen. 5½ Mtz. Erbsen und 2 Mtz. Linsen durchschnittlich.

2 Maß Korn, 1 Maß Weizen, ½ Eimer Bier auf seinen Anteil „wegen des Zehnteinfahrens."

10 ggl. anstatt der früher zu gebenden Mahlzeit beim Zehntgericht.

Aus der Gemeinde:

2 Klaftern Holz und dazu gehöriges Reisig, wofür 1713—1725 3 Gulden entschädigt wurden.

Ländereien:

3 Acker 122 □Rt. die Schulwiese am steinernen Kreuz.

— „ 30 „ eine Krautsattel am Züdchener Weg. „so ehedem eine alte gottselige Wittwe aus dem Eiringshof der Schule vermacht."

— „ 22 „ ein Krautgarten am oberen Steinbach.

— Acker 9 □Rt. ein Riedgärtlein.

— „ 120 „ ein Acker am Hürbich, „wovor der Schulmeister die
                    Gemeinde-Petersrechnung in dupplo verfertigen, auch
                    auf seine Kosten bauen lassen muß.“

                    Accidenzien:

Die Einnahme beim Neujahrssingen.

Ein Geschenk von den Schulkindern zum Neujahr.

Bei Taufen wurde aus jedem Hause ein Laib Brot und dafür seit 1841
20 kr. gegeben. Die Gebühren für Trauungen waren 1856 mit 1 fl., für
die Leiche eines Erwachsenen mit 45 kr., die Beerdigung eines Kindes mit
22½ kr. angesetzt.

Dazu kam noch die Wohnung im Schulhause und die Nutzung des Kirchhofes und Gottesackers.

Im Jahre 1836 waren die Besoldungsbezüge folgendermaßen veranschlagt:
65 fl. rh. oder 52 fl. kr. bares Geld aus dem Heiligen,
29 „ „ an 5 Klaftern Holz, 3 Schock Reisig und abfallendem Reisig von
       2 Klaftern Holz,
6 „ „ ungefährer Wert des Zehntstrohes,
28 „ „ ungefährer Wert des Zehntgetreides,
6 „ „ an Accidenzien,
12 „ „ Ertrag des Neujahrsingens,
9 „ „ Geschenke von den Kindern zum neuen Jahr,
18 „ „ Ertrag einer Wiese,
6 „ „ Anschlag eines Ackers und Krautgartens,
3 „ „ von einem Acker für Fertigen der Gemeinderechnung,
1 „ „ für ¼ Maienholz,
23 „ „ bares Geld aus der Mildenkasse.
206 fl. rh.

1839 waren diese verschiedenen Bezüge unter Ansatz von 10 fl. für Wohnung
und Scheuer und 7 fl. für die Gärten, aber abzüglich 4 Klafter weiches Holz
und 1 Schock Reisig für Heizen der Schulstube, auf 226 fl. veranschlagt, weshalb die Gemeinde die an der Minimalbesoldung von 250 fl. fehlenden 24 fl.
darauf legen mußte. 1856 wurden behufs Erreichung des Mindestgehaltes von
275 fl. 3 Acker und 42 □Ruten zur Schulländerei angelegt. Durch weitere
bare Zulagen war bis 1870 das Gehalt bis auf 402 fl. 29½ kr. erhöht worden.

Durch die Gesetze vom 22. Februar und 22. März 1875 wurde eine wesentliche Veränderung der ganzen Schulverhältnisse herbeigeführt. Zunächst hatte

die Gemeinde ihren bisherigen Lehrergehalt auf 900 Mk. zu erhöhen und dem Lehrer für die ersten 5 Dienstjahre die Alterszulage von 70 Mk. zu gewähren, die Kirche aber ihm 175 Mk. für den Kirchendienst zu zahlen. Gleichzeitig hatte eine Ablösung der bisherigen Beiträge der Kirche zur Lehrerbesoldung, sofern sie sich nicht als Remuneration für kirchliche Dienstleistungen des Lehrers erwiesen, und alles sonstigen Aufwandes der Kirche für die Schule stattzufinden. Da aber der Charakter dieser Leistungen der Kirche zur Lehrerbesoldung als kirchlicher Besoldung sich zum größten Teil noch nachweisen ließ, größere bauliche Aufwendungen aber in den letzten von der Ablösung zu berücksichtigenden 24 Jahren nicht vorgekommen waren, überdies der konfessionell kirchliche Charakter der Freiherrl. von Bibra'schen Kirchenstiftungskasse, auf welche auch für die Schule Ansprüche erhoben wurden, urkundlich festgestellt war, so hatte die Kirche nur die verhältnismäßig geringe Ablösungssumme von 532 Mk. 33 Pf. zu zahlen und ihre bisherige Leistung an den Lehrer von 121 Mk. 71 Pf. (= 71 fl.) auf 175 Mk. zu erhöhen.

Mit der israelitischen Gemeinde, welche gehofft hatte, daß bei einer Vereinigung ihrer Schule mit der Dorfschule ihr bisheriger Lehrer in die dann an der Ortsschule notwendiger Weise zu errichtende 2. Lehrerstelle eintreten werde, wurde, da ihr Schulvermögen bei der beantragten Vereinigung nach dem Gesetz an die politische Gemeinde übergehen mußte, eine Trennung zwischen Kultus- und Schulvermögen bei ihr aber nicht wohl durchzuführen war, ein Vertrag abgeschlossen, nach welchem dem an der Ortsschule anzustellenden 2. Lehrer bis zum Jahre 1891 die bisherige israelitische Lehrerwohnung eingeräumt, dann aber der politischen von der israelitischen Gemeinde 1000 Mk. gezahlt werden, diese dagegen Eigentümerin ihrer bisherigen Schulräume bleiben sollte. Für die 2. Lehrerstelle, in welche übrigens, wie schon oben erwähnt, kein Israelit eintrat, hatte die Gemeinde 675 Mk. aufzubringen.

Für die so veränderten Schulverhältnisse bot natürlich das bisherige Schullokal nicht mehr genügenden Raum. Schon 1825 war das alte, auf der südlichen Kirchmauer stehende Schulhaus, die ehemalige Küsterei, für 75 fl. auf Abbruch verkauft und 1826 teils aus Gemeinde-, teils aus Kirchenmitteln eine neue Schule in dem westlichen, zu diesem Behufe der Gemeinde abgetretenen Teile des Pfarrgartens gebaut worden. Bereits 1849 hatte sich eine Erweiterung des Schulsaales durch Entfernung einer Zwischenwand nötig gemacht. Es war dadurch derselbe groß genug geworden, wenn er auch den durch das Gesetz vom 22. März 1875 gemachten Anforderungen nicht ganz entsprach. Ein Lehrsaal für den 2. Lehrer aber war nicht vorhanden. Da das Zimmer, in welchem bisher die israelitischen Kinder unterrichtet worden waren, sich bald genug als zu klein erwies, so wurde zuerst die Gemeindestube im Gemeindehause als Lehrsaal hergerichtet, da aber auch hier sich allerlei Unzuträglichkeiten herausstellten, wurde die (weil Lehrer Fickel in dem Hause seines Schwiegervaters Hunnrich wohnte) nicht benützte Lehrerwohnung im Schulhause durch Entfernung der Zwischenwände zu einem Lehrsaale hergerichtet und im November 1887 als solcher in Gebrauch genommen.

Somit ist nicht nur für den ersten Lehrer keine Wohnung mehr vorhanden, sondern auch der bezüglich der Wohnung des zweiten Lehrers mit der israelitischen Kultusgemeinde geschlossene Vertrag nunmehr abgelaufen. Die letztere hat unterdessen einen Religionslehrer, Schächter und Vorbeter anstellen müssen und kann leicht in die Lage kommen, ihre ehemalige Lehrerwohnung für ihre eignen Zwecke zu verwenden. Daher wird über kurz oder lang die Gemeinde sich vor die Notwendigkeit gestellt sehen, für Beschaffung von Lehrerwohnungen Sorge tragen zu müssen.

XVIII.
Die israelitische Kultusgemeinde.

Bezüglich der Entstehung und Entwickelung der israelitischen Kultusgemeinde ist zurückzuweisen auf das, was darüber S. 71 und 72 gesagt worden ist. Unstreitig kamen die Israeliten als „Schutzjuden" in das Dorf, durften sich als solche nicht ohne herrschaftliche Erlaubnis niederlassen und hatten dafür ein jährliches Schutzgeld zu entrichten, welches nicht für jeden gleich hoch war, sondern in jedem einzelnen Falle den Verhältnissen entsprechend festgestellt wurde. Noch in diesem Jahrhundert waren in einem Falle jährlich 7 fl. 30 kr. zu entrichten. Dieses Schutzgeld wurde anfangs der vierziger Jahre dieses Jahrh. von der Gutsherrschaft an die Regierung verkauft, mußte infolge davon nach Meiningen bezahlt werden und ist mit dem Jahre 1848 weggefallen.

Außerdem waren die Juden, obwohl sie nicht mit Haus- und Grundeigentum angesessen waren, der Herrschaft fronpflichtig, wenn auch wohl nur zu solchen Arbeiten, zu deren Leistung es einer besonderen Übung und Geschicklichkeit nicht bedurfte, z. B. Steinelesen auf den herrschaftlichen Feldern. Nur der jeweilige Parnas war davon frei.

Außer der gewöhnlichen Nachbargebühr an die Gemeindekasse, von welcher auch schon die Rede gewesen, hatten die Juden ein Drittel der Kosten der Feuerlöschgerätschaften zu tragen.

Sie wohnten in den herrschaftlichen Judenhäusern, dem sogenannten Judenbau (altes Wirtshaus) und dem 1841 wegen Baufälligkeit eingelegten Judenthorhause, neben welchem sich noch ein anderes ehemals herrschaftliches, dann an die israelitische Kultusgemeinde verkauftes und jetzt Privatleuten gehöriges Gebäude (Nr. 50) befand, welches bis 1846 als Lehrerwohnung diente, die Schulstube und das israelitische Backhaus enthielt und, durch eine Schiebwand von dem übrigen Gebäude getrennt, das jetzt noch der Kultusgemeinde gehörige Frauenbad unter seinem Dache birgt.

Erst in den ersten Jahrzehnten dieses Jahrhunderts wurde den Juden gestattet, eigene Häuser zu erwerben und zwar in Bibra ausnahmsweise als festes Eigentum, während sie sonst überall, wenn der Verkäufer sein Haus zurückforderte, dasselbe gegen Erstattung des Kaufpreises zurückzugeben hatten, ohne daß für etwa stattgefundene Reparaturen eine Entschädigung geleistet zu werden brauchte. Auch Grundstücke zu erwerben, wurde ihnen in Bibra schon 1839 gestattet, während die allgemeine Erlaubnis dazu im Herzogtum erst 1856 erteilt wurde.

Die 8 großen Steine, welche, wie früher erwähnt (S. 48 und 72), „der jüdischen Religion halber" an den vier Ausgängen des Dorfes aufgestellt waren, bezogen sich auf Jeremias 17, 21 und 22: „So spricht der Herr: Hütet euch und traget keine Last am Sabbathtage durch die Thore hinein zu Jerusalem und führet keine Last am Sabbathtage aus euren Häusern und thut keine Arbeit." Anstatt der Steine, welche nur kurze Zeit standen, wurden später an den Dorfausgängen von Haus zu Haus oder von Baum zu Baum in etwa anderthalb Stockwerkhöhe Drähte über die Straße gezogen, um damit anzudeuten, daß das Dorf gleichsam wie ein Haus sei. Innerhalb desselben war es gestattet, soviel „Last", als man in ein Taschentuch binden kann, über die Straße zu tragen, wollte man jedoch über die durch die Steine oder Drähte bestimmten Grenzen hinausgehen, so durfte man keine Taschenuhr, kein Messer, nicht einmal ein Taschentuch in der Tasche haben. Um letzteres aber nicht entbehren zu müssen, wickelte man es sich entweder um die Hand oder band es sich unter die Oberkleider, sodaß es als Kleidungsstück gelten konnte.

Wenn ein auswärtiger Jude in die hiesige israelitische Gemeinde eintreten wollte, hatte er an dieselbe ein „Einzugsgeld" von 50 fl. zu entrichten, ein einheimischer dagegen, wenn er heiratete, nur 25 fl. Beides ist infolge der Freizügigkeitsgesetzgebung aufgehoben worden.

Die Gemeinde ist im letzten Jahrzehnt nicht unwesentlich an Seelenzahl zurückgegangen, was sich daraus erklärt, daß die jungen Leute männlichen und weiblichen Geschlechtes vielfach auswärts gehen und einige Familien (Aaron Kahn, Gassenheimer) weggezogen sind. Sie hatte bei der letzten Volkszählung 1890 124 Köpfe (gegen 134 im Jahre 1885), zählt aber jetzt nur noch 115 Seelen in 20 Familien und 3 Einzelhaushaltungen. Dieselben sind: 5 Familien Katz, 3 Familien und 1 Einzelhaushalt Meyer, 4 Familien Sachs, 3 Familien

Frank, 1 Familie und 1 Haushalt Weißbacher, 1 Familie Kahn, 1 Familie Stiefel, 1 Familie Lichtenstetter, 1 Familie Wolf, 1 Haushalt Werthan. Ihrem Nahrungsstande nach sind die Haushaltungsvorstände: 1 Schneider, 1 Schuster, 5 Metzger, 2 Vieh-, 1 Pferde-, 5 Schnittwaren-, 2 Kolonial- und Kleinwaren-, 1 Eisenwarenhändler, 3 Kommissionäre, 1 Lehrer.

Sämtliche Familien sind hausangesessen und zwar 2 in der Reuschen-, 2 in der Wassergasse, 1 am Kiedwege, die übrigen in der oberen und unteren Dorfgasse vom Wirtshause abwärts dem Judenthore zu.

Die Gemeinde hat ihren besonderen Kultusvorstand, welcher besteht aus dem Parnas, dem Rechnungsführer, dem sogenannten Kultus, welcher über Aufrechterhaltung der Synagogenordnung zu wachen hat, und einem Beisitzer. Sie untersteht in dieser Beziehung dem Landrabbiner in Meiningen, welcher früher seinen Sitz in Walldorf hatte und jährlich einmal zur Visitation, außerdem aber auch zu den Trauungen, welche früher auch der Lehrer halten konnte, zu kommen verpflichtet ist. Zu Beerdigungen dagegen kommt er nur auf besonderen Wunsch [1]. Zu seiner Besoldung hat die Kultusgemeinde dem Steuerstocke nach früher ungefähr 52, jetzt 22 Mk. beizutragen.

Die Synagoge befand sich ehemals im sogenannten Judenbaue. Für die Herrschaft war ein besonderer Stand in derselben vorhanden, welchen in ihrer Abwesenheit der Parnas einzunehmen pflegte. Zu dem Baue einer neuen, in der Nähe des Judenthores befindlichen Synagoge, welche sich nur durch ihre Größe vor den übrigen Gebäuden auszeichnet, wurde 1837 die erste Veranlassung gegeben. Der Platz dazu wurde seitens der Herrschaft von dem großen Gutsgarten gegen einen jährlichen Erbzins von 7 fl. und etlichen Kreuzern überlassen, welcher aber 1848 weggefallen ist. Aufgerichtet wurde das Gebäude 1842, wegen eingetretenen Geldmangels erfolgte die Einweihung indes erst 1846. Der Bau ist im rechten Winkel angelegt, sodaß in dem nördlichen Flügel die Synagoge, in dem südlichen im Unterstock die Wohnung des Lehrers, im Obergeschoß das frühere Lehrzimmer sich befindet. Um die Schulden, welche der Gemeinde aus dem Baue erwachsen waren, zu decken, wurde eine „Abtragungskasse" gegründet, in welche jeder Hausvater wöchentlich 1½ Kr. zahlte und in welche auch die sogen. Ständegelder flossen. Es hat nämlich jeder, der sich verheiratet, einerlei, ob von auswärts oder einheimisch, wenn er seinen Stand in der Synagoge von seinen Eltern ererbt hat, 25 fl. zu entrichten, wofür ihm ein Männer- und Frauenstand zugewiesen wird, den er nachmals auf seine Kinder vererben kann, zieht er aber aus der Gemeinde weg, so fällt der Stand

---

[1] Ihren Beerdigungsplatz hat die Gemeinde zugleich mit der in Mühlfeld und Bauerbach an letzterem Orte. Es wird auf demselben nicht nach Ortschaften, sondern der Reihe nach beerdigt.

an dieselbe zurück und kann sie, ohne jene 25 fl. zurückzuerstatten, denselben weiter verkaufen. Außerdem hat jeder über 18 Jahre alte Unverheiratete jährlich 1 fl. Ständegeld zu entrichten. Alle diese Gelder flossen früher in die Abtragungskasse; seit aber die Schuld bei der Landeskreditkasse aufgenommen worden ist, fließen sie in die Kultuskasse, aus welcher die Zinsen und Amortisationsgelder bezahlt werden; nur der wöchentliche Beitrag der Hausväter ist weggefallen. Außerdem hat jeder Neuverheiratete zur Kultuskasse noch 7 fl. zur Erhaltung des Frauenbades zu zahlen. Die Bäder wurden früher kalt, werden aber seit anfangs der 30er Jahre warm verabreicht, im allgemeinen aber nur noch wenig benutzt. Das Kultusvermögen beträgt außer der Synagoge und dem Badehäuschen 17—1800 Mk., von welchen aber infolge des früher erwähnten, wegen der Lehrerwohnung mit der politischen Gemeinde abgeschlossenen Vertrages 1000 Mk. an die letztere demnächst ausgezahlt werden müssen. Dieses Kapital ist durch freiwillige Beiträge bei öffentlichen und privaten Festlichkeiten seit dem Jahre 1871 gesammelt worden.

Der jährliche Etat, welcher früher eine Einnahme und Ausgabe von etwa 50—60 fl. nachwies, schwankt jetzt zwischen 1000 und 1100 Mark. Es erhält die Gemeinde als Beihülfe zu den Kosten des Religionsunterrichtes von dem deutsch-israelitischen Gemeindeverbande in Berlin eine jährliche widerrufliche Unterstützung früher von 50, jetzt von 100 Mk. Außerdem fließt der fünfte Teil der Schächtgebühren, etwa 100 Mk. jährlich, in die Kultuskasse. Ungefähr 800 Mk. müssen durch Umlagen alljährlich aufgebracht werden, und zwar wird ¼ der aufzubringenden Summe als Kopfsteuer, ¾ nach dem Steuerstocke erhoben. Da mehrere ärmere Familien entweder ganz oder teilweise von der Umlage befreit sind, betrug dieselbe im Jahre 1891 nicht weniger als 130 % der Staatssteuer. Es haben auf diese Weise verschiedene der Hausväter 50 und noch mehr Mark alljährlich zur Kultuskasse zu entrichten. Die Bereitwilligkeit aber, mit welcher man diese bedeutenden Lasten trägt, gereicht der kleinen Gemeinde umsomehr zur Ehre, als der bei weitem größte Teil der Hausväter doch nur eines nach unseren ländlichen Verhältnissen mittelmäßigen Nahrungsstandes sich erfreut und nur 2 als wohlsituiert bezeichnet werden können. Kultusrechnungen sind erst geführt worden, seitdem anfangs der dreißiger Jahre die religiösen Verhältnisse der Juden mehr unter staatliche Aufsicht genommen wurden. Damals sind auch erst die Geburts-, Trau- und Sterberegister angelegt worden.

Die sabbathlichen Gottesdienste leitet der Vorbeter, welcher in neuerer Zeit meist der Lehrer, nur vorübergehend der Schächter war. Augenblicklich sind, nachdem die Funktionen des Schächters über 60 Jahre hindurch von der Lehrerstelle getrennt gewesen, wie ehedem alle 3 Ämter in einer Person vereinigt.

Die Synagogenordnung, welche 1846 mit obrigkeitlicher Genehmigung in Kraft getreten ist, wird streng gehandhabt. Die Speisegesetze werden meist nur noch in den Familien beobachtet, außer dem Hause hält man im allgemeinen nicht mehr daran. Die Sabbathlampe wird nur noch in wenigen Familien angezündet. Die freiere Richtung ist in der Gemeinde vorherrschend.

Schon von früher her hatte die Gemeinde ihre eigne Schule, in welcher es aber um den Unterricht überaus kläglich bestellt war. Deutschlesen und -schreiben wurde gar nicht, Rechnen soviel wie nicht gelehrt. Hauptunterrichtsgegenstand war die Aneignung des Zeremonialgesetzes in seiner Beziehung zum öffentlichen und häuslichen Leben. Daneben lernte man notdürftig Hebräisch lesen und schreiben nach einem selbsterfundenen Alphabet, in welchem von den alten Juden die Korrespondenz und die Kontobücher geführt zu werden pflegten. Die Lehrer waren in der Hauptsache nichts anderes als Vorbeter und Schächter. Anders wurde das, als 1835 seminaristisch gebildete Lehrer angestellt werden mußten, wodurch die bisherige Religionsschule zu einer israelitischen Volksschule wurde, welche dasselbe wie jede andere Dorfschule zu leisten hatte. Sie unterstand als solche der Lokalschulaufsicht des Ortspfarrers und wurde alljährlich mit der Dorfschule an einem Tage von dem Superintendenten visitiert, weshalb die Juden ihren Anteil an den Visitationsgebühren zu tragen hatten. Erst in der Mitte der vierziger Jahre wurde auf Veranlassung des damaligen Superintendenten, späteren Oberkirchenrates, Eduard Schenbach (1827—1865) die israelitische Volksschule der Aufsicht des Landrabbiners unterstellt. Die Kinderzahl schwankte zwischen 25—30. Seit 1876 ist diese Schule mit der Dorfschule vereinigt.

Die Besoldung des Lehrers betrug früher nur wenige Kronthaler und die Schächtgebühren, im übrigen war er auf freiwillige Gaben angewiesen. Als seminaristisch ausgebildete Lehrer angestellt wurden (1835), richtete sich der Gehalt derselben nach den jeweiligen diesbezüglichen gesetzlichen Bestimmungen. Der gegenwärtige Lehrer, welcher nur Religionslehrer ist, ist nur provisorisch angestellt und erhält ein festes Gehalt von 700 Mk. und die Schächtgebühren, die sich auf ungefähr 500 Mk. belaufen, von welchen er aber 100 Mk. zur Kultuskasse abzugewähren hat. Sie betragen für jeden Schnitt an Großvieh 1 Mk., an Kleinvieh (Schafe, Kälber, Ziegen) 20 Pf., an Zicklein und Hühnern 5 Pf.

Lehrer waren in den ersten Jahrzehnten dieses Jahrhunderts: Weißbacher aus Weißbach, Katz aus Hammelburg, Wildberg aus Kleinbardorf, Fischmann von Bibra, Löw aus Berkach, welcher nach kurzer Zeit sein Amt wieder niederlegte und Schauspieler wurde. Der erste auf dem Seminar ausgebildete war Hermann Ehrlich (früher Kursel) aus Gleicherwiesen 1835—46. Er kam von hier nach Berkach, wo er bis zu seiner 1876 erfolgten Pensionierung thätig war, zog dann nach Arnstadt und ist dort gestorben. Sein Nachfolger war von 1846—1856 Julius Rosenthal aus Gleicherwiesen, welcher von Bibra nach Walldorf und von dort nach Hildburghausen versetzt wurde, wo er noch lebt.

Derselbe feierte daselbst am 24. Juni 1892 sein 50jähriges Dienstjubiläum. Mendel Maßbacher aus Gleicherwiesen, welcher nach ihm in die Stelle eintrat, legte wegen Streitigkeiten mit der Kultusgemeinde Ende 1858 sein Amt nieder. Abraham Kahn von Bibra übernahm dieselbe den 1. Januar 1859, verzichtete aber mit dem 1. April 1862 aus dem gleichen Grunde wie sein Vorgänger und lebt als Inhaber einer Schnitt- und Eisenwarenhandlung in Bibra. Sein Nachfolger wurde Georg Holländer aus Bauerbach vom 1. April 1862 bis Anfang August 1876, wo er, nachdem infolge des Volksschulgesetzes vom 22. März 1875 auf Antrag der israelitischen Kultusgemeinde die israelitische Schule mit der christlichen zu einer allgemeinen Ortsschule vereinigt worden war, nach Berlach versetzt wurde, von wo aus er gegen eine jährliche Entschädigung von 240 Mk. im Sommer wöchentlich zweimal, im Winter einmal Religionsunterricht in Bibra erteilte. Da je länger je mehr diese Einrichtung sich als unhaltbar erwies, wurde den 1. Februar 1884 David Werthan aus Rothenburg a. d. Fulda provisorisch zunächst als Religionslehrer und Vorbeter angestellt und ihm später auch das Schächteramt übertragen. Den Religionsunterricht erteilt er am Sonntag vormittags und an den Wochentagen nach der Nachmittagsschule im Ortsschulhause. Neuerdings giebt er gegen bestimmte Wegegelder den Kindern der 7 israelitischen Familien in Römhild an 1 Tage wöchentlich Religionsunterricht.

- - - - - - -

Nachtrag.

Es erübrigt noch die S. 152 erwähnten Bücher, welche Dr. Kilian von Bibra der Kirche zu Bibra vermacht hat, einer Besprechung zu unterziehen. Erhalten haben sich von denselben noch neun Bände und eine leere Schale. Es sind:

1. Archidiaconi commentarii in decretorum volumina per egregium et clarissimum juris consultum Petrum albignanum Trecium accuratissime emendati, arte et industria Reinaldi de novimagio ex Germania ortum ducentis. Venetiis impressi pridie idus decembres anno salutis domini 1480. Vollständig erhalten.

2. Franzisci Zabarellae commentarii in Clementinos. Das letzte Blatt und damit der Druckvermerk fehlt. Sonst gut gehalten.

3. Divini ac humani juris res tam supernas quam subternas bene disponentis repertorium disertissimi doctoris Caldrini 1473. Die letzte Seite fehlt. Sonst gut gehalten.

4. und 5. Zwei Bände einer lateinischen Erklärung der heiligen Schrift. Der erste Band enthält die Proverbien, von welchen mehrere Blätter fehlen, den

Prediger, das hohe Lied, das Buch der Weisheit, die großen und kleinen Propheten und das 1. Buch der Maccabäer. Das letzte Blatt fehlt.

Der 2. Band enthält sämtliche Bücher des neuen Testamentes, aber die Apostelgeschichte zwischen Hebräer- und Jakobusbrief. Vom Matthäusevangelium fehlen Kapitel 1—26, vom 2. Korintherbriefe Kapitel 1—10, von der Offenbarung Kapitel 22.

6. und 7. Zwei Bände, welche durch Aufschrift auf dem unteren Schnitt bezeichnet sind als Specu. Swet. dur. Liber primus enthielt 132 Blätter, von welchen 57 fehlen. Liber secundus hatte 188 Blätter, von welchen die ersten 11 abhanden gekommen sind. Sehr schöner Druck.

8. Ein Band, welcher durch Aufschrift auf dem unteren Schnitte als Sextus bezeichnet ist. Es fehlen anscheinend 4 Blätter am Anfang und ebensoviel am Ende.

9. Ein Glossarium mit schönen mehrfarbig gemalten Initialen. Es fehlen die ersten Blätter und einige gegen das Ende.

10. Eine leere Schale, Holzdeckel mit gepreßtem Schweinsleder überzogen und durch Messingbuckel vor der Abnutzung geschützt. Dieselbe ist insofern noch von besonderem Interesse, als auf ihre innere Seite die S. 15 erwähnte Ordnung für die Ostermette 1544 geschrieben ist. Daraus könnte man übrigens schließen, daß diese Deckel ein Chorbuch enthalten haben, wie der Bischof Rudolf solche 1479 durch den Druck hat herstellen lassen, um sie zu billigem Preis an alle Stifts-, Pfarr- und Klosterkirchen abzugeben¹).

Sämtliche Bücher haben Großfolioformat, sind auf starkes Papier schön gedruckt und waren unstreitig prächtige Erzeugnisse der damals vor wenigen Jahrzehnten erst erfundenen Buchdruckerkunst. Umsomehr ist zu bedauern, daß sie zum Teil so schlecht gehalten worden sind. Auch das ehrsame Buchbinderhandwerk, vertreten durch den Meister Johannes Pfaw, dessen Namen auf einem der Einbände eingepreßt ist, hatte das Seinige gethan, um sie äußerlich würdig auszustatten. Sie sind alle in entweder ganz oder halb mit Leder überzogene Holzdeckel gebunden, in welches schöne Muster eingepreßt sind, z. B. eine Kante von Rosetten, an den 4 Ecken je ein Pfau (Symbol des Namens des Buchbinders), im Mittelfelde mit einer Arabeske ausgefüllte Raute. Fast alle haben teils einfache, teils mit gotischen Buchstaben oder Blumenranken verzierte Metallschließen.

Der unter Nr. 4 angeführte Band, die Erklärung zum alten Testamente enthaltend, ist für die Geschichte der Kirche noch insofern von Wichtigkeit, als zu dem Besitzvermerk, welchen die meisten Bücher beinahe gleichlautend tragen: Iste liber pertinet ad reverendum presbyterem dominum Kilianum de Bibra decretorum doctorem Maioris et Sancti Johannis Novimonasterii herbi-

¹) Gesch. d. Frb. I. 55.

polensis ecclesiarum praepositum noch der Zusatz hinzugefügt worden ist Ex donatione honorabilis viri magistri Pauli Fries vicarii maioris ecclesie herbipolensis plebani in Geroltzhoven sui suppositi ac magistri domus sue. Eine Vergleichung dieser Aufschrift mit der auf S. 152 erwähnten Urkunde ergiebt unzweifelhaft, daß der Meister Paulsen, dessen Familienname dort nicht gut zu entziffern ist, und dieser Paulus Fries ein und dieselbe Person ist.

Der ehedem zu dem Rittergute Bibra gehörige, 1736 (S. 38 Anm.) an die Brennhäuser, 1767 (S. 39 Anm.) wieder an die Bibraer Linie des Freiherrlichen Geschlechtes gekommene und 1796 von Joseph Hartmann von Bibra an die Höchheimer Linie verkaufte Hof Aroldshausen, der, von Bibra ³/₄ Stunden entfernt und von aller Verbindung mit der Bibraer Feldmark losgelöst, eine besondere Gemarkung bildet, gehört, wie von alters her, so auch jetzt noch zur Pfarrei Bibra.

Auf Seite 54 ist nach der letzten Zeile noch hinzuzufügen: 1892 den 26. Juni feierten Gottlieb Limpert und seine Gattin Friederike geb. Roth das Fest der goldenen Hochzeit.

Zum Schlusse soll nicht unerwähnt bleiben, daß anläßlich der bevorstehenden Jubelfeier einige Veränderungen in der Kirche vor sich gegangen sind. Vor allem wurden die Wappen der drei Männer (S. 152 und 153), welche sich besonders um die Erbauung der Kirche verdient gemacht haben, des Bischofs Lorenz von Bibra, des Dompropstes Albrecht von Bibra und des Dr. Kilian von Bibra, im Mittelfenster des Chores vereinigt, nachdem die beiden ersteren[1] von kunstverständiger Hand renoviert, letzteres aber nach einem im Kapitelhause zu Würzburg erhaltenen Wappen[2] Kilians neu hergestellt worden war. Für die beiden neben dem mittleren befindlichen Chorfenster wurden für das auf der Nordseite von der Patronatsherrschaft und Kirchengemeinde, in welcher zu diesem Zwecke eine Hauskollekte veranstaltet worden war, für das auf der Süd= seite von Frau Pfarrer Hartmann je ein gemaltes Fenster gestiftet, welche auf von Rosen= und Weinranken gebildetem Teppichgrunde unter gotischen Baldachinen die Figuren der vier Evangelisten zeigen. Von dem seit einem Jahrzehnt gesammelten Abwurfe der Freiherrl. von Bibraschen Stiftungskasse (S. 189)

---

[1] Bei der Herausnahme der beiden Wappen ergab sich, daß sowohl das 75 cm hohe des Bischofs Lorenz, wie das des Domherrn Albrecht laut eingeritzter Inschrift: „So gemacht von dem Glaser zu Bibra 1746" bereits in dem genannten Jahre einer Ergänzung unterworfen worden sind. Es erscheint wahrscheinlich, daß bei der Gelegenheit, welche die Ausbesserung dieser Wappen nötig machte, das des Dr. Kilian vollständig vernichtet worden ist. — [2] Abgebildet bei J. O. Salver. Proben des Teutschen Reichsadels Würzburg 1775. S. 275, Taf. XIII, Nr. 32.

wurde der bisher mit Ziegeln gepflasterte Fußboden in der Altarhalle[1]) und zum Teil auch der Fußboden im Schiff mit gemusterten Thonplatten belegt und das Sandsteinplattwerk im nördlichen Seitengange ausgewechselt. Von der S. 168 erwähnten zur Beschaffung einer neuen Altar-, Kanzel-, Kapitelstuhl- und Taufsteinbekleidung gesammelten Summe wurden rund 400 Mk. zu diesem Zwecke verwendet und dafür eine Bekleidung aus grünem Tuch mit schönen Stickereien angeschafft, das übrige aber zu den bereits erwähnten Veränderungen mit verwendet. Das Kruzifix auf dem Hauptaltare wurde auf Kosten der verstorbenen Frau Mathilde Hölzer, welche zu diesem Zwecke 20 Mk. der Kirche vermacht hatte, neu vergoldet. Auch die vasa sacra haben eine Bereicherung erfahren, indem die Wittwe des 1875 verstorbenen Pfarrers W. J. Freißlich, Frau Kirchenrat Freißlich, z. Z. wohnhaft in Meiningen, zu dem von Eleonore Christiane Freißlich geb. Zirn 1749 gestifteten Kelch (S. 169) eine silberne, vergoldete Patene, ferner ein zinnernes Taufgerät (Becken und Kanne) aus der Fabrik von C. W. Kurz in Stuttgart, sowie die älteste Tochter derselben, Frau Antonie Schmidt geb. Freißlich, wohnhaft in Meiningen, ein Paar bronzene 55 cm hohe Altarleuchter schenkten. Außerdem stiftete Freifrau Emma von Bibra zu Bibra, geb. von Michels, ein weißes damastenes Altartuch, in welches die Leidensgeschichte unseres Heilandes eingewebt ist, sowie Frau Marie Elisabethe Porz ein der Altarbekleidung entsprechend bekleidetes gepolstertes Kniebänkchen vor den Altar. Die Fuhren, welche anläßlich der oben erwähnten Arbeiten für die Kirche sich nötig machten, wurden von den betreffenden Geschirrhaltern unentgeltlich gethan.

So steht denn unsere an sich bereits so schöne Kirche in neuem Schmucke. Möge der Herr dieselbe wie bisher so auch ferner in seinen Schutz nehmen und geben, daß es ihr niemals an dem schönsten Schmucke eines evangelischen Gotteshauses fehle, einer zahlreich und andächtig versammelten Gemeinde.

---

[1]) Es ergab sich bei den damit verbundenen Arbeiten, daß die Altarhalle nicht, wie S. 157 angenommen, ein im Ganzen gewölbter, teilweise eingestürzter Raum gewesen ist, sondern daß je nach Bedürfnis einzelne Gräber in derselben gegraben, ausgemauert und überwölbt worden sind. Zwei derselben wurden aufgegraben. Das eine, 1,70 m lang, liegt auf der Nordseite 2 m vom Turmeingang und mit dem Kopfende 1,90 m von den Stufen zur Altarhalle entfernt; das andere, ein Kindergrab, 80 cm lang und 50 cm breit, liegt 1,20 m von dem südlichen Chorpfeiler und stößt mit dem Kopfende an die Stufen. Das erstere wurde bis auf den Grund ausgegraben. Es war aber nichts darin zu finden als die ziemlich gut erhaltenen Überreste eines Stöckelschuhes. Es war offenbar bereits einmal geöffnet.

Inhalt:

Vorwort . . . . Seite III und IV.

I. Chronikalisches . . . . „ 1—54.

II. Ortsbeschreibung . . . . „ 55—64.

III. Bewohnerschaft . . . . „ 65—73.

IV. Lasten und Abgaben . . . . „ 73—77.

V. Rechtsverhältnisse . . . . „ 78—90.

VI. Ökonomische Verhältnisse . . . . . . „ 91—99.

VII. Gemeinderechnungswesen . . . . „ 99—102.

VIII. Stiftungen bei der Gemeindekasse . . . . „ 103—104.

IX. Die Pfarrei Bibra . . . . „ 105—112.

X. Dotation der Pfarrei . . . . „ 113—124.

XI. Pfarrhaus und Pfarrhof . . . . „ 125—129.

XII. Die Pfarrer von Bibra . . . . „ 129—149.

XIII. Die Kirche . . . . „ 149—173.

XIV. Gottesdienst und kirchliche Ordnung. Einige Bräuche „ 174—178.

XV. Die Kirchkasse . . . . „ 179—187.

XVI. Stiftungen bei der Kirchkasse . . . . . „ 188—189.

XVII. Die Schule . . . . „ 190—199.

XVIII. Die israelitische Kultusgemeinde . . . . . „ 199—204.

Nachtrag . . . . „ 204—207.

Es ist zu lesen:

Thüringern	anstatt	Thüringen	Seite	2	Zeile 1	von oben.
so	„	es	„	26	„ 16	„ unten.
Den	„	Der	„	32	„ 11	„ oben.
Boisse	„	Boiss.	„	33	„ 3	„ „
1558	„	1553	„	56	„ 9	„ unten.
Bräusee	„	Bräuser	„	61	„ 16	„ oben.
Badtwiesen	„	Badewiesen	„	61	„ 16	„ „
Haushaltungen	„	Einzelhaushaltungen	„	65	„ 5	„ unten.
Thomasen	„	Thomaser	„	69	„ 19	„ oben.
185	„	285	„	89 in der Anmerkung.		
in welcher die	„	in welcher noch die	„	113	„ 1	von oben.
derselben	„	denselben	„	123	„ 9	„ „

——►•◄——

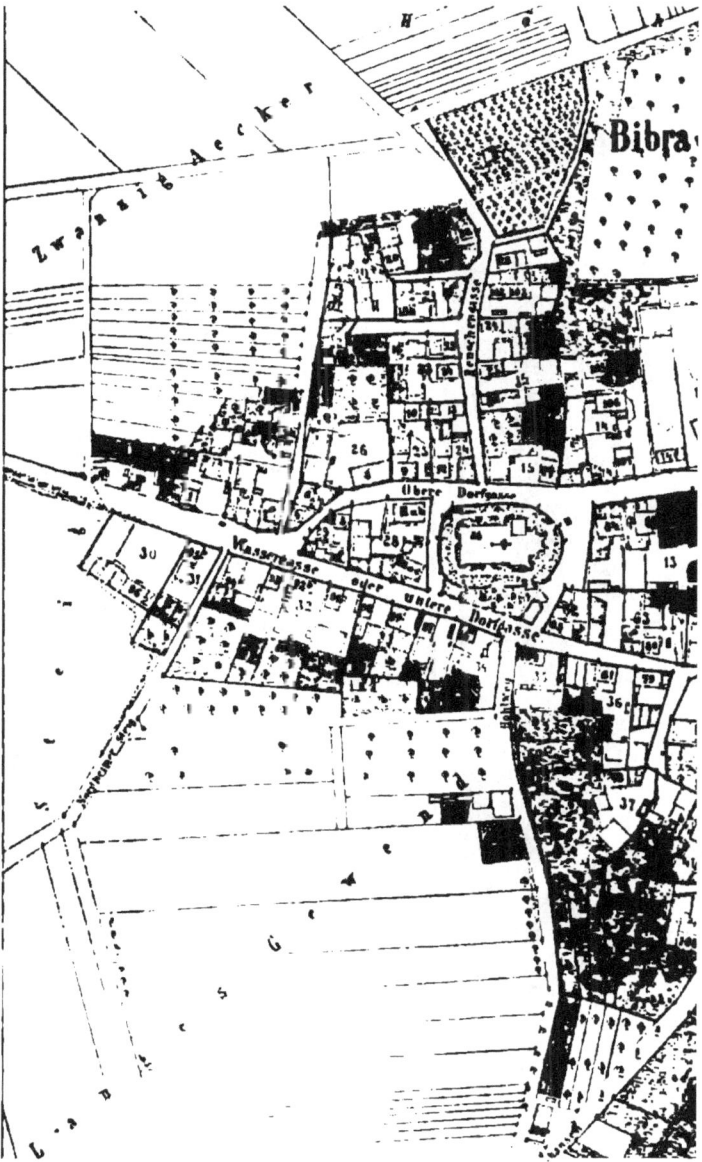

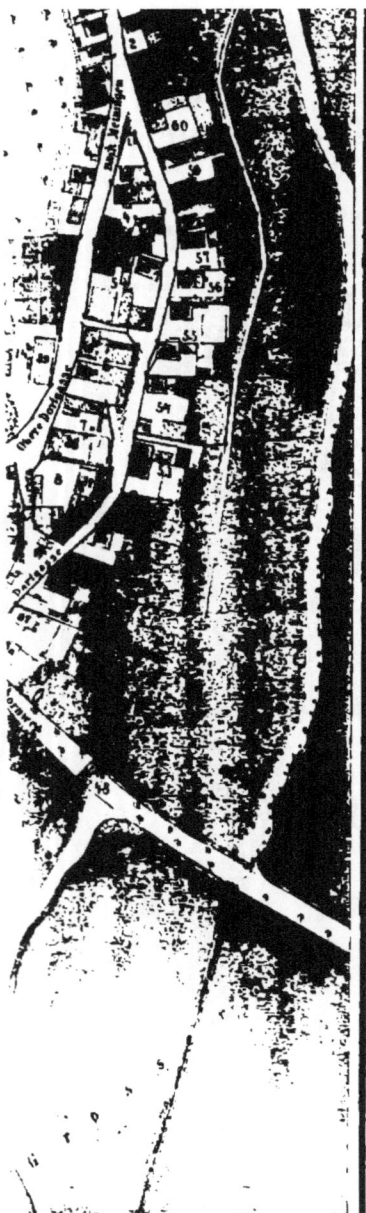

Bemerkungen.

Der grüne Überdruck umfasst die innerhalb des Ortes vorkommenden Gras-, Baum- und Beetgärten, sowie die ausserhalb an denselben stossenden Flurteile (Wiesen und Äcker).

Von den in Schwarz ausgeführten Teilen bezeichnen die schräg linilerten die Wohnhäuser und öffentlichen Gebäude, die senkrecht und wagrecht linilerten bedeuten Scheunen, Stallungen oder sonstige Nebengebäude. Die schwarzen Zahlen entsprechen den Hausnummern; 29 ist die Burg (das Schloss), 36 das untere Schloss, 127 die Kirche, 28 das Pfarrhaus, 84 die Schule, 101 die Synagoge.

Die rot schattierten Teile stellen ehemalige, jetzt aber nicht mehr vorhandene Gebäude dar; die rot umgrenzten Teile geben die Lage und den Umfang der ursprünglichen Güterhofstätten an.

Von den roten Zahlen bezeichnen:

1. Judenthor.
2. Funkenhaus.
3. Gabelguthofstatt.
4. Mauerwasengut.
5. Streckengut.
6. Wernersgut.
7. neues Wirtshaus.
8. Ressengut.
9. unteres Schloss.
10. Keidelhaus.
11a. Gemeindehaus.
11b. altes Wachthaus.
11c. Wachthaus bis 1885 und Spritzenhaus.
12. Kebshütte.
13. Pfarrhof.
14a. Burg.
14b. Hof vor dem Schlosse mit dem alten Wirtshause (Judenbau).
14c. jetziger Oekonomiehof des Schlossgutes mit dem ehemaligen Jagdstadel 14e und dem Hofbause 14f.
14d. Lustgarten an dem Lusthause 14g.
15. Pfeffergut.
16. Zimmerrrhardsgut.
17. Thomassengut.
18. Morschhausergut.
19. Dressgut.
20. Propregut.
21. Rommelgut.
22. Hirtenhaus.
22b. Wolframshofstatt.
23. Kannglessergut.
24. Kempfengut.
25. Kellershofstatt.
26. Haukmichelsgut.
27. Klausenhofstatt.

28. Spanshof.
29. Thorgütlein.
30. Schafhof.
31. Grethütergut.
32. Pfeffergutsgarten.
33. Mauschofstatt.
34. Verwaltershofstatt.
35. Erste Kätzröderhofstatt.
36. Zweite Kätzröderhofstatt.
37. Bastiansgut.
38. Lampertshofstatt.
39. Eyringshofstatt.
40. Heinzenhofstatt.
41. Beckmichelshofstatt.
42. Fritzengut.
43. Ziergut.
44. Diezenhäuschen.
45. Petershansenhofstatt.
46. Kolbengut.
47. Stummengut.
48. Hirtenthorhaus.
48b. Brauhaus.
49. Badgut.
50. Badstubenhofstatt.
51. Seyffartshofstatt.
52. Haymenhofstatt.
53. Storatsgut.
54. Schrödershofstatt.
55. Mühlfelderhofstatt.
56. Pfarrgütlein.
57. Philipsengut.
58. Erhardsgut.
59. Alt- oder Breitungsgut.
60. Kieselgut.
61. ehemaliges Schulhaus.
62. Straubenhaus.
63. Suppenhofstatt.
64. Schmiedsgut.
65. Hölzers- oder Schwarzhansengut.

.